Karlhans Liebl
Insolvenzkriminalität und Strafverfolgung

Beiträge zur rechtssoziologischen Forschung

Herausgegeben von Prof. Dr. Karlhans Liebl
und Prof. Dr. Fritz Sack

Band 14

Karlhans Liebl

Insolvenzkriminalität und Strafverfolgung

Probleme einer Transfergesellschaft,
europäische Strategien und
Ergebnisse einer Replikationsuntersuchung

Centaurus Verlag & Media UG 2011

Zum Umschlag:
Der Umschlagsentwurf wurde nicht nur deshalb gewählt, weil man eine Insolvenz als "Beerdigung" eines Unternehmens betrachten kann sondern auch deshalb, weil ein Verfahren wegen Insolvenzkriminalität oftmals noch Anhaltspunkte einer "Beerdigung dritter Klasse" aufweist, da die Strafverfolgung sich als sehr selektiv darstellt und in der Vielzahl der Fälle nur die "Kleinunternehmen" trifft, die schlecht beraten und/oder deren "Formaldelikte" – die ihren Grund auch wiederum häufig in der schlechten Beratung haben – leicht verfolgbar sind.

Das Manuskript wurde im Jahre 2008 abgeschlossen (einige Literaturhinweise wurden noch ergänzt). Die GmbH-Gesetz-Änderung vom 01.11.2008 konnte nicht mehr berücksichtigt werden, sodass sich alle Ausführungen zu §§ 64, 84 GmbHG auf die „alte Fassung" beziehen.

Bibliografische Informationen der Deutschen Nationalbibliothek
Die Deutsche Nationalbibliothek verzeichnet diese Publikation in der Deutschen Nationalbibliografie; detaillierte bibliografische Daten sind im Internet über http://dnb.d-nb.de abrufbar.

ISBN 978-3-86226-026-3   ISBN 978-3-86226-417-9 (eBook)
DOI 10.1007/978-3-86226-417-9

ISSN 0177-2759

Alle Rechte, insbesondere das Recht der Vervielfältigung und Verbreitung sowie der Übersetzung, vorbehalten. Kein Teil des Werkes darf in irgendeiner Form (durch Fotokopie, Mikrofilm oder ein anderes Verfahren) ohne schriftliche Genehmigung des Verlages reproduziert oder unter Verwendung elektronischer Systeme verarbeitet, vervielfältigt oder verbreitet werden.

© CENTAURUS Verlag & Media KG, Freiburg 2011

Umschlaggestaltung: Jasmin Morgenthaler

Umschlagabbildung: George Grosz, Begräbnis III. Klasse, © VG Bild-Kunst, Bonn 2010

Satz: Vorlage des Autors

Vorwort zur Studie und Vorbemerkungen zur vorliegenden Veröffentlichung

Die Bearbeitung von Insolvenzkriminalität stellt seit Anfang der 80er-Jahre eine wachsende Belastung für die mit der Verfolgung von Wirtschaftskriminalität befassten Ermittlungsbehörden dar – so auch die Aussage des ehemaligen Präsidenten des Bundeskriminalamtes (BKA), Hans-Ludwig Zachert, im Vorwort der Erststudie zur Insolvenzkriminalität durch das BKA im Jahre 1992.

Seit der Durchführung der Untersuchung waren über 15 Jahre – bis zur Durchführung des vorliegenden Projektes – vergangen, die durch große politische Veränderungen für Deutschland geprägt waren, die aber auch mit neuen Technologien und wirtschaftlichen Krisen einhergingen. Gerade der letzte Faktor hatte zur Folge, dass die Zahl der Unternehmensinsolvenzen in Deutschland einen dramatischen Umfang angenommen hat. Dies trifft insbesondere auf die neuen Bundesländer zu, in denen die Strafverfolgungsbehörden aufgrund der sog. „Transfersituation", also aufgrund des neuen Wirtschaftssystems und den damit zusammenhängenden neuen Rechtsvorschriften, vor zusätzliche Probleme gestellt worden sind.

Bereits in der Erstuntersuchung wurde aufgrund der gewonnenen Ergebnisse darauf hingewiesen, dass häufig Schwierigkeiten bei der Anwendung des damals neu gefassten Konkursstrafrechts offenbar wurden, die die Strafverfolgung in den Bundesländern der Bundesrepublik Deutschland sehr unterschiedlich „gestaltete" und im Resultat auch zu sehr verschiedenen Ergebnissen bei der Strafverfolgung führten. Insoweit war es daher wegen dieses Gesichtspunktes gerechtfertigt gewesen zu überprüfen, ob es zu einer Veränderung hinsichtlich der Anwendung des Insolvenzstrafrechts gekommen ist oder ob die Probleme weiterhin bestehen.

Neben diesen Gründen für eine Replikationsuntersuchung begründeten aber insbesondere auch die eingetretenen politischen Veränderungen eine Untersuchung der Insolvenzkriminalität – speziell in den neuen Bundesländern.

Weiterhin zeigte sich im Rahmen einer Vorstudie zu dieser Replikationsuntersuchung, dass die Zahlen aus den Statistiken der Strafverfolgungsorgane zusätzlich eine Überprüfung sinnvoll erscheinen ließen: So standen die Ermittlungsverfahren in den einzelnen Bundesländern nicht im Zusammenhang mit den eingetretenen Unternehmensinsolvenzen und ein Vergleich untereinander ließ aufhorchen, wenn z.B. in einem Bundesland die Fallzahl weit über 1.000 Fälle pro Jahr betrug und in anderen sogar unter 100 blieb. Unterschiedliche „kriminelle Energie" bei den Unternehmensinsolvenzen, unterschiedliche Ermittlungsstrategien oder offensichtlich gewordenes „Unvermögen" von Ermittlungsorganen in den einzelnen Bundesländern, die Insolvenzkriminalität zu kontrollieren? Fragen, die anhand der statistischen Zahlen nicht beantwortet werden konnten.

Auch die Lageberichte zur Wirtschaftskriminalität durch die Landespolizeibehörden gaben darüber keine Auskunft, sondern sie bildeten nur die Zahlen der Polizeilichen Kriminalstatistik ab. Es waren Sätze zu lesen wie „Schwerpunkte der Wirtschaftskriminalität stellten Straftaten wie Betrug, Untreue und Kapitalanlagenbetrug dar". Auf Tagungen zum Problem der Wirtschaftskriminalität hörte man jedoch Aussagen der Staatsanwaltschaften, dass die Bearbeitung der Insolvenzdelikte eines der schwierigsten Probleme im Bereich der Wirtschaftskriminalität sei. Und weiter, dass oftmals auf die Unterstützung durch Polizeidienststellen nicht mehr zurückgegriffen werden könne, da hier der notwendige Sachverstand fehle (vgl. dazu auch Kühne/Liebl 2004). Auch wurde in einigen Veröffentlichungen zu der in der Zwischenzeit eingeführten „Wirtschaftsermittlungsgruppe Staatsanwaltschaft-Polizei" (WESP) in einigen Bundesländern gerade auf diesen Umstand hingewiesen und es wurde zum Ausdruck gebracht, dass dieser „neue Weg" der Bekämpfung der Insolvenzkriminalität eine mögliche Lösung dieses Strafverfolgungsdefizites bedeuten könnte, den es gleichfalls anzusprechen galt (vgl. ausführlich dazu auch Liebl/Kühne 2008).

Daneben zeichneten sich aufgrund der Vorstudie noch weitere Probleme im Zusammenhang mit der Insolvenzkriminalität ab, die einmal mit den Stichworten „Firmenbestatter" oder „organisierte Insolvenzkriminalität" zu bezeichnen sind. Weiterhin führte die Rechtssprechung auf EU-Ebene dazu, dass neben den bisherigen Unternehmensformen neue – und für die Strafverfolgungsbehörden oftmals völlig unbekannte – Rechtsformen für Unternehmen in der Bundesrepublik Deutschland möglich waren. So sind in der Zwischenzeit die Anzeigen in der Tagespresse und den Wirtschaftszeitungen zum „Problemlöser" in Krisenzeiten, nämlich der „Limited (Ltd.)", bereits Legion. Zur Untermalung des Problems kann hier die Aussage eines Staatsanwaltes zitiert werden, der feststellte, dass jeder, der mit einer „Limited" Geschäfte auf Kreditbasis vornimmt, quasi eine Einwilligung zu seiner betrügerischen Schädigung gibt. Diese Worte beschreiben drastisch die zusätzlichen Problemsituationen. Dieses Beispiel ist jedoch nur eines der sich neu stellenden Probleme: Die vielen nun möglichen Rechtsformen und die z.B. damit zusammenhängende Frage, um nur ein Beispiel anführen zu wollen, wo der Hauptgeschäftssitz liegt und welche Insolvenzordnung daher angewandt werden muss, werden wohl schnell weitere Probleme auf die Strafverfolgungsorgane zukommen lassen. Hinzu kommen noch Fragen eines „fresh starts", d. h. – vereinfacht gesprochen – dass bei kleinen und mittleren Insolvenzen der „Neuanfang" Vorrang vor einer Strafverfolgung hat. Eine Veränderung des Insolvenzstrafrechts – auch schon mit einem Bezug auf diesen so genannten „fresh start" – speziell hinsichtlich der „formalen Delikte" in diesem Bereich, wurde bereits in einigen EU-Ländern vorgenommen. Auch diese Rechtsänderungen in den europäischen Nachbarländern werden neue Anforderungen an die Strafverfolgungsbehörden in der Bundesrepublik Deutschland stellen und wohl auch Veränderungen des nationalen Insolvenzstrafrechts auf lange Sicht unumgänglich machen.

Insoweit liegt mit dem hier vorliegenden Forschungsbericht eine Ist-Sachstandsdarstellung an der Schwelle sich abzeichnender notwendiger Veränderungen aufgrund eines einheitlichen Wirtschaftsraumes und einer – immer mehr – einheitlichen Rechtssprechung in diesem Raum vor. Dazu kommt, dass auch insbesondere die Ermittlungsarbeit der Polizei auf einen Prüfstand gestellt wurde und es sich zeigte, dass die sehr unterschiedlichen Zahlen der Insolvenzkriminalität in den Bundesländern nicht auf eine unterschiedliche Strafverfolgung zurückzuführen sind, sondern auf die Qualität der Bearbeitung durch die Polizeidienststellen – so das Urteil durch die Staatsanwälte. Es handelt sich also um ein deutliches Warnsignal in Bezug auf die Qualität der Ermittlungstätigkeit der Polizei im Bereich der Wirtschaftskriminalität.

Ohne diese Thematik an dieser Stelle weiter vertiefen zu wollen, sei ein schwerwiegender Problempunkt herausgegriffen, der insbesondere auch neue Ausbildungswege für den Kriminalisten /die Kriminalistin als dringend notwendig aufzeigt: Ziel der Polizeiausbildung ist es generell gesehen, zu einer festgestellten Tat – zu der vielfach jegliches weitere Informationsmaterial fehlt – einen Täter/eine Täterin zu ermitteln. Im Bereich der Insolvenzkriminalität liegen der Polizei vielfältige Informationen vor, aus denen sie herausfiltern muss, ob eine Straftat überhaupt geschehen ist. Dies ist ein völlig verändertes – ungewohntes – Analysesystem, da der ermittelnde Polizeibeamte ein Ergebnis nur durch eine „systematische Leseleistung" erreichen kann, und dazu noch Spezialkenntnisse erforderlich sind, die nicht nur in einem Lehrgang erworben werden können. Insbesondere sind diese auch wichtig, um nicht nur die kleinen „Formverstöße" zu verfolgen und die große Insolvenzkriminalität aufgrund von Nicht-Entdeckung folgenlos zu lassen. Im Ergebnis wäre dies ein „schlechter Dienst" für den Rechtsstaat. Insoweit stellt sich die Frage an die Polizeiverantwortlichen, wann man endlich vom Prinzip einer „Generalistenpolizei" abkommt und sich den Aufgaben einer notwendigen Spezialisierung in einer sich immer mehr differenzierenden Welt stellt.

Diesbezüglich muss zu der vorliegenden Veröffentlichung angemerkt werden, dass der Forschungsauftrag nicht auch die Untersuchung der Polizeidienststellen mit umfasste. Dies stellt eine gewisse Einschränkung der Aussagefähigkeit dar, da Hinweise und Mängel, die von anderen Organen der Strafverfolgung zugesprochen wurden, nicht von der Betroffenenseite verifiziert oder aufgrund zusätzlicher Informationen auch hinterfragt werden konnten. Um wenigstens Hinweise zu den qualitativen Aussagen, die die Polizei betreffen, zu erhalten, konnten für diese Veröffentlichung Ergebnisse von Tagungen und Seminaren in Baden-Württemberg und Sachsen (mit Teilnehmern auch aus anderen Bundesländern), die z.T. vom Autor mit geleitet wurden, herangezogen werden. Aus den geschilderten Gründen kann dieser Teil jedoch nur Hinweise liefern, da eine aussagekräftigere Hinterfragung eine bundesweite Untersuchung notwendig gemacht hätte.

Für die vorliegende Veröffentlichung wurden nur die statistischen Zahlen für die Untersuchungsjahre ergänzt bzw. überprüft. Eine Weiterführung der Daten bis zum Veröffentlichungszeitpunkt war aus arbeitstechnischen aber auch aus inhaltlichen Gründen nicht möglich. Das erste Jahrzehnt dieses Jahrhunderts zeichneten sich durch größere wirtschaftliche Veränderungen aus: So stand in den Jahren 2006 bis Mitte 2008 ein Rückgang der Insolvenzen aufgrund des wirtschaftlichen Aufschwungs an, dem dann mit Ende des Jahres 2008 die sog. „Finanzkrise" folgte, die ganz neue Beurteilungen notwendig gemacht hätte. Auch wurden in der Zwischenzeit bestimmte Angaben, wie z.B. die Nichteröffnung von Unternehmensinsolvenzen mangels Masse oder bestimmte Zahlen zur Insolvenzkriminalität in den PKS der Länder, nicht mehr veröffentlicht, sodass auch bereits aus diesen Gründen keine Fortführung oder weitere Analysen möglich gewesen wären. Insoweit stellen die statistischen Auswertungen den Stand zum Zeitpunkt der Durchführung der Untersuchung dar. Die Literaturangaben wurden fortgeschrieben, damit hier reflektiert werden kann, ob in der Zwischenzeit weiterführende Studien eventuell erschienen sind, die diese Replikationsstudie berühren. Vorab kann bereits gesagt werden, dass dies nicht der Fall war.

Abschließend sei auf zwei wichtige Ergebnisse der Untersuchung hingewiesen: erstens dass der „europäische Rechtsraum" bisher oftmals nur auf Tagungspapieren existiert und zweitens es in der Realität zu äußerst unterschiedlicher Behandlung von gleichen Verhaltensweisen kommt: von der Nichtverfolgung bis hin zu schwerwiegenden Folgen für die Betroffenen. Ohne hier nun eine Diskussion über den Sinn von Normen führen zu wollen, sollte gerade in Deutschland berücksichtigt werden, dass Insolvenzstraftat nicht gleich Insolvenzstraftat ist und die besondere Situation der Betroffenen, die oftmals vor dem Verlust jeglicher „bürgerlicher" Existenz stehen (wenn man einmal die Mehrzahl der Insolvenzen hinsichtlich der Größe der Unternehmen betrachtet) mit bedacht werden. Gerade hier fällt aufgrund der Untersuchung auf, dass insbesondere Delikte nach dem GmbH-Gesetz sehr unterschiedliche Folgen nach sich ziehen: Wird in einem Bundesland hier eine intensive Strafverfolgung praktiziert, so wird in anderen Bundesländern auf das Vorliegen nur eines Formalverstoßes abgehoben. Wird bei einer

Staatsanwaltschaft die Verspätung der Insolvenzanmeldung von 6 Tagen als „schwerwiegende Pflichtverletzung" angesehen, so wird bei einer anderen Behörde ein Verfahren regelmäßig eingestellt, wenn die Verspätung innerhalb eines Zeitraums von 6 Monaten lag, da man die besonderen Umstände und Krisenlösungshandlungen berücksichtigen muss. Insoweit war festzustellen, dass eine völlig unterschiedliche Rechtsanwendung in Deutschland vorliegt. Diese geht sogar soweit, dass insbesondere bei Kleininsolvenzen mit einer härteren Strafverfolgung zu rechnen ist, da hier die Formalverstöße sehr schnell nachgewiesen werden können, dagegen langwierige Auswertungen und Analysen der Geschäftspapiere bei Großinsolvenzen zumeist unterbleiben, sei es aufgrund von Personalmangel oder aufgrund von fehlendem Expertenwissen. Beides sind nicht tragbare Zustände für einen Rechtsstaat und es ergibt sich daher auch aus dieser Untersuchung die Aufforderung an den Gesetzgeber, Lösungswege für Kleininsolvenzen zu erarbeiten, wie z.B. die Bearbeitung im Rahmen eines Bußgeldverfahrens (auch unter Berücksichtigung, dass zumeist in solchen Fällen sowieso keine Finanzmittel mehr bei den Beschuldigten vorhanden sind und Haftstrafen auf Bewährung der Situation solcher wirtschaftlich Tätigen nicht gerecht werden). Somit bliebe dann auch Zeit für eine gerechte Strafverfolgung bei den Großinsolvenzen oder bei erheblichen weiteren Schädigungen von Gläubigern oder Arbeitnehmern nach der Zahlungsunfähigkeit. Insoweit wäre dies auch die Umsetzung einer „fresh start"-Forderung der EU ohne dass es zu Situationen von Ungleichheit wie im Augenblick kommt.

Abschließend ist es mir noch wichtig allen zu danken, die sich an der Studie mit Rat und Tat beteiligt haben. Sie war durch starke Veränderungen der Ansprechpartner gekennzeichnet, sodass es an dieser Stelle bei diesem nicht personifizierten „Dank" verbleiben soll. Der Verfasser ist dankbar für die gewährte Unterstützung und hofft, dass diese Studie Anregung für weitere Forschungen im Bereich der Wirtschaftskriminalität darstellt. Dem Bundeskriminalamt sei für die gewährten Forschungsmittel für einen Teil der Studie recht herzlich gedankt.

Maulbronn, im Dezember 2009 *Der Verfasser*

Inhaltsverzeichnis

1 **Einleitung und Problemstellung** 1
  1.1 Leitgedanken der Replikationsuntersuchung 1
  1.2 Weiterführende Ausgangsfragen 2
  1.3 Fragen zu einem zukünftigen einheitlichen EU-Rechtsbereich 4
  1.4 Projektziele im Detail 9
  1.5 Projektteile und Durchführung 10

2 **Erkenntnisse aus der Literaturanalyse** 12
  2.1 Literaturanalyse bezogen auf die Bundesrepublik Deutschland 12
    2.1.1 Allgemeine Literaturanalyse: Ein Überblick 12
    2.1.2 Wirtschaftskriminologische Forschungen des BKA 25
    2.1.3 Wirtschaftskriminalistische und -kriminologische Veröffentlichungen unter besonderer Berücksichtigung der Insolvenzkriminalität seit 1992 26

3 **Statische Analysen** 46
  3.1 Die Entwicklung der Insolvenzen bis zum Untersuchungszeitpunkt. 46
  3.2 Die Entwicklung der Insolvenzdelikte bis zum Untersuchungszeitpunkt 52
    3.2.1 Erkenntnisse bezogen auf die einzelnen Bundesländer 60
    3.2.2 Die Unterlagen des Kriminalpolizeilichen Meldedienstes (KPMD) 77

4 **Ergebnisse der durchgeführten Aktenanalyse** 78
  4.1 Verfahrenszahl, Stichprobe und Angaben zur Datenerhebung 78
    4.1.1 Stichprobe und Stichprobenziehung 82
    4.1.2 Zugang zu den Akten – Genehmigung der Akteneinsicht 84
    4.1.3 Zur Repräsentativität der Stichprobe und Ausfälle 92
  4.2 Ergebnisse der Aktenanalyse 2006 im Vergleich mit der Erstuntersuchung 96
    4.2.1 Verfahrensentstehung 97

4.2.1.1	Verfahrensentstehung im Vergleich	101
4.2.2	Die polizeiliche Ermittlungstätigkeit	104
4.2.2.1	Ermittlungsauftrag und Ermittlungstätigkeit	105
4.2.2.2	Zentralisierungsgrad der Polizeidienststellen	114
4.2.2.3	Polizeiliche Experten im Ermittlungsverfahren	115
4.2.2.4	Feststellungen von Zahlungsunfähigkeit und Überschuldung	115
4.2.2.5	Standardisierte Ermittlungshilfen	116
4.2.2.6	Die polizeiliche Ermittlungstätigkeit im Vergleich	116
4.2.3	Die staatsanwaltschaftliche Ermittlungstätigkeit	119
4.2.3.1	Die staatsanwaltschaftliche Ermittlungstätigkeit im Vergleich	130
4.2.4	Ermittlungsrichterliche Beteiligung	134
4.2.5	Der Abschluss des Ermittlungsverfahrens	134
	4.2.5.1 Der staatsanwaltschaftliche Verfahrensabschluss	134
	4.2.5.2 Einspruch gegen Strafbefehl und Einspruchsverfahren	138
	4.2.5.3 Erledigung im gerichtlichen Verfahren	139
	4.2.5.4 Rechtsmittelverfahren	142
4.2.6	Zur Ermittlungsdauer	143
4.2.7	Zu den Tatbestandsstrukturen	146
4.2.8	Geschädigte, Schadenssummen und Forderungsausfall	148
4.2.9	Weitere Angaben zum Insolvenzverfahren	149
4.2.10	Angaben zu den Unternehmen	151
4.2.11	Angaben zu den Beschuldigten	153
4.2.12	Rechtsanwaltliche Vertretung des Beschuldigten im Ermittlungsverfahren	159
4.3	Fazit	160
5	**Staatsanwältebefragung**	**163**
5.1	Zur Methode	164
5.2	Allgemeine Situationsbeschreibung	167
5.3	Organisatorische Grundlagen der Ermittlungstätigkeit	168
5.4	Ersatzermittlungshandlungen durch die Staatsanwaltschaften	170
5.5	Anforderungen an die Qualifikationen der ermittelnden Polizeidienststellen	171

5.5.1	WESP-Ermittlungen	174
5.6	Ermittlungsabschluss	175
5.7	Ausblick	176
6	**Anmerkungen zur Staatsanwältebefragung aus polizeilicher Sicht**	**179**
6.1	Ermittlungsprobleme bei der Polizei – Kommentierung der Einschätzungen der Staatsanwaltschaften	179
6.2	Anforderungsqualifikationen	181
6.3	Ausblick	182
7	**Insolvenzverwalterbefragung**	**183**
7.1	Grundlegende Ergebnisse der Befragung	185
7.2	Gründe für eine unternehmerische Krise	186
7.3	Zusammenarbeit mit den Ermittlungsbehörden	187
7.4	Insolvenzgutachten und Ermittlungsorgane	188
7.5	Ermittlungspraxis und zukünftige Problemeinschätzung	189
8	**Insolvenzkriminalität in Europa**	**191**
8.1	Entwicklungen im EU-Bereich	191
8.1.1	Statistische Erkenntnisse	191
8.2	Strafrechtliche Entwicklungen im EU-Bereich	194
8.2.1	Strafrechtliche Erkenntnisse für Österreich	194
8.2.2	Erkenntnisse für die Benelux-Länder	201
8.2.2.1	Statistische Ergänzungen	201
8.2.2.2	Insolvenzdelikte in den Niederlanden	202
8.2.2.3	Insolvenzdelikte in Belgien	203
8.2.2.4	Insolvenzkriminalität in Luxemburg	204
8.2.2.5	Erkenntnisse hinsichtlich der Slowakischen Republik	204
8.3	Anmerkungen zur zukünftigen Beurteilung der Insolvenzkriminalität in der EU	205
9	**Literaturverzeichnis**	**208**

10 Anlagen 227

10.1 Übersicht über die EU-Rechtsformen 228

10.2 Auszug aus den Strafvorschriften des Insolvenzrechts von
ausgewählten Ländern 231

1 Einleitung und Problemstellung

1.1 Leitgedanken der Replikationsuntersuchung

Anfang der 80er-Jahre des letzten Jahrhunderts stellte die Bearbeitung der Insolvenzkriminalität eine erhebliche Belastung für die Strafverfolgungsbehörden dar. Sie bildete zum damaligen Zeitpunkt, nach den Steuer- und Zolldelikten, die zweitstärkste Gruppe innerhalb der Wirtschaftskriminalität. Aus diesem Grunde wurde auf Anregung der AG Kripo aus dem Jahre 1986 vom Bundeskriminalamt ein umfangreiches Forschungsprojekt in Auftrag gegeben, das die Probleme mit der Bearbeitung der Insolvenzkriminalität, insbesondere auch die Tatbestandsstruktur, die Entwicklungstendenzen, die Ermittlungsdauer aber auch die Ermittlungs- und Beweisproblematik und die Bearbeitungspraxis der Ermittlungsbehörden zum Gegenstand hatte. Die Ergebnisse der Untersuchungen wurden als Forschungsbericht unter dem Titel „Polizeiliche Bearbeitung von Insolvenzkriminalität" als Band 27 der BKA-Forschungsreihe im Jahre 1992 veröffentlicht. Die Autoren waren Alfons Bora, Karlhans Liebl, Peter Poerting und Hedwig Risch.[1]

Der Bericht war bei seinem Erscheinen jedoch aufgrund der gesellschaftspolitischen Veränderungen in Deutschland, d. h. der Wiedervereinigung, bereits „veraltet", da die Untersuchungsergebnisse nur den Bereich der alten Bundesländer betrafen. Weiterhin wurden die Ermittlungsprobleme bei der Insolvenzkriminalität – wie auch in anderen Ermittlungsbereichen – vielfach durch den Aufbau eines demokratischen Polizeisystems in den neuen Bundesländern „überlagert". Die Wiedervereinigung löste aber auch eine – kurzfristige – konjunkturelle Prosperität aus, die das Phänomen der Insolvenzkriminalität zurückgehen ließ. Weiterhin kam es in den folgenden Jahren auch zu einer vollständigen Veränderung des Konkursrechts hin zum Insolvenzrecht. Dabei muss noch berücksichtigt werden, dass in den neuen Bundesländern für einen bestimmten Zeitraum ein sog. Gesamtvollstreckungsverfahren angewandt wurde, das dem Transfer eines sozialistischen in ein kapitalistisch organisiertes Wirtschaftssystem Rechnung tragen sollte. Alle

---

[1] Auf die Ergebnisse dieser Untersuchung wird in den nachfolgenden Ausführungen sehr häufig Bezug genommen. Einfachheitshalber wird der Forschungsbericht mit „I" bezeichnet.

diese Veränderungen hatten selbstverständlich auch Auswirkungen auf das Strafrechtssystem und somit auch auf die Ermittlungsbehörden.

Speziell hervorgehoben müssen an dieser Stelle die Probleme mit dem Aufbau von Ermittlungsbehörden in den neuen Bundesländern, wo man „mengenmäßig" auf vorhandenes Personal zurückgreifen konnte, für das jedoch die Tatbestände im Zusammenhang mit der neuen Wirtschaftsordnung fast völliges Neuland gewesen sind und die die damit einhergehenden wirtschaftlichen Abläufe nur ansatzweise – wenn überhaupt – „erlebt" haben und bei der Bewertung somit auf angelesene oder durch Dritte vermittelte Informationen angewiesen waren. Dazu kam, dass der „Aufbau Ost" auch die verschiedensten „Glücksritter" angezogen hat, die oftmals durch Wirtschaftsstraftaten auffielen und auch auf die fehlenden Informationen hinsichtlich der Wirksamkeit der Strafverfolgung setzten.

Aufgrund dieser, hier sehr komprimiert wiedergegebenen, Veränderungen und der Tatsache, dass wegen des konjunkturellen Abschwungs zum Ende der 90er-Jahre des letzten Jahrhunderts die Insolvenzen aber auch die Insolvenzkriminalität den höchsten Stand seit Bestehen der Bundesrepublik Deutschland erreichten, wurden Überlegungen angestellt, diese Problematik vor den genannten Hintergründen und in einem Vergleich zu den Forschungsergebnissen aus dem Jahre 1992 neu zu untersuchen. So wurde fast 15 Jahre nach der Durchführung der Erhebungen für die Erstuntersuchung und ca. 13 Jahre nach dem Erscheinen des Forschungsberichtes eine Replikationsstudie durchgeführt, die jedoch auch noch andere Forschungsziele aufgriff, die sich entweder bei der Erstuntersuchung noch nicht stellten oder die sich aufgrund von Veränderungen in der kriminologischen Forschung als untersuchungsnotwendig darstellten.

1.2 Weiterführende Ausgangsfragen

Eine weitere Grundlage für die Replikationsuntersuchung war also – wie bereits in anderem Zusammenhang angesprochen – die Tatsache, dass sich die Strafverfolgungsorgane im Rahmen von Unternehmenszusammenbrüchen in zunehmend größerem Umfang mit der so genannten Insolvenzkriminalität auseinandersetzen mussten. So heißt es auch in der Aufgabenbeschreibung für die vorliegende Replikationsuntersuchung: „Aufgrund der derzeitigen Wirtschaftslage erreichten die Insolvenzen in Deutschland ein neues Rekordniveau. Sie stiegen im Jahre 2002 um 71,2% auf insgesamt 84.427 Fälle und im Jahre 2003 um 19,3% auf 100.723 Verfahren (vgl. Statistisches Bundesamt 2004: 39). Die offenen Forderungen wurden von den Gerichten mit 61,5 Mrd. Euro im Jahre 2002 und 42,0 Mrd. Euro im Jahre 2004 beziffert (vgl. Statistisches Bundesamt 2004: 31). Dies führt nicht nur zu einem hohen Arbeitsanfall bei den Strafverfolgungsbehörden sondern lässt auch erwarten, dass die bereits bekannten bzw. vermuteten schwerwiegenden Ermittlungsprobleme in diesem Bereich weiter zunehmen werden. Diese besonderen Anforderungen können mit den Stichworten 'spezielle Kenntnisse des Wirtschaftslebens', 'Buchführungs- und Bilanzkenntnisse', 'internationaler Zahlungsverkehr' oder 'Bewertungsprobleme von Vorräten und Immobilien' hinreichend gekennzeichnet werden." (Vertrag zur Replikationsuntersuchung, Anlage „Aufgabenbeschreibung des Vertrages": 1)

Daneben wurde in der Projektbeschreibung auch auf Änderungen auf der rechtlichen Ebene hingewiesen, so wenn ausgeführt wird, dass „in den zurückliegenden Jahren ... es in Deutschland zu weit reichenden Änderungen des Konkursrechts (kam). Im neuen Insolvenzrecht steht in einem Konkursfall nicht mehr die Verwertung der noch vorhandenen Vermögenswerte im Vordergrund, sondern die mögliche Erhaltung und Weiterführung des in finanzielle Schwierigkeiten geratenen Unternehmens". (Vertrag zur Replikationsuntersuchung, Anlage „Aufgabenbeschreibung des Vertrages": 1)

Es stellten sich spezifische Fragen im Zusammenhang mit der Insolvenz, wie z.B.: Wie wird der Insolvenzgrund der 'drohenden Zahlungsunfähigkeit' von den Strafverfolgungsorganen im Ermittlungsverfahren bewertet und damit umgegangen? Welche Berücksichtigung und Anwendung finden die neuen Straftatbestände, wie etwa der § 266a StGB, in den Ermittlungsverfahren? Werden z.B. Ermittlungen nur auf diese 'begrenzt', da sie leichter nachzuweisen sind? Dienen sie daher als eine Art „Auffangdelikt"? Kommt es zu Interessenkonflikten zwischen einer notwendigen Strafverfolgung und einem wichtigen Gesichtspunkt des neuen Insolvenzrechts, nämlich der Erhaltung und Weiterführung des Unternehmens? Wie sieht bezüglich dieser Neuerung die Zusammenarbeit zwischen den Beteiligten, insbesondere dem Insolvenzverwalter und dem 'alten' Unternehmer und den neuen Interessenten an dem Unternehmen bzw. der Finanzverwaltung aus? Welche Ermittlungsprobleme ergeben sich daraus? Weiterhin war zu klären, welche Probleme in Ermittlungen wegen Insolvenzstraftaten, seien sie organisatorischer oder rechtlicher Art, festgestellt werden können und welche Empfehlungen für die Praxis sich aus den festgestellten Mängeln ableiten lassen.

Solche Aspekte wurden bereits in den Lageberichten zur Wirtschaftskriminalität der Landeskriminalämter angesprochen und eine Klärungsbedürftigkeit angemahnt. Dazu kam noch die Frage, ob die Insolvenzdelikte auch eine Rolle im Zusammenhang mit der organisierten Wirtschaftskriminalität spielten, was bis dato zwar immer wieder vermutet wurde, über die jedoch keine aussagerelevanten Erkenntnisse vorlagen.

1.3 Fragen zu einem zukünftigen einheitlichen EU-Rechtsbereich

Aufgrund der intensiven wirtschaftlichen Beziehungen im Bereich der EU-Mitgliedsstaaten unter Einschluss der Bundesrepublik Deutschland fehlt es zwar nicht an Initiativen für eine einheitliche Rechtsgestaltung, die betroffenen Länder blieben jedoch bisher bis auf wenige Ausnahmen bei ihren nationalstaatlichen Rechtsvorschriften, was gerade im Zusammenhang mit den Überlegungen zur Rechtsvereinheitlichung die Problematik eines fehlenden einheitlichen Rechtsraumes deutlich werden lässt. Insoweit besteht EU-weit z.B. hinsichtlich der Unternehmensgestaltung, d.h. der Wahl der Rechtsform für ein Unternehmen und den dadurch vorgegebenen haftungsrechtlichen Regelungen gegenüber den Gläubigern, eine unübersichtliche „Spielwiese" mit unterschiedlichsten Regelungen, Registrierungspflichten und -anforderungen. Dieser „Spielwiese" stehen unterschiedliche strafrechtliche Regelungen zur Verhinderung von krimineller Ausnutzung von wirtschaftlich ansonsten normalen Unternehmensbeendigungen gegenüber. Trotz der allgemein bekannten Tatsache, dass es zu „kriminellen Unternehmenszusammenbrüchen" kommt und trotz der bekannten Globalisierungstendenzen im

Wirtschafts- bzw. Unternehmensbereich in der EU muss man feststellen, dass es immer noch so viele unterschiedliche gesetzliche Regelungen wie Mitgliedsstaaten gibt, über deren Inhalte und Anwendungspraxis – fast – nichts bekannt ist.

Einige der bemerkenswerten Initiativen auf EU-Ebene bzw. hinsichtlich einer einheitlichen Rechtsgestaltung im Unternehmensrecht mit speziellen Auswirkungen auf die Bundesrepublik Deutschland werden im Folgenden besonders dargestellt.

Einheitliche Insolvenzverordnung

Im Rahmen der Rechtsvereinheitlichung im Bereich der EU wurde versucht, mit einer einheitlichen Insolvenzabwicklung einem solchen einheitlichen Recht Rechnung zu tragen. Seit Mai 2002 gilt daher in der EU eine einheitliche Insolvenzverordnung (Nr. 1346/2000 – veröffentlicht im Amtsblatt der EG Nr. L 160 vom 30. Juni 2000) mit Ausnahme von Dänemark, das die Verordnung nicht übernommen hat. Neben dem Gesichtspunkt, dass nun eine „einheitliche Regelung" jedoch mit Ausnahmen gilt, ergeben sich bereits zahlreiche Anhaltspunkte, die die Problematik einer strafrechtlich relevanten Insolvenz bzw. eines strafrechtlich relevanten Insolvenzverhaltens deutlich werden lassen.

Die EU-Insolvenzverordnung soll Klarheit schaffen dahingehend, dass sie die gegenseitige Anerkennung in Insolvenzverfahren regelt und so genannte Kollisionsnormen bereithält, die das „internationale" Insolvenzrecht der Mitgliedsstaaten ersetzt. Eingeschränkt wird sie jedoch dadurch, dass sie keine Anwendung findet, wenn es sich um Insolvenzen von Versicherungsunternehmen oder Kredit- und Wertpapierhandelsunternehmen handelt. Gleichfalls kann sie nicht bei Konzerninsolvenzen angewendet werden, sowie auch nicht bei Insolvenzen, die auch Drittstaaten berühren.

Haupt- und Sekundärinsolvenzverfahren

Kritisch wird bereits bezüglich der Insolvenzverordnung angesprochen, dass sie kein einheitliches Insolvenzverfahren schafft, sondern dass es statt dessen ein Hauptinsolvenzverfahren und beliebig viele Sekundärinsolvenzverfahren geben wird. So soll das Hauptinsolvenzverfahren in dem Staat eröffnet werden, in dem das betroffene Unternehmen seinen satzungsgemäßen Sitz hat – wobei sich dieses Verfahren auf das Gesamtschuldnervermögen im In- und Ausland bezieht. Da jedoch die Durchführung von Sekundärinsolvenzverfahren in all denjenigen Ländern möglich ist, in denen das Unternehmen einen Sitz bzw. eine Niederlassung hatte, und in einem solchen Fall das jeweilige „Auslandsvermögen" dann dem Zugriff des Hauptinsolvenzverwalters entzogen ist, wird schnell deutlich, welcher Verfahrenswirrwarr entstehen kann. Dabei ist noch zu beachten, dass in den Sekundärinsolvenzverfahren nationales Recht angewandt werden soll, was zu einem unübersehbaren Verwaltungsaufwand in einem solchen Verfahren führen kann. In diesem Zusammenhang soll nur noch auf die in der Verordnung enthaltenen Ausnahmeregelungen hingewiesen werden, die zu weiteren Komplikationen für ein einheitliches Verfahren führen können.

Besonders beachtenswert ist auch der Gesichtspunkt, dass der Insolvenzverwalter des Hauptverfahrens seine Befugnisse auch in anderen Mitgliedsstaaten ausüben kann, solange dort kein Sekundärverfahren eröffnet wurde, was wiederum bedeutet, dass er das Recht hat, Gegenstände die zur Masse gehören aus diesen anderen beteiligten Ländern abzuziehen. An dieser Stelle ist daher der Hinweis notwendig, dass dies sehr schnell aufgrund der nationalen Strafvorschriften zu Interessenkonflikten führen kann, wie z.B. für die Bundesrepublik Deutschland durch die Vorschriften hinsichtlich der Gläubiger- und Schuldnerbegünstigung.

Auslandsgesellschaften

Aufgrund der Entscheidung des Europäischen Gerichtshofes (Urteil vom 5.11.2002 – C-208/00) darf einer im Ausland (EU-Bereich) registrierten Gesellschaft, die ihren tatsächlichen Sitz z.B. in Deutschland hat, nicht die Anerkennung dieses Staates im rechtlichen Bereich versagt werden.

Dies hat zur Folge, dass „die englische, niederländische oder luxemburgische 'GmbH' mit Sitz in Deutschland" zu einer echten Alternative für die Rechtsformentscheidung eines Unternehmens wird (vgl. Hirte, Heribert, Der Anfang vom Ende der GmbH droht, in: FAZ 22.1.03: 19). Entscheidungen dazu liegen bereits vom BGH zu einer in den Niederlanden gegründeten Firma („Überseering BV") vor, die in Deutschland ihren Verwaltungssitz und ihre Geschäftstätigkeit hatte und der zuvor ihre Parteifähigkeit abgesprochen wurde, da die niederländische Kapitalgesellschaft nicht die deutschen Gründungsvorschriften erfüllte. Weiterhin hat das Bayerische Oberste Landesgericht entschieden, dass eine englische „Ltd" („Private limited company") mit einem Sitz in Deutschland auch „grundbuchfähig" ist (Beschluss vom 19.12.2002 – 2 Z BR 7/02). Strittig wird im Augenblick noch die Situation gesehen, ob auch eine ausländische Gesellschaft – im streitigen Falle eine englische Rechtsform –, die nur ihre Tätigkeit im Inland ausübt, in das deutsche Handelsregister eingetragen werden kann. Das LG Frankenthal hat dies bisher in einem nicht rechtskräftigen Beschluss (Beschluss vom 6.12.2002, 1 HK. T 9/02) aufgrund der Entscheidung des EuGH abgelehnt (vgl. dazu Bericht in der FAZ vom 30.4.2003: 21).

Nach einem zuletzt Ende September 2003 gefällten Urteil müssen innerhalb der EU in jedem Mitgliedsstaat die Bestimmungen über Mindestkapital, Haftung und Gläubigerschutz einer Unternehmensrechtsform eines jeden Mitgliedsstaates anerkannt werden. Dieses Urteil des EuGH (AZ: C-167/01) bestätigt und dynamisiert das bisher Ausgeführte.

„Europa AG"

In diesem Zusammenhang sei auch noch kurz auf die Schaffung einer so genannten „Europa AG" durch die EU-Kommission hingewiesen (Beschluss vom 8.10.2001; vgl. RWS-Internet-Redaktion 10/2001 vom 11.10.2001), die für die EU-Länder eine Vereinheitlichung der Unternehmensrechtsform bringen soll, da Probleme mit den unterschiedlichsten Ausgestaltungen wohl bewusst sind. Ohne diese zivilrechtliche Problematik weiter vertiefen zu wollen, sei noch auf den Vortrag zur Jahresfeier der Universität Heidelberg hingewiesen, worin Hommelhoff genau diese hier ausgeführten Aspekte unter dem Titel „Der Wettbewerb der Rechtsordnungen im Europäischen Unternehmensrecht" problematisierte (vgl. Hommelhoff 2003). Es kann daher zukünftig bei der Rechnungslegung nicht nur zur Anwendung des deutschen HGB kommen, sondern auch zur Anwendung der internationalen Regeln, den so genannten „International Accounting Standards". Hinsichtlich der weiterführenden Pläne einer solchen einheitlichen Rechnungslegung im EU-Raum – insbesondere hinsichtlich der geplanten fortlaufenden Anpassung an die Notwendigkeiten eines internationalen Wirtschafts- und Finanzraumes – führte der bereits zitierte Hommelhoff aus, dass dieses neue Regelwerk „... die Blumenfrau in Heidelberg und vor allem ihren vertrauten Berater vollständig überfordern (würde); sie müsste sich an einen der 'big five' wenden, an die KPMG oder an Ernst & Young" (Hommelhoff 2003: 8). Daneben sei nur noch auf den Umstand hingewiesen, dass im Rahmen der „Europa AG" (oder auch „Societas Europaea (SE)" genannt) die Wahlfreiheit besteht, die Organisationsverfassung der Gesellschaft entweder nach dem dualistischen System (Vorstand/Aufsichtsrat) oder nach dem monistischen System (Board oder Verwaltungsrat) einzurichten. Hommelhoff vertrat hierzu die Auffassung, dass „die Deutschen für die SE mit Sitz in Ludwigshafen oder Hamburg das Einheitssystem nach französischem und britischen Vorbild" dann bereitstellen müssen. Insgesamt schätzte Hommelhoff bereits 2001 die Lage dergestalt ein, dass „über kurz oder lang mit einer Flucht aus der GmbH (oder GmbH & Co. KG) zu rechnen" sei (Hommelhoff 2003: 5).

Diese Entwicklungen zeigen auf, dass aufgrund der Bestrebungen der EU einen einheitlichen Rechtsraum zu schaffen, sich zukünftig die mit der Strafverfolgung von Insolvenzdelikten befassten Ermittlungsorgane auf die daraus ergebenden Veränderungen und neuen Anforderungen rechtzeitig einstellen müssen. Es ist daher notwendig, dass die dadurch zunehmende „Vielschichtigkeit" der Problematik aufgezeigt und soweit bereits möglich auch empirisch untersucht wird, insbesondere um den Strafverfolgungsorganen Informationen hinsichtlich der Anforderungen aber auch der unterschiedlichen Behandlung bei einer Strafverfolgung von Insolvenzdelikten im EU-Bereich an die Hand zu geben.

1.4 Projektziele im Detail

In einem Handbuch des Insolvenzstrafrechts für die Praxis wird in der Einleitung ein kurzer Hinweis auf die Zusammenarbeit zwischen Staatsanwaltschaft und Polizei gegeben: „Die Polizei hat es in Wirtschaftsstrafsachen allgemein sehr schwer, weil sich die Anforderungen an derartige Ermittlungen doch weitgehend von denjenigen in den übrigen Kriminalitätsfeldern unterscheiden. Es sind zahlreiche Unterlagen auszuwerten, also ist viel Lesearbeit zu leisten. Das ist in der Tat nicht immer aufregend. Damit die Lektüre für das Verfahren einen Erkenntnisgewinn bringt, bedarf es zudem **spezifischen Wissens**." (Bittmann 2004: 13; Hervorhebung im Original) In diesem Zusammenhang werden auch die anforderungsgerechten Qualifikationen, auf die noch in einem späteren Kapitel einzugehen sein wird, aber auch Hinweise, wie durch eine gute Polizeiarbeit Insolvenzverfahren beschleunigt und „qualitätserhöhend" bearbeitet werden können, angeführt, die auch für dieses Projekt in einem gewissen Maße „zielleitend" sind.

Die vorangehenden Ausführungen fassen die Projektziele bereits kurz zusammen: Es geht insbesondere um drei Hauptziele:

a) Wie haben sich die Insolvenzkriminalität in ihren Erscheinungsformen aber speziell auch die Ermittlungen in diesem Bereich, sei es durch Polizei oder Staatsanwaltschaft, in den letzten 15 Jahren verändert, wobei insbesondere auch die Situation beachtet werden soll, die durch die deutsche Wiedervereinigung entstanden ist?

b) Wo liegen aufgrund zahlreicher Veränderungen im Wirtschaftsraum „Europa" die neuen Herausforderungen, die auch neue Konzepte in der Ermittlungsorganisation aber auch in der Aus- und Fortbildung im Bereich der Polizei notwendig machen?

c) Wie sieht ein Ausblick auf zukünftig anstehende Prozesse aus, die durch Überlegungen oder Maßnahmen der EU-Behörden gefördert und eventuell in anderen EU-Staaten bereits umgesetzt wurden? Welches Veränderungspotential steckt darin, wobei den Auswirkungen, wie unter b) bereits ausgeführt, wiederum ein Hauptaugenmerk geschenkt werden muss.

1.5 Projektteile und Durchführung

Die vorliegenden Ergebnisse gehen zurück auf:

1. Eine Analyse der vorliegenden Literatur zu dem Untersuchungsgegenstand.
2. Eine Analyse des vorliegenden statistischen Zahlenmaterials, wobei hier insbesondere die wirtschafts- und kriminalitätsbezogenen Daten interessieren.
3. Eine Replikationsaktenuntersuchung, die den augenblicklichen Stand der Ermittlungssituation in der Bundesrepublik Deutschland und ihren Bundesländern wiedergibt. Dabei sollen gleichzeitig auch eventuelle Unterschiede in der Bearbeitung – die sich auch aus einer Voruntersuchung ergeben haben (vgl. Liebl 2004) – hinterfragt werden.
4. Eine Befragung von „Beobachtern" von Insolvenzverfahren, wobei hier speziell die Insolvenzverwalter als „kritische Begleiter" herangezogen wurden.
5. Eine Befragung der „Ermittlungsführer", d.h. von Staatsanwältinnen und Staatsanwälten, die ergänzend Auskunft zu Ermittlungsproblemen gegeben haben und speziell Informationen über die Probleme in der Zusammenarbeit zwischen Staatsanwaltschaft und Polizei aufzeigten.
6. Eine Befragung der polizeilichen Ermittler in Insolvenzstrafsachen, die die Situation auch wegen der oftmals als „problematisch" eingestuften Arbeitsergebnisse differenzieren konnten und somit auch weitere Hinweise für eine Qualitätserhöhung der Ermittlungsarbeit geben konnten.

7. Eine Bestandsanalyse in europäischen Nachbarstaaten, die hinsichtlich weiterer Entwicklungen und Problemsituationen Auskunft geben konnte. Dazu wurden die Benelux-Staaten, Österreich und ein neues EU-Mitgliedsland, die Republik Slowakei, in die Untersuchung mit aufgenommen (auch hier müssen noch die Ergebnisse ergänzt werden; vgl. dazu gleichfalls das Vorwort).

Zum Umfang der einzelnen Forschungsschritte sei an dieser Stelle auf das jeweilige Kapitel verwiesen. Auch zu Problemen mit der Durchführung und den Beurteilungen der Projektergebnisse sei auf die nachfolgenden Ausführungen hingewiesen.

2 Erkenntnisse aus der Literaturanalyse

2.1 Literaturanalyse bezogen auf die Bundesrepublik Deutschland

2.1.1 Allgemeine Literaturanalyse: Ein Überblick

Die Literatur zur Wirtschaftskriminalität, in der die Insolvenzkriminalität eine Teilmenge bildet, ist sehr inhomogen und von sehr unterschiedlicher Qualität. Neben zahlreichen allgemeinen Stellungnahmen oder reinen „Zahlendarstellungen", d.h. Darstellung von Zahlen aus der PKS bezogen auf die Bundesländer oder die Bundesebene, sowie einzelner Fallschilderungen bzw. Ermittlungsproblemdarstellungen gibt es in der Literatur mehrere Schwerpunktbereiche, in die sich die ertragsreicheren Beiträge und Analysen einordnen lassen. Insoweit wurden neun Fallgruppen gebildet, in die diese Arbeiten dann eingeordnet wurden. Dabei wird auf zwei weitere eingrenzende Auswahlkriterien ausdrücklich verwiesen: In diese Literaturanalyse wurden grundsätzlich keine Veröffentlichungen aus dem Bereich der Computer- und Korruptionskriminalitätsforschung, der Umweltkriminalität, Internetkriminalität, „Produktpiraterie" oder Organisierten Kriminalität aufgenommen, da sich diese Forschungsbereiche in der Zwischenzeit verselbstständigt haben und nur mehr oder weniger große Schnittmengen mit der Wirtschaftskriminalität aufweisen, sie also nicht per se zu dieser gerechnet werden können. Soweit diese Delikte in wirtschaftskriminologischen Gesamtanalysen einbezogen wurden, finden diese Werke jedoch Berücksichtigung in der nachfolgenden Analyse. Weiterhin ist diese „Generalanalyse" nicht nur auf die Insolvenzkriminalität beschränkt, sondern bezieht die gesamte Wirtschaftskriminalität ein.

Die Frage nach „der" Wirtschaftskriminalität

Ein nicht unwesentlicher Teil der Diskussion um die Wirtschaftskriminalität nahm seit den 50er Jahren in Deutschland die Frage nach der Definition derselben ein. Begründet wurde dies mit zwei Gesichtspunkten: Einmal sollten daraus Faktoren für eine sachgerechte Erfassung der Wirtschaftskriminalität abgeleitet und zum anderen entscheidende Handlungsstrategien für die „Bekämpfung" dieser Kriminalität gewonnen werden. Zur Verwirrung trug damals noch bei, dass verschiedene, sich zum Teil ergänzende, überlappende oder auch wesentlich unterscheidende Begriffe verwendet wurden, wie „White-collar crime", „occupational crime", „economic crime", „corporate crime", Wirtschaftskriminalität, Unternehmenskriminalität, Betriebskriminalität, Wirtschaftsdelikte oder Kriminalität der Mächtigen (vgl. dazu ausführlich Liebl 1982: 21ff.). Ohne an dieser Stelle diese Definitionsdiskussion nochmals Revue passieren zu lassen kann man feststellen, dass die Diskussion aufgrund pragmatischer Hinweise auf die Vorgaben des § 74c Gerichtsverfassungsgesetz folgenlos eingestellt wurde. Es wurde weder eine eindeutige Klärung der Begrifflichkeiten im Einzelnen vorgenommen, noch hatte diese Definitionsdiskussion irgendwelche Auswirkungen auf spezielle Forschungsüberlegungen. Insoweit wird auch heute noch der Begriff der „White-collar crime" synonym für Wirtschaftskriminalität verwendet, obwohl er nur als Gegensatz zur „Blue-collar crime" benutzt wurde und von seinem Ursprung her nicht „Wirtschaftskriminalität" bedeutet (vgl. Sutherland 1949). Die Begriffe z.B. einer „corporate crime", „occupational crime", „economic crime" oder Betriebskriminalität spielen in der gegenwärtigen Kriminologie keine Rolle und haben auch in der deutschen Diskussion nur zu spärlichen Überlegungen Anlass gegeben.

Forschungen zum Umfang der Wirtschaftskriminalität

Die Frage nach dem Umfang der Wirtschaftskriminalität spielte zu Beginn der Diskussion eine besondere Rolle. Sie war am Anfang der Rezeption dieser neuen Kriminalitätsart von der Skandalisierung von bekannt gewordenen Einzelfällen und verschiedensten Hochrechnungen geprägt. Nachdem die damalige Bundesregierung die Forderungen nach einer zentralen Erfassung der Wirtschaftskriminalität umgesetzt hatte und das Freiburger Max-Planck-Institut für ausländisches und internationales Strafrecht mit der Auswertung beauftragt wurde, stellte sich schnell heraus, dass zwar die Hochrechnungen weit übertrieben waren, die jährliche Schadenssumme dennoch weit über der Gesamtschadenssumme von „alltäglichen" Delikten wie Diebstahl, Einbruch oder Raub lag (vgl. Liebl 1984a). Nach der Vorlage mehrerer Untersuchungsberichte (Berckhauer 1975; Berckhauer 1980) und eines Abschlussberichtes (Liebl 1984a) sowie der Einstellung der Statistik^2 durch die Bundesregierung erlahmte nicht nur die Diskussion um die Schadenssummen, auch die Forderung nach Weiterführung der Erhebungen (zuletzt noch Berckhauer/Savelsberg 1987) wurde nicht weiter verfolgt. Somit bewegt sich die gegenwärtige Diskussion wieder auf dem Stand wie zu Beginn der Diskussion um Wirtschaftskriminalität, d.h. es werden herausragende Fälle, wie z.B. der Fall „Schneider" oder der Flowtex-Komplex, als Ausgangspunkte von Hochrechnungen herangezogen und skandalisiert oder „Peanuts"-Diskussionen geführt (vgl. German News, Mo. 25.4.1994 unter: www.mathematik.uni-ulm.de/germnews oder See/Spoo 1997: 9).

Abschließend ist an dieser Stelle auch festzustellen, dass alle Erkenntnisse nur auf Hellfeld-Angaben beruhen. Vielfach geplante Dunkelfelduntersuchungen zur Wirtschaftskriminalität fanden keine Umsetzung, insbesondere wohl auch, weil diesbezügliche Überlegungen in der US-amerikanischen Kriminologie aufgrund von immensen Forschungsproblemen nicht weitergeführt wurden (vgl. dazu auch Biderman/Reiss 1979). Insoweit bleibt dieser Bereich weiterhin offen für Spekulationen und individuelle Schadensschätzungen.

Die Suche nach Generalisierung und den Motiven der Täter

Wie auch bei anderen Delikten (vgl. Kaiser 1996: S. 471ff.), so wurde auch bei Wirtschaftsdelikten in Deutschland immer die Frage nach dem „Warum"

---

[2] Die Statistik wurde intern weitergeführt, jedoch ohne die Kategorie Schadenssumme. Ergebnisse dieser Statistik sind bisher nicht zusammenfassend veröffentlicht worden und auch im Einzelfall nicht zugänglich. Grund der Einstellung war insbesondere, dass die jährlichen Schadenssummen drastisch angestiegen sind und politisch keine „Gegenmaßnahmen" abzusehen waren. Mit dieser Entscheidung wurde diese brisante Entwicklung aus der öffentlichen Diskussion heraus genommen (vgl. dazu Liebl 1986a). Die in den letzten Jahren veröffentlichten Summen aus der Polizeilichen Kriminalstatistik sind bekanntermaßen nur bedingt aussagefähig (vgl. dazu bereits Liebl 1984a).

der kriminellen Handlungen und den Tätern gestellt. Dazu wurde eine fast nicht überschaubare Anzahl von Dissertationsvorhaben durchgeführt, deren Inhalte sich zumeist bereits aus den Titeln ablesen lassen: „Die Konkursstraftäter im Landgerichtsbezirk A-Dorf von 1960 bis 1962" oder „Die Steuerhinterziehung im Raum Obersürstrup von August bis September" etc. (vgl. dazu die bibliographische Auflistung bei Liebl/Liebl 1993).

Es wurden typisierende Merkmale herausgearbeitet, immer unter dem Gesichtspunkt, dass durch diese Erkenntnisse eventuell eine bessere täterorientierte Prävention ermöglicht werden könnte. Typische Erkenntnisse waren beispielsweise die Aussagen, dass „der Betrugstäter im Durchschnitt 38 Jahre, verheiratet, römisch-katholisch ist und zwei Kinder hat" (vgl. als Beispiel dazu Frese 1956; Ullrich 1961; Skrotzki 1963; Nippoldt 1974; Henssen 1976; Seckel 1978; Leßner 1984).

Unberücksichtigt blieb jedoch oftmals die Tatsache, dass daneben eine wirtschaftliche Tätigkeit und das Erreichen eines bestimmten Lebensalters erforderlich war. Andererseits wurde auch nicht problematisiert, was derartige Feststellungen überhaupt bezüglich einer Prävention bringen können und welche kriminalpräventiven Maßnahmen sich daraus ableiten lassen.

Hinsichtlich der Frage des „Warum?" bestand bemerkenswert lange Zeit die Vorstellung, dass es sich nur darum handelt, dass „der Böse" sich „des Gewandes" eines „ehrbaren Kaufmanns" bedient, um somit sein kriminelles Tun zu verschleiern und die Vertrauensstellung und die Ehrbarkeit eines Kaufmanns oder Unternehmers für seine Handlungen auszunützen. Diese Diskussion wurde in den 50er und 60er Jahren insbesondere von Polizeiangehörigen oder Polizeidienststellen (Mommsen 1954; BKA 1957; BKA 1963) geprägt, wobei für lange Jahre der zitatmäßig angeführte programmatische Buchtitel „Von Schwindelfirmen und anderen unlauteren (kriminellen) Unternehmen des Wirtschaftslebens" (Zirpins/Terstegen 1963; weiter auch Zirpins 1959; Gössweiner-Saiko 1962 oder bereits sehr früh Eichler 1951) die Einstellung zu den Tätern bestimmte.

In Verbindung mit dem Bekanntwerden der hohen Schadenssummen und der Vielzahl von Fällen wurde die „Suche nach dem Bösen" jedoch aufgegeben. Dazu kamen auch noch die Erkenntnisse aus der US-amerikanischen

Kriminologie, die schon recht früh den Verfall der Moral in Unternehmen beklagt und konstatiert hatte (vgl. als eine der ersten Aussagen Finklestein 1958; zuletzt auch See 1990; Müller 1991; See/Spoo 1997).

In diesem Zusammenhang wurden nun auch andere Ursachen als nur persönlichkeitsspezifische Ausprägungen für die Tatbegehung gesehen, jedoch wurde diese Frage nur noch in Ansätzen allgemein problematisiert (vgl. z.B. Frehsee 1991) bzw. ihr in wenigen speziellen Untersuchungen nachgegangen (Teufel 1982; Kreß 1983 oder zuletzt mit einem ökonomischen Erklärungsversuch Heißner 2001). Hinzu kamen noch kriminaltheoretische Überlegungen, auf die noch eingegangen wird.

Als Ergebnis dieser Forschungen und Überlegungen kann eine Aussage von Braithwaite angeführt werden, die lautet: „Only banal generalizations are possible in answer to questions of who engages in white collar crime and why" (Braithwaite 1985: 1).

„Modus operandi"-Studien

Für eine zielgerichtete und sachgerechte „Bekämpfung" bzw. Präventionsarbeit im Bereich der Wirtschaftskriminalität spielte die Herausarbeitung von bestimmten Tatbegehungseigenheiten eine zentrale Rolle. Es ist dabei nicht verwunderlich, dass insbesondere die Strafverfolgungsorgane, und hier insbesondere die Polizeibehörden, an solchen Untersuchungen ein Interesse hatten. So wurden schon in den 50er Jahren (z.B. Renger 1954; Bertling 1957; BKA 1957) und 60er Jahren (z.B. Bayerisches LKA 1965) erste, zumeist auf Alltagserfahrungen der Autoren beruhende Ergebnisse der Öffentlichkeit vorgestellt. Diese Darlegungen nahmen insbesondere im Zusammenhang mit dem Programm zur „Bekämpfung der Wirtschaftskriminalität" ein fast unüberschaubares Volumen an. Das Spektrum der Berichte und Überlegungen reichte von der Außenwirtschaftskriminalität bis hin zum Zollrecht. Die Aussagen basierten zumeist nicht auf umfangreichen Untersuchungen, sondern auf kleineren Akten- oder Fallanalysen und insbesondere auf den Ermittlungserfahrungen, die der jeweilige Autor gesammelt hatte (vgl. Polizei-Institut Hiltrup 1971; Herbst 1973; Schäfer 1974; Teufel 1979).

Nur wenige Untersuchungen wurden seit Mitte der 80er Jahre durchgeführt, wobei diese ähnlich gestaltet waren. Es liegen deshalb nur vereinzelt auf repräsentativer Grundlage erstellte Erhebungen vor, wie z.b. zur Betriebsspionage (Liebl 1987b), Kreditbetrug (Kießner 1985), Computerdelikten[3] (Sieber 1983; Grosch/Liebl 1994), Kreditvermittlungsbetrug (Risch 2000) oder dem Kapitalanlagebetrug (Liebel 2002).

Bei allen diesen Untersuchungen handelte es sich um so genannte „Forschungen für die Polizei", d.h. sie hatten zum Ziel, die Handlungsweisen von Tätern aufzuhellen und Präventionsmaßnahmen – auch opferorientiert – zu entwickeln. Sie lieferten daher zumeist nur am Rande auch Erkenntnisse zu einer „Kriminologie der Wirtschaftskriminalität". Aufgrund ihrer Datenfülle sind sie jedoch bei einer Erörterung der Wirtschaftskriminalität nicht auszuschließen oder unerwähnt zu lassen. Es wäre jedoch sinnvoll, die auf diesem Feld gewonnenen Erkenntnisse zusammenzufassen und abzugleichen, da hier sicherlich auch unter kriminologisch-historischen Gesichtspunkten ein großer Fundus an Material zur Verfügung steht.

Studien über die Ermittlungen und Probleme der Strafverfolgungsorgane

Im Gegensatz zu den „Modus operandi"-Studien handelt es sich hierbei um die Darstellung von Problemen bei den Ermittlungshandlungen und der Strafverfolgung von Wirtschaftsdelikten. Hier stehen vor allem seit Jahren die Fragen nach dem Nachweis, der Sicherung von Beweismitteln, der Beweisführung, der Länge der Ermittlungen und der Strafverfahren, die Internationalisierung der wirtschaftlichen Aktivitäten und die Zusammenarbeit mit in- und ausländischen Dienststellen im Vordergrund.

Auch diese Thematik wurde bereits ausführlich zu Beginn der Diskussion um die Wirtschaftskriminalität diskutiert und problematisiert. Insbesondere auch in den Gutachten zum Programm „Bekämpfung der Wirtschaftskriminalität" fanden diese Probleme einen breiten Raum (vgl. Bundesministerium der Justiz 1972). Aber auch in zahlreichen Veröffentlichungen, Aufsätzen

---

[3] Der Bereich der „Computerkriminalität" wird hier nicht weiter verfolgt, sodass dieser Hinweis ohne weitere Erörterung erfolgt.

und Dissertationen wurden diese Fragen aufgegriffen (vgl. u.a. Tiedemann 1972; Heinz 1977; Jung 1979; Wassermann 1984; Müller/Wabnitz 1993). In der Regel gingen die Veröffentlichungen über eine Darstellung des Problems bzw. der Problemlagen aus der alltäglichen Berufspraxis nicht hinaus. Zwar wurden jeweils Forderungen für eine Verbesserung der Ermittlungsbedingungen und Strafverfolgung formuliert, ohne dass es jedoch bei der Vielzahl der Probleme zu einer hervorzuhebenden Verbesserung und Umsetzung in der Praxis gekommen wäre (vgl. auch Poerting 1983, 1985; Kramer 1987).

So werden heute noch die gleichen Probleme genannt, die bereits in den 60er Jahren angesprochen wurden (vgl. Lampe 1996; Hillinger 1997). Der Grund liegt zum einen darin, dass sich entweder die zwischenstaatlichen Beziehungen oder besser Abgrenzungen im Bereich der Strafverfolgung als sehr „stabil" gezeigt haben oder aber die Spezialisierung oder bessere Zusammenarbeit zwischen nationalen Dienststellen nicht zu einem „offiziellen" Programm erhoben wurde, d.h. die Verbesserungen unteren Ebenen überlassen oder als Einzelphänomene nicht weiter für auseinandersetzungswürdig abgetan wurden. Der Hauptgrund für die geringen Erfolge bei der Behebung der bekannten Schwierigkeiten ist sicherlich darin zu sehen, dass die oftmals dazu vorliegenden Einzelfallanalysen leicht zu „widerlegen" oder abzuschwächen waren und dass insbesondere der Spezialisierungsgedanke innerhalb der Polizeidienststellen aufgrund anderer Umstände bisher nicht umgesetzt werden konnte (vgl. Liebl 2002).

Abschließend ist noch festzustellen, dass vor allem repräsentative Untersuchungen zu diesen Problemen zumindest einen Prozess zur Verbesserung der Arbeitsgrundlagen auslösten, da Vor- und Nachteile von Vorgehensweisen z.B. von den Landespolizeiverwaltungen erkannt und insbesondere Defizite behoben werden konnten (vgl. Bora/Liebl/Poerting/Risch 1992; Risch 1995). So könnten derartige Untersuchungen auch auf anderen Gebieten – wie z.B. der Dauer von Strafverfahren – zu umsetzbaren Vorschlägen führen. Der bereits an anderer Stelle angesprochene Stillstand der Auftragsforschung auf diesem Gebiet der Kriminologie lässt im Augenblick jedoch keine absehbaren Ergebnisse erwarten.

Die „richtige" Strafe für Wirtschaftsstraftäter

Ausgehend von Problemen bei Ermittlungs- und Strafverfahren wurde auch die Sanktionierung der Wirtschaftskriminalität hinterfragt. Insbesondere auch vor dem Hintergrund, dass die US-amerikanische Kriminologie zahlreiche Problempunkte aufgezeigt hatte, die zu einem gewissen Grade auch in Deutschland existierten, wie z.b. die Frage des „tatsächlichen" Straftäters[4], die Frage der Unternehmensstrafbarkeit, die Problematik der Möglichkeit der Umlegung der Geldstrafen auf die Käufer der Produkte, Freiheitsstrafen für Unternehmen, Folgen von Strafen für die Arbeitnehmer, Beweisführung und bisherige Strafverfahrensgrundsätze, Aushandlungsmöglichkeiten hinsichtlich der Strafe oder die Frage der Doppelbestrafung durch Strafe und Ansehensverlust. Dazu kam auch noch die Frage, welches Strafmaß für eine Schadenssumme von 10 Mio. DM angemessen ist, wenn bereits für eine Untreuestraftat mit einem Schaden von wenigen tausend DM in der Regel eine Freiheitsstrafe verhängt wird. Andererseits sollten diese Strafen auch in einem „Verhältnis" zu Strafen wegen Raubes stehen, d.h. es kann nicht sein, dass jemand, der „nur" eine Vermögensschädigung verursacht, härter bestraft wird, als jemand, der auch Leib und Leben einer Person gefährdet (vgl. dazu auch Lieber 1987).

Diese Fragen wurden auch in wenigen empirischen Untersuchungen erörtert, wobei diese hauptsächlich die Strafhöhe (vgl. Meine 1982; Meine 1986; Meinberg 1987), das Risiko einer Bestrafung (Mönch 1978) oder den Aushandlungsprozess hinsichtlich der Strafhöhe (Meinberg 1985; Bussmann/Lüdemann 1995; Bussmann/Lüdemann 1989; Bussmann 1991) zum Gegenstand hatten. Die weiter genannten Gesichtspunkte wurden eher theoretisch abgehandelt als durch umfangreiches Faktenmaterial belegt. Zwar wurde schon früh z.B. die unterschiedliche Bestrafung aufgegriffen (Bennhold 1973), es bestand hier jedoch das ungelöste Problem, wie man unterschiedliche Delikte, die auch unterschiedliche Gewaltmomente beinhalten, einem Strafenvergleich unterziehen kann.

---

[4] Wer ist z.B. in einem Unternehmen für eine bestimmte Handlung letztendlich verantwortlich?

Eine vor dem Abschluss stehende Untersuchung des Autors (vgl. Liebl 2011) zeigt bei gleichen Delikten (Betrug und Untreue) auf, dass Straftäter, die der Wirtschaftskriminalität zugerechnet werden, mit signifikant niedrigeren Strafen zu rechnen haben als „normale"[5] Straftäter. Diese Ergebnisse würden die bisherigen Vermutungen nur bestätigen, dass Wirtschaftsdelikte – und hier ganz speziell die Vermögensdelikte – mit einer geringeren Strafe geahndet werden als nicht der Wirtschaftskriminalität zurechenbare Betrugs- und Untreuehandlungen.

Daneben haben auch Untersuchungen belegt, dass innerhalb der Wirtschaftskriminalität eine unterschiedliche Sanktionierung vorliegt. So lassen in der letzten Zeit insbesondere die Aburteilungen der Konkurs- und jetzt Insolvenzdelikte vermuten, dass die auf der Nichteinhaltung von Formalvorschriften beruhenden Wirtschaftsstraftaten schneller und höher bestraft werden als z.B. Vermögensdelikte im Bereich der Wirtschaftskriminalität (vgl. Liebl 1988). Diese Tatsache, die auch die in den letzten Jahren dargestellten Erfolge der Sanktionierung von Wirtschaftsstraftaten (vgl. z.B. Sächsisches Staatsministerium des Innern 1997; Berthel 2000) betrifft und die diese Erfolgsbilanz in Frage stellen würde, müsste daher weiterverfolgt werden.

Abschließend ist noch festzustellen, dass in dieser Frage doch ein bemerkenswerter Anschluss zur internationalen Forschung, deren Schwerpunkte noch immer in der US-amerikanischen aber auch z.B. australischen Kriminologie liegen, besteht.

Sicherheitsfragen, Prävention und Schutz der Wirtschaft

Der Bereich der Präventionsforschung ist ein eigenständig anzuführender Teil deswegen, weil in die Diskussion auch die Frage der Opfer von Wirtschaftsstraftaten eingebracht wurde. Schwerpunktmäßig wird jedoch dieser Bereich weniger von Seiten der Wissenschaft „bedient" als vielmehr von Schutzverbänden der Wirtschaft (vgl. z.B. Sieben/Poerting 1977; Burger-Scheidlin 1996) und der Polizei (so z.B. Kube 1984). Insbesondere das BKA hat zu Beginn der 80er Jahre hier auf breiter Basis erste Tagungen mit

---

[5] Im Sinne eines Straftäters im Bereich der so genannten „Straßenkriminalität".

Veröffentlichungen durchgeführt und eine Art Vorreiterrolle gespielt. Vor allem auch die von Kube aufgeworfenen Sicherheitsfragen im Zusammenhang mit Präventionsmöglichkeiten stellen bis heute eine Art „Stand der Forschung" dar (Kube 1984). Dies bezieht sich jedoch nicht auf den Teil des Schrifttums, der von Seiten der Beratungs- und Schutzverbände der Wirtschaft kommt (wie zuletzt auf dem 7. Deutschen Präventionstag in Düsseldorf; Deutscher Präventionstag 2001).

Spezielle soziologische Untersuchungen und Fallstudien

Bereits früh verfasste Opp eine „Soziologie der Wirtschaftskriminalität" (Opp 1975), die jedoch eher einer beschreibenden Soziologie als einer theoretisch-erklärenden zuzurechnen ist. Die Arbeit fasst die damaligen Erkenntnisse über Täter, Opfer, Schadenssummen und spezielle Diskussionspunkte – wie z.B. die Grenzmoral – zusammen. Sie referiert somit nur einen soziologisch-kriminologischen Sachstand, ohne weiterführende Impulse zu geben. Insoweit wurden auch die von Opp nochmals aufgeworfenen Fragen, insbesondere hinsichtlich der Gesichtspunkte der „Grenzmoral" (vgl. dazu die frühen Ansätze von Schöllgen 1963) und der „Schädigung ohne Opfer" (vgl. dazu auch den Hinweis von Opp 1983) in der Soziologie oder Kriminal- bzw. Rechtssoziologie nicht aufgegriffen und weiterverfolgt.

Die ebenfalls von Opp (Opp 1972) mitgetragene Diskussion um den „Labeling approach" unter Bezugnahme auf die Wirtschaftskriminalität und seine Auseinandersetzung mit Sack (vgl. Sack 1972; Schwartz 1977) blieben insgesamt gesehen folgenlos und wurden in der Diskussion um die Wirtschaftskriminalität nicht weiter problematisiert.

Daneben wurden in diesen Jahren auch einige theoretische Erklärungsversuche der Wirtschaftskriminalität vorgenommen, wobei insbesondere die Arbeiten von Breland (Breland 1974; Breland 1975) zur Lerntheorie und von Arold (Arold 1976; Arold 1977) hinsichtlich der Einstellung der Gesellschaft zur Wirtschaftskriminalität und ihrer möglichen theoretischen Aufarbeitung eine breitere Resonanz gefunden haben.

Ein weiterer soziologischer Schwerpunkt innerhalb der Forschungen zur Wirtschaftskriminalität bildete sich dann erst wieder 10 Jahre später heraus. Hier sind die Implementationsforschungen zum 2. Gesetz zur Bekämpfung der Wirtschaftskriminalität zu nennen (Savelsberg 1987; Savelsberg/Brühl 1988; Savelsberg/Brühl/Lüdemann 1987). Auch zum 1. Gesetz zur Bekämpfung der Wirtschaftskriminalität gab es bereits Forschungsdesigns zur Durchführung von größer angelegten Forschungsprojekten, die jedoch nicht verwirklicht werden konnten (Bundesministerium der Justiz 1972; Liebl 1987).

Eine Weiterführung der sehr substanziellen Forschungsergebnisse von Savelsberg u.a. fand jedoch nicht statt. Hierüber geben auch die Überlegungen von Bussmann/Lüdemann in ihrer 1995 veröffentlichten Studie (Bussmann/Lüdemann 1995: 216ff.) ein beredtes Beispiel, in der sie ein Programm für zukünftige Forschungsvorhaben umrissen. Sie forderten, für die Erforschung der Wirtschaftskriminalität auch die Theorie der generalisierten Kommunikationsmedien heranzuziehen oder auch die Grenzen der Wirkung von Strafrecht zu untersuchen. Beide Forderungen wurden jedoch bisher nicht weiter verfolgt. Auch die Überlegungen zur Erklärungskraft der Rational-Choice-Theorie bei Wirtschaftsdelikten (Entorf 1995) und die Frage „Wirtschaftsstrafrecht und Abolitionismus" (Bussmann 1989) blieben Einzeldarstellungen, die bisher nicht wieder aufgegriffen wurden.

Daneben existiert auch eine – bereits eingangs erwähnte – Untersuchung, die auf einer Fallanalyse eines schweizerischen Wirtschaftsdelikts aufbaut (Wyss 1999). Auch wenn Fallanalysen in anderen Forschungsgebieten bereits zahlreiche interessante Ergebnisse erbracht haben, so muss für den Bereich der Wirtschaftskriminalität das Ergebnis als eher problematisch angesehen werden. In der vorliegenden Studie geht es um einen skandalisierungsfähigen Fall, der auch noch Andeutungen auf große Verschwörungen und die Mafia enthält, was natürlich journalistisch reizvoll, wissenschaftlich aber wohl eher von geringerem Interesse ist. Es besteht daher für die Zukunft die Notwendigkeit genau zu prüfen, welche Fälle für eine solche Untersuchung herangezogen werden. Abschließend sei an dieser Stelle noch auf einige wenige „historische" Vorläufer hingewiesen (vgl. Liebl 1982a).

Miszellen

Letztendlich sind hier insbesondere auch die kriminologisch-ökonomischen Untersuchungen zu nennen, wie z.B. die Hinweise auf eine Sog- und Spiralwirkung der Wirtschaftskriminalität (Terstegen 1961) und das Problem der Abschottung gegenüber selbst den ansonsten gängigsten Forschungsmethoden der Kriminologie (Brusten/Eberwein/Feltes/Gollner/Henss/Schumann 1977; insbesondere jedoch Reiss 1987). Auch die Frage nach der Grenzmoral im Bereich der Wirtschaft und die Abstimmung zwischen unternehmerischem Risiko und illegalen Handlungen wurde diskutiert (vgl. Schöllgen 1963), aber bisher nicht weitergeführt. Zwar werden diese Gesichtspunkte auch heute immer wieder thematisiert, bis jetzt fehlen aber konkrete Aussagen, warum bestimmte unternehmerische Entscheidungen auch Gesetzesübertretungen mit einbeziehen oder begünstigen. Welche Ursachen liegen solchen Handlungen bzw. Entscheidungen zugrunde, insbesondere auch unter dem Gesichtspunkt, dass Personen, die derartige Entscheidungen treffen, innerhalb ihrer persönlichen Lebenswelt oftmals sehr streng auf die Einhaltung von Normen achten?

Als letzte Gesichtspunkte, die in dieser Zusammenfassung erwähnt werden sollen, sind die Verbindung von Wirtschaftskriminalität zur Organisierten Kriminalität und auch die Verbindung zum Phänomen der Kriminalitätsmärkte und der Zusammenarbeit mit einzelnen Wirtschaftsunternehmen (z.B. beim Zigarettenschmuggel) zu nennen. Diese Fragen wurden im Schrifttum partiell angesprochen, jedoch bisher nicht weiter verfolgt (vgl. Nauth 1978; Liebl 1984a; Polizei-Führungsakademie 1999; Wyss 1999; Albrecht 2002). Auch wenn diese angesprochenen Forschungsgegenstände sicherlich sehr interessante Erkenntnisse über wirtschaftskriminelle Strukturen auf internationaler Ebene liefern könnten, so muss insgesamt festgestellt werden, dass die Globalisierung der Wirtschaft und damit die Verlagerung von Entscheidungen weg von nationalen Rechtsräumen bisher in der Forschung und Literatur fast völlig außer Acht gelassen wurde. Gerade aber die in zahlreichen Presseveröffentlichungen z.B. angesprochene Zusammenarbeit von Zigarettenfirmen mit dem internationalen Zigarettenschmuggel lässt bereits Einblicke in die Brisanz dieser Thematik erkennen.

Konkurs- und Insolvenzkriminalität

Die Konkurs- bzw. Insolvenzkriminalität wurde bereits zu Beginn der in der Nachkriegszeit angelaufenen Debatte über Wirtschaftskriminalität problematisiert. So stellten Renger (1954), Mommsen (1954) und auch Zirpins/Terstegen (1963) die besonderen Begehungsmöglichkeiten und Erscheinungsformen mit ihren Ermittlungsschwierigkeiten vor. Anfang der 60er Jahre wurde das Thema auch Gegenstand einiger weniger Dissertationen, wobei diese sich auf Untersuchungen von wenigen Akten eines Landgerichtsbezirks bezogen (vgl. Ullrich 1961; Skrotzki 1963).

Danach erlangte dieser Bereich erst wieder in den 70er Jahren eine größere Beachtung; insbesondere im Zusammenhang mit der Gutachtenkommission zur „Bekämpfung der Wirtschaftskriminalität" und der Diskussion im Zusammenhang mit dem „Ersten Gesetz zur Bekämpfung der Wirtschaftskriminalität" kam es 1976 auch zu einer Änderung der Konkurstatbestände (vgl. Bundesministerium der Justiz 1972; Bundesministerium der Justiz 1980)[6]. Diesbezüglich wurden auch die zivilrechtliche Konkursabwicklung erstmalig rechtssoziologisch begutachtet, so im Rahmen eines Projektes „Zur Praxis der Konkursabwicklung" von Gessner u.a. (vgl. Gessner/Rhode /Strate/Ziegert 1978) oder im Bereich der Wirtschaftswissenschaften die Gründe für eine Unternehmensinsolvenz genauer untersucht (vgl. Weisel 1982).

In der Folge wurden dann von Teufel die Möglichkeiten der kriminellen Ausnützung von Insolvenzen in zwei Buchveröffentlichungen und Zeitschriftenbeiträgen – zumeist auf phänomenologischer Grundlage – beschrieben (vgl. Teufel 1972; Teufel 1981; Teufel 1982). Eine erste umfassendere kriminologische Untersuchung zu der Insolvenzkriminalität entstand Mitte

---

[6] Unberücksichtigt bleibt in diesem Zusammenhang, dass in einigen Arbeiten zur Wirtschaftskriminalität auch die Konkurs- oder Insolvenzkriminalität erwähnt wurde.

der 80er Jahre, die auch mögliche Hintergründe für die Insolvenzkriminalität aufgrund einer Aktenanalyse untersuchte (vgl. Liebl 1984c und 1988). Die sich daran anschließende Studie von Bora u.a. (vgl. Bora/Liebl/Poerting Risch 1992) zu Beginn der 90er Jahre und die nachfolgende Diskussion wird in den folgenden Abschnitten behandelt.

2.1.2 Wirtschaftskriminologische Forschungen des BKA

Es kann hier nicht die umfangreiche wirtschaftskriminologische Forschung des BKAs in den 50 Jahren seines Bestehens referiert werden, die in ihren Anfängen bereits im vorhergehenden Abschnitt behandelt wurde und ihren Ausgangspunkt Mitte der 50er Jahre des letzten Jahrhunderts hatte. Dies wäre eine eigenständige Untersuchung und der Analyse wert. Man vergleiche dazu z.B. die Veröffentlichung von Bertling zur Wirtschaftskriminalität (Bertling 1956). Es soll daher an dieser Stelle auf spezielle in den letzten Jahren veröffentlichte Forschungsergebnisse abgestellt werden, die für die vorliegende Studie von weitestgehender Relevanz sein könnten.

Neben der bereits im Kapitel „Forschungsfragen" erwähnten Studie von Bora/Liebl/Poerting/Risch (Bora/Liebl/Poerting/Risch 1992) muss an dieser Stelle auch noch auf Arbeiten aus den 80er Jahren des letzten Jahrhunderts verwiesen werden, in denen es einmal um die Phänomenologie der Wirtschaftsdelikte aber insbesondere um die Verbesserung der Ermittlungsbedingungen und der Strafverfolgung ging (vgl. Poerting 1983, 1985, 1985a). Doch bereits zum damaligen Zeitpunkt zeigte sich diesbezüglich eine Vielzahl von Problemen, die bis heute immer noch diskutiert werden und oftmals eine fortdauernde Problemsituation beschreiben.

Weiter hervorzuhebende Arbeiten, die auch aus methodischen Gründen für die Hauptuntersuchung Berücksichtigung finden sollen, sind die Arbeiten von Liebel u.a. zum Kapitalanlagebetrug (Liebel u.a. 1992) sowie die Replikationsstudie aus dem Jahre 2000 (Liebel 2002), die als eine der wenigen so angelegten Forschungsvorhaben erhebliche Beachtung auch in der polizeilichen Praxis gefunden hat. In diesem Zusammenhang ist auch die Untersuchung zum Kreditvermittlungsbetrug zu nennen (Risch 2000), die gleichfalls diesen Praxisbezug aufweist.

Daneben sind Arbeiten zur Geldwäsche und den damit zusammenhängenden Delikten (vgl. BKA 1986; Gradowski/Ziegler 1997 oder Suendorf 2001), die Vorträge auf der Jahrestagung des BKA aus dem Jahre 2002 (BKA 2002) und die Arbeiten zur Organisierten Kriminalität anzuführen, wobei hier bereits ein europäischer Blickwinkel deutlich wird (vgl. dazu z.b. BKA 1990; Wittkämper u.a. 1996).

In diesem Zusammenhang ist insbesondere beachtenswert, dass bereits 1992 in einem Symposium die Möglichkeiten und Chancen einer polizeibezogenen Forschung herausgestellt wurden, die nicht nur die nationale Sichtweise in den Mittelpunkt sondern ein „zusammenwachsendes Europa" in den Focus des Interesses stellt (BKA 1993). Insoweit hat diese Veröffentlichung fast einen programmatischen Charakter für die durch die vorliegende Machbarkeitsstudie angedachte und analysierte Hauptstudie.

2.1.3 Wirtschaftskriminalistische und -kriminologische Veröffentlichungen unter besonderer Berücksichtigung der Insolvenzkriminalität seit 1992

In dieser speziellen Literaturanalyse soll die wirtschaftskriminalistische und wirtschaftskriminologische Literatur der letzten zehn Jahre dahingehend untersucht werden, welche Aussagen hinsichtlich der Insolvenzkriminalität und den Ermittlungsproblemen in diesem Bereich gewonnen werden können. Auch hierbei gelten die bereits eingangs erwähnten Einschränkungen der Literaturanalyse; ebenso wurden auch Titel aus der Analyseaufstellung ausgeschlossen, bei denen sofort zu erkennen war, dass sie sich mit anderen Aspekten der Wirtschaftskriminalität beschäftigen.[7] Eine abschließende Bewertung wird in der Ergebniszusammenfassung vorgenommen, sodass es in diesem Abschnitt lediglich um die Sachdarstellung geht, um keine Wiederholungen zu erzeugen.

---

[7] Es wurde jedoch selbstverständlich geprüft, ob sie für die vorliegende Studie von Interesse sein könnten.

Wirtschaftskriminologische und wirtschaftskriminalistische Literatur unter besonderer Berücksichtigung der Insolvenzproblematik seit 1992 (absteigend nach Erscheinungsjahr)[8]

Beitrag	Inhaltliche Schwerpunkte	Bezug zur Insolvenzproblematik
Büchler / Brisach, Wirtschaftskriminalität und Globalisierung (2009)	Bericht über die Herbsttagung des BKA des Jahres 2008	keine Hinweise
Liebl / Kühne, Wirtschaftskriminalität und die Rolle der Strafverfolgungsorgane (2008)	Beiträge der Fachtagung zu Problemen mit der Verfolgung von Wirtschaftsstraftaten	Spezielle Auseinandersetzung mit den Problemen bei der Strafverfolgung von Insolvenzdelikten insbes. auch in Fällen der sog. „Firmenbestatter"
Görling, Wirtschaftskriminalität (2008)	Diskussion hinsichtlich der veröffentlichten Schadenssummen bei Wirtschaftsdelikten	Keine speziellen Hinweise
Karliczek, Strukturelle Bedingungen von Wirtschaftskriminalität (2007)	Untersuchung zu den Fällen im Zusammenhang mit der Privatisierung ehemaliger DDR Betriebe	keine Hinweise
Feuerstein, Wirtschaftskriminalität bekämpfen (2007)	Darstellung der „Bekämpfung der Wirtschaftskriminalität" in deskriptiver Form wobei insbesondere	keine Hinweise

---

[8] Seit der Studie von Bora u.a. 1992. Einige wenige speziell für die vorliegende Untersuchung wichtige Veröffentlichungen seit 1990 wurden mit aufgenommen. Wenige Titel, die von den einschlägigen Suchmaschinen im Internet aufgeführt werden, waren real-bibliographisch jedoch nicht nachweisbar. So konnte eine angeführte Studie ohne Erscheinungsort von Liebhart, Gustav, Die rechtzeitige Konkurseröffnung, 1997, nicht ermittelt werden. Diesbezügliche Studien wurden in der Aufstellung nicht erwähnt. Beiträge, die bereits im ersten Teil der Übersicht erwähnt wurden, werden hier nicht nochmals aufgeführt. Nicht mit aufgenommen wurden Beiträge, die sich nur auf die statistische Entwicklung in einem bestimmten Bereich oder Land beziehen, wie auch Themen (wie z.B. Untersuchungen zur Korruption), die keinen Bezug zur vorliegenden Untersuchung haben.

	auch auf dem „Corporate Governance Kodex" eingegangen wird	
Knecht, Das Persönlichkeitsprofil der Wirtschaftskriminellen (2006)	Psychologische Arbeit zum Täterprofil	keine Hinweise
Bussmann / Werle / Ziegleder, Wirtschaftskriminalität – Ergebnisse einer weltweiten Studie (2006)	Untersuchung zum Umfang der Wirtschaftskriminalität	keine Hinweise, da neue Definition der Wirtschaftskriminalität mit Schwerpunkt „Betriebskriminalität"
Grisch, Die strafrechtliche Verjährung der Wirtschaftskriminalität als Ausdruck von Klassenjustiz (2006)	Rechtspolitische Fragen zur Strafverfolgung bei Wirtschaftsdelikten	keine Hinweise
Glebovsky, Wirtschaftskriminalität (2005)	Allgemeine Problemdarstellung	Erwähnung
Pastner, Corporate governance (2005)	Unternehmensethische Ausrichtung	keine Hinweise
Hagedorn, Bestellung des Sachverständigen (2004)	Gründe für die Notwendigkeit und die Stellung von Sachverständigen im Wirtschaftsstrafverfahren	keine Hinweise
International Network Solutions Ltd., UK Limited Company, Ltd. (2004)	Handbuch für die Gründung einer englischen Ltd. in Deutschland. Mit Hinweisen zu Haftungsfragen.	Hinweise zum Verhalten bei Insolvenzen.
Kühne/Liebl, Bekämpfung der Wirtschaftskriminalität (2004)	In dem Band werden aktuelle Überlegungen zu einer Verbesserung der Bekämpfung der Wirtschaftskriminalität vorgestellt. Der Schwerpunkt liegt dabei auf	Der Bereich der Insolvenz wird von den Autorinnen und Autoren verschiedentlich angesprochen, es findet jedoch keine spezielle Problema-

	Fragen der Geldwäsche und des Zusammenhangs von Wirtschaftskriminalität und Terrorismus sowie dem Bereich der Steuerhinterziehung. Weiterhin werden Aspekte der Verbesserung der polizeilichen Ausbildung in diesem Bereich angesprochen.	tisierung statt.
Liebel, Psychologie von Betrugsopfern(2004)	Auf die Prävention ausgerichteter Beitrag zum Bereich des Anlagebetrugs	keine Hinweise
Mang, Die ökonomische Evaluation (2004)	Begehung von Straftaten im Unternehmen	keine Hinweise
Schlegel, Wirtschaftskriminalität und Werte (2004)	Allgemeine ethische Fragen zur Begehung von Wirtschaftsstraftaten durch das Management.	keine besonderen Hinweise (Erwähnungen)
Bussmann, Business Ethics und Wirtschaftsstrafrecht (2003)	Dem Autor geht es um die „Grauzone" zwischen Strafrecht und wirtschaftlichen Verhaltensweisen und die Problematik, wie diese eventuell strafrechtlich gefasst werden sollten.	keine besonderen Hinweise
Albrecht, Forschungen zur Wirtschaftskriminalität in Europa: Konzepte und empirische Befunde (2003)	Der Autor führt in dem Beitrag aus, dass die empirische und theoretische Forschung zur Wirtschaftskriminalität in den letzten Jahrzehnten schwerpunktmäßig auf die Bereiche Betrug und kostensteigernde oder profitreduzierende Regulierungen entfiel. Zum Betrug gehören die schadensintensiven Formen des Subventions- oder auch	Laut Aussagen des Autors lassen sich aus den dokumentierten Sachverhalten zum „Lagebild organisierte Kriminalität" ca. 1/5 der Fälle als organisierte Wirtschaftskriminalität bewerten, wobei hier insbesondere „Betrug ... und ... Konkursstraftaten" erfasst wurden.

	Konkursbetruges und in den zweiten Bereich fallen Erscheinungsformen wie Umweltkriminalität, Geldwäsche oder der illegale Menschen-, Drogen- und Waffenhandel. Weiter stellt er fest, dass es aufgrund der Ausweitung der Schattenwirtschaft zu einer Vernetzung zwischen herkömmlicher Wirtschaftskriminalität und organisierter Kriminalität kommt.	
Bundesrechnungshof (Hg.), Steuerausfälle bei der Umsatzsteuer durch Steuerbetrug und Steuervermeidung (2003)	Im Zusammenhang mit bestimmten Begehungsweisen von Steuerbetrug wird speziell bei „Leasing und Mietkauf" darauf verwiesen, dass „durch 'planmäßige' Insolvenzen von Leasingnehmern hochwertiger Industriegüter es zu einem erheblichen Umsatzsteuerausfall kommt". Es wird in diesem Zusammenhang die Vorgehensweise solcher Unternehmen beschrieben. Weiterhin wird festgestellt, dass die Umsatzsteuerverluste durch Insolvenzen im Jahre 2001 einen Betrag von 3,4 Mrd. Euro erreicht haben – ein Betrag, der nicht mehr vertretbar erscheint.	Es wird auf die „durch 'planmäßige' Insolvenzen von Leasingnehmern hochwertiger Industriegüter" erheblichen Umsatzsteuerausfälle verwiesen. Weiterhin wird festgestellt, dass die Umsatzsteuerverluste durch Insolvenzen im Jahre 2001 einen Betrag von 3,4 Mrd. Euro erreicht haben – ein Betrag, der nicht mehr vertretbar erscheint.
Kersten, Wirtschaftskriminalität als Stukturkriminalität (2003)	Einführungsvortrag auf der Herbsttagung des BKA im Jahre 2002. Allgemeine Hinweise auf den Umfang und die Ermittlungsproble-	Allgemeiner Hinweis auf die Insolvenzkriminalität.

	me bei Wirtschaftsdelikten.	
Mehles, Prävention und Bekämpfung von Wirtschaftskriminalität in internationalen Unternehmen (2003)	In dem Beitrag geht es um Schutzmaßnahmen vor internationalen Betrugshandlungen gegen Unternehmen.	keine besonderen Hinweise
PFA, Aktuelle Herausforderungen bei der Bekämpfung der Wirtschaftskriminalität (2003)	In dem Seminarberichtsband werden verschiedene Teilaspekte behandelt, wie die „Aktuelle Lage", das Problem der Dialer als Wirtschaftsdelikt, die Anforderungen an die Polizei bei der Verfolgung von Bilanzmanipulationen, Softwarepiraterie, die Möglichkeiten einer polizeilichen Präventionsarbeit im Bereich Wirtschaftskriminalität und Betrug sowie die Möglichkeit der Aufdeckung von Wirtschaftsdelikten durch Wirtschaftsprüfergesellschaften.	keine besonderen Hinweise
Price Waterhouse Coopers, Wirtschaftskriminalität (2003)	Ergebnisdarstellung einer Umfrage zur Bedrohung durch Wirtschaftsdelikte.	keine besonderen Hinweise
Schlegel, Wirtschaftskriminalität und Werte (2003)	Allgemeine ethische Fragen zur Begehung von Wirtschaftsstraftaten durch das Management.	keine besonderen Hinweise (Erwähnungen)
Achenbach, Zivilrechtsakzessorietät der insolvenzstrafrechtlichen Krisenmerkmale (2002)	Es geht um die Frage, inwieweit die zivilrechtlichen bzw. handelsrechtlichen Vorschriften mit den strafrechtlichen Vorschriften übereinstimmen.	Ausrichtung auf die Insolvenzkriminalität, wobei der Autor insbesondere auf den Insolvenzgrund der „drohenden Zahlungsunfähigkeit" hinweist, der in den Insolvenzstraftatbeständen

		nicht einzuordnen ist und dadurch die „Krise" neu zu definieren wäre. „Notwendigkeit einer eigenständigen, also nicht von vornherein zwingend zivilrechtsakzessorischen Auslegung der Krisenmerkmale in den §§ 283 - 283 d StGB." (S. 273)
Albrecht, Organisierte Wirtschaftskriminalität – Ein fassbarer Tatbestand? (2002)	Problematisiert wird insbesondere das Beweisproblem bei der Bekämpfung der Wirtschaftskriminalität, nämlich die fehlende Sichtbarkeit, die Nutzung von legalen Formen und die Anknüpfung an legitime Verhaltensweisen.	keine besonderen Hinweise
Berthel, Organisierte Wirtschaftskriminalität (2002)	Überblick über die Erscheinungsformen der organisierten Wirtschaftskriminalität und Bekämpfungsansätze.	untergeordnete Bedeutung (Begriffserwähnung)
Benda, Organisierte Insolvenz (2002)	In dem Beitrag geht es um das geplante Zusammenwirken von Tätergruppen, um Lieferanten und den Fiskus durch organisierte Insolvenzen zu schädigen. Dabei geht es in der Darstellung der modus operandi auch um die europaweite Verflechtung dieser Vorgehensweise.	Spezieller Hinweis auf organisierte Insolvenzen unter Ausnützung länderübergreifender Tatbegehungsstrukturen.
Brandstetter, Aktuelle Fragen des Insolvenzrechts (2002)	Die Veröffentlichung behandelt spezielle Fragen des österreichischen Insolvenzrechts.	Behandelt spezielle Fragen des österreichischen Insolvenzrechts (siehe dort).
Heißner, Die Bekämp-	In dem Beitrag geht es um	keine besonderen Hin-

fung von Wirtschaftskriminalität (2002)	eine kurz gefasste Zusammenstellung der Schutzmöglichkeiten vor wirtschaftskriminellen Handlungen gegen Wirtschaftsunternehmen.	weise
Kachler, Die Zusammenarbeit zwischen Polizei und Justiz am Beispiel der WESP Baden-Württemberg (2002)	Der Autor geht darauf ein, dass die überproportionale Zunahme von Insolvenzverfahren zu einer Überlastung geführt hat (d.h. zu einer „Haldenbildung in der LPD II von ca. 120 Verfahren und ca. 25 Bearbeitungen pro Sachbearbeiter") und z.B. 52 Ermittlungsverfahren nicht zugeteilt werden konnten. Es wurde daher ein Projekt (WESP) entwickelt, das die Gewährleistung für eine zeitnahe Bearbeitung durch eine standardisierte Vorgangsbearbeitung erzielen sollte. Aufgrund dieser Verfahrensweise konnte im Jahre 1996 ein 100%iger Zuwachs bei der Erledigung erreicht werden. Der Autor fordert daher die Ausweitung der WESP auf die anderen „Landkreise".	Spezieller Hinweis auf die starke Belastung der Polizei durch Insolvenzverfahren und die notwendigen organisatorischen Maßnahmen, um diesem Problem Abhilfe zu schaffen.
Kube, Wirtschaftskriminalität (2002)	Auseinandersetzung mit Problemen der Prävention im Bereich der Wirtschaftskriminalität.	keine besonderen Hinweise
Kubica, Die Bekämpfung von Wirtschaftskriminalität – aktueller	Der Artikel stellt die Zahlen zu Umfang und Erscheinungsformen der Wirt-	Erwähnt werden Insolvenzdelikte und ihre Häufigkeiten.

Überblick (2002)	schaftskriminalität dar.	
Neumann, Bankrott und Neues Insolvenzrecht (2002)	Darstellung der objektiven Strafbarkeitsbedingungen (§ 283 Abs. 6 StGB) im Lichte der neuen Insolvenzordnung. Der Autor gibt einen Überblick über die Entwicklung des Insolvenzrechts von der Römerzeit bis heute. Weiterhin gibt er eine Übersicht über die Änderungen des neuen Insolvenzrechts. Zusätzlich werden die Wertungswidersprüche in der Gesetzgebungsphase dargestellt und danach die Auswirkungen auf die Insolvenzdelikte beschrieben.	Es wird darauf hingewiesen, dass die neue Möglichkeit der Verfahrenseröffnung wegen „drohender Zahlungsunfähigkeit" nicht mit den Insolvenzdelikten des Strafgesetzbuches harmonisieren. Weiterhin wird festgestellt, dass die Umgestaltung des Insolvenzrechts vom Zwangsvollstreckungsrecht zum Wirtschaftsprivatrecht Einfluss auf die Insolvenzdelikte hat. Gleichzeitig wird vermerkt, dass nach dem neuen Insolvenzrecht das Kriterium „der Wesentlichkeit des Liquiditätsdefizits entfällt". Auch hat die Prüfung der Überschuldung nach der so genannten zweistufigen Theorie zu erfolgen, was auch für die Feststellung der Überschuldung im Insolvenzstrafrecht dann gelten muss.
Plathner, Der Einfluss der Insolvenzordnung auf den Bankrottatbestand (2002)	Einfluss der Insolvenzordnung 1999 auf das Insolvenzstrafrecht.	Rechtsdogmatische Arbeit
Röhm, Zur Abhängigkeit des Insolvenzstrafrechts (2002)	Rechtsdogmatische Zusammenhänge zwischen zivil- und strafrechtlicher Sichtweise	Rechtsdogmatische Arbeit
Berg, Wirtschaftskriminalität in Deutschland	Dieser Beitrag bezieht sich auf die Delikte der Korrup-	keine besonderen Hin-

(2001)	tion und Untreue.	weise
Boers, Wirtschaftskriminologie (2001)	Der Schwerpunkt des Aufsatzes liegt auf der Darstellung der Tatsache, dass in den letzten 20 Jahren eine starke Diskrepanz in der wirtschaftskriminologischen Forschung zwischen den geringen empirischen und theoretischen Erkenntnissen im Gegensatz zu dem notwendigen rechtspolitischen Handlungsbedarf entstanden ist. Ein weiterer Schwerpunkt der Untersuchung ist die Kriminalität im Zusammenhang mit der Privatisierung ehemaliger DDR-Betriebe.	Nur von untergeordneter Bedeutung (z.B. Hinweise auf Konkurse von Unternehmen in den neuen Bundesländern nach der Übernahme durch westdeutsche Investoren).
Brenner, Umfangreiche Ermittlungsverfahren in Wirtschaftsstrafsachen (2001)	Es werden die Anforderungen zum Aufbau und Verwaltung von Ermittlungsakten mit dem Schwerpunkt des grauen Kapitalmarktes dargestellt.	Der Hinweis auf die Insolvenzdelikte ist sehr kurz, so z.B.: „Rückmeldungen an den Konkursverwalter ergänzen oft die Auswertungen der Geschäftsunterlagen... Der Konkursverwalter ist ein wertvoller Zeuge im Strafprozess" bzw. eher als problematisch zu bewerten, so: „oft unterstützten seine (Konkursverwalter) Feststellungen über das Vermögen die Ermittlungen über den Verbleib der Beute." (S. 565)
Eidam, Unternehmen und Strafe (2001)	Rechtsdogmatische Hinweise zum Unternehmensstrafrecht	Dogmatische Hinweise zu den Insolvenzstraftaten

Moosmayer, Einfluß der Insolvenzordnung 1999 (2001)	Einfluss der Insolvenzordnung 1999 auf das Insolvenzstrafrecht.	Umfangreiche dogmatische Hinweise auf Umsetzungen und noch ausstehende Berücksichtigungen der Insolvenzordnung aus dem Jahre 1999 auf das Insolvenzstrafrecht.
PFA (Hg.), Rechtliche und strategische Aspekte der Kontrolle der organisierten Wirtschaftskriminalität (2001)	Der Band umfasst zwölf Beiträge zu verschiedenen Gesichtspunkten der organisierten Kriminalität bzw. organisierten Wirtschaftskriminalität. Dabei reichen die Beiträge von einem Lagebild OK (Schuster), über die organisierte Wirtschaftskriminalität zum Nachteil der EU (Hitzler), die Frage, ob die organisierte Wirtschaftskriminalität überhaupt ein fassbarer Tatbestand ist (Albrecht) bis hin zu Darstellungen der organisierten Wirtschaftskriminalität aus journalistischer Sicht (Roth) bzw. hinsichtlich möglicher Präventionsmaßnahmen von Unternehmen zum Schutz vor Schäden durch diese Deliktsart (Urek).	In verschiedenen Zusammenhängen werden jeweils kurze Hinweise auf den Insolvenzbereich gegeben. Da zahlreiche Referate jedoch nur in „Folienform" veröffentlicht wurden, lässt sich manche Ausführung des Referenten nicht mehr nachvollziehen.
Ratzel, Strategische und taktische Bekämpfungsansätze der organisierten Wirtschaftskriminalität (2001)	Probleme des Hell- und Dunkelfeldes werden angesprochen und der Mangel an Forschungen dazu beklagt. Weiterhin wird auf die möglichen Kettenreaktionen im Wirtschaftsbereich hingewiesen, die entweder zu einer Sogwirkung oder zur	Der Autor weist ausdrücklich auf die notwendige Einbeziehung der Insolvenzstraftaten hin, wobei nicht nur die Phase der aktiven Wirtschaftstätigkeit zu beachten sei, sondern auch der Gründungsschwindel

	Schädigung der Allgemeinheit führen. Gleichzeitig wird die Forderung erhoben, dass der Informations- und Nachrichtenaustausch verstärkt werden müsste.	Beachtung finden müsste. Bei der Darstellung verschiedener Einzelfälle wird das Problem der Insolvenzkriminalität angesprochen.
Thilow, Die Gläubigerbegünstigung im System des Insolvenzrechts (2001)	Rechtsdogmatische Untersuchung anhand einzelner Beispiele	Rechtsdogmatische Arbeit
Hauser, Jahresabschlussprüfung und Aufdeckung von Wirtschaftskriminalität (2000)	Hinweise zur Überschuldung und Zahlungsunfähigkeit	Rechtsdogmatische und ermittlungstechnische Hinweise, die auch im Zusammenhang mit Insolvenzen stehen können
Penzlin, Strafrechtliche Auswirkungen der Insolvenzordnung (2000)	Rechtsdogmatische Hinweise zu Insolvenzstraftaten	Rechtsdogmatische Ausführungen
Hetzer, Wirtschaft und Kriminalität (1999)	Kriminalpolitische Fragen im Zusammenhang von Unternehmern und Täterschaft	Hinweise zur Nutzung von Unternehmen im Zusammenhang mit organisierten Straftaten und Möglichkeiten des Einsatzes von komplexen Unternehmensstrukturen.
Hetzer, Wirtschaftsform Organisierte Kriminalität (1999a)	Es geht in dem Beitrag hauptsächlich um die Definitions- und Abgrenzungsproblematik von O.K.-Delikten. Gleichfalls werden statistische Befunde zur O.K. ausgeführt. Kurze Bezugnahme hinsichtlich der Verbindung der O.K.-Kriminalität mit der Wirtschaftskriminalität.	keine besonderen Hinweise
Hey/Regel, „Firmenbestatter" – Das Geschäft	Darstellung der insbesondere in den neuen Bundeslän-	Darstellung einer neuen Form der Insolvenzkri-

mit der Pleite (1999)	dern verstärkt auftretenden „Sanierern" von konkursreifen Unternehmen und die damit zusammenhängenden kriminellen Handlungen. Hinweise auf eine organisierte Kriminalität in diesem Bereich.	minalität.
Holz, Zur Fortbildung von Wirtschaftskriminalisten (1999)	Analyse der Fortbildungsproblematik innerhalb der Polizei unter besonderer Berücksichtigung des Ausbildungsbedarfs.	Hinweis, dass ein großer Teil des Tätigkeitsaufwandes von Wirtschaftskriminalisten auf Probleme im Zusammenhang mit Insolvenzdelikten fällt (wie Feststellung von Überschuldung / Zahlungsunfähigkeit, Wirtschafts- und Gesellschaftsrecht).
Karstedt, Globalisierung und transnationale Kriminalität (1999)	Gegenstand des Beitrages ist die „illegale globale Ökonomie", wobei sich der Schwerpunkt der Darstellung auf Formen der organisierten Kriminalität bezieht. Es wird darin auch das Problem eines „nationalen" Strafrechts bei transnational handelnden Tätern angesprochen.	keine besonderen Hinweise (nur jeweils Hinweise auf eine „Unternehmenskriminalität")
Scherp, Der Unternehmensansatz in der OK-Bekämpfung (1999)	Verwendung und Ausnützung von ökonomischen Handlungsweisen durch kriminelle Organisationen und das dadurch entstehende Gefährdungspotential.	keine besonderen Hinweise
Sell, Die Aufdeckung von Bilanzdelikten bei der Abschlussprüfung:	Problem hinsichtlich fehlerhafter und krimineller Bi-	Nur am Rande Bezug zu Insolvenzstraftaten

Berücksichtigung von Fraud & Error (1999)	lanzierungsfehler	
Birkholz, Untreuestrafbarkeit als strafrechtlicher „Preis" der beschränkten Haftung (1998)	Rechtsdogmatische Ausführungen aus dem Bereich der Insolvenzstraftaten	Rechtsdogmatische Hinweise
Eser, Zur neuesten Entwicklung des deutschen Wirtschaftsstrafrechts (1998)	Bezugnahme auf die Schwerpunkte der Gesetzesinitiativen wie Subventions-, Kapitalanlage- und Kreditbetrug, Computerkriminalität	keine besonderen Hinweise
Philipp, Die Pleitemeister (1998)	Journalistische Darstellung von kleineren und größeren Konkursfällen	Journalistische Darstellung von Insolvenzfällen.
Regner, Fahrlässigkeit bei Konkursdelikten (1998)	Es geht in dieser Arbeit um die Frage, inwieweit noch eine ordnungsgemäße Buchhaltung vorliegt und dabei insbesondere die handelsrechtlichen Vorschriften erfüllt werden	Dogmatische Diskussion über die fahrlässige Begehung von Insolvenzstraftaten bei nicht ordnungsgemäßer Buchführung (z.T. durch Rechtsprechung überholt).
Müller/Wabnitz/Janovsky, Wirtschaftskriminalität (1997)	Ausführliche Darstellung der Erscheinungsformen der Wirtschaftskriminalität und Ermittlungshinweise.	Darlegung der bisherigen Erkenntnisse über Konkurs- und Insolvenzdelikte. Phänomenologie des Deliktes und Ermittlungsempfehlungen (jedoch überwiegend auf dem Stand der 80er Jahre).
Burger-Scheidlin, Gier frißt Hirn (1996)	In dem Beitrag geht es vor allem um den Schutz eines Unternehmens vor wirtschaftskriminellen Handlungen wie Betrug, insbesondere Dokumentenbetrug	Spezielle Hinweise zu „großen Betrügereien" mit internationalen Handelsfirmen mit dem Verweis auf das „plötzliche Verschwinden dieser

	und Produktpiraterie.	Firmen" (durch Insolvenz oder „einfache" Geschäftsaufgabe).
Lampe, Aktuelle Probleme der Wirtschaftskriminalität (1996)	Der Beitrag behandelt Probleme der Strafverfolgung und Strafbarkeit von Unternehmen.	keine besonderen Hinweise
Pohl, Strafbarkeit nach § 283 Abs. 1 Nr. 7 b) StGB auch bei Unvermögen zur Bilanzaufstellung (1996)	Der Autor setzt sich mit dem BGH-Beschluss vom 3.12.1991 auseinander, wonach eine Strafbarkeit nach § 283 b Abs. 1 Nr. 3 b StGB nur vorliegt, wenn der zahlungsfähige Angeklagte in der Lage war, seine Bilanzierungspflichten zu erfüllen.	Der Autor kommt zu dem Ergebnis, dass der Fall des Unvermögens zur Erfüllung der Bilanzierungspflicht nur dann eintreten kann, wenn das Ende der Bilanzierungsfrist und der Zeitpunkt der Zahlungseinstellung zusammenfallen bzw. dies in dubio pro reo zugunsten des Angeklagten nicht auszuschließen ist.
Tiedemann, Insolvenz-Strafrecht (1996)	Handbuch zum Insolvenz-Strafrecht mit Kommentarcharakter	Handbuch zum Insolvenz-Strafrecht mit Kommentarcharakter.
Uhlenbruck, Strafrechtliche Aspekte der Insolvenzrechtsreform (1996)	Es werden die Änderungen im Strafrecht durch die Insolvenzrechtsreform 1994 erörtert.	Es werden die Änderungen im Strafrecht durch die Insolvenzrechtsreform 1994 erörtert.
Weber, Praktische Probleme bei der Verfolgung internationaler Wirtschaftskriminalität (1996)	Beitrag bezieht sich speziell auf die schweizerische Situation und problematisiert die Zusammenarbeit mit anderen Staaten.	keine besonderen Hinweise
Krause, Ordnungsgemäßes Wirtschaften und Erlaubtes Risiko (1995)	Der Autor verfolgt mit seiner Arbeit das Ziel, Lösungen für praktisch bedeutsame Probleme des Konkursstrafrechts auf der Grundlage eines dogmatischen Fun-	Der Autor stellt die Kriterien zusammen, wann man noch von einer „ordnungsgemäßen Wirtschaft" des Unternehmers ausgehen muss, welche

	damentes zu entwickeln. Er beschäftigt sich daher zuerst mit der Entwicklungsgeschichte des Begriffs einer „ordnungsgemäßen Wirtschaft" sowie den Anforderungen an ein „ordnungsgemäßes Wirtschaften", wie sie sich jeweils aus der Rechtssprechung entwickelt haben.	Einschränkungen sich jedoch nach der Literatur ergeben und wie sich daraus ein Gläubigerschutz ableitet. Es werden leider keine Fallbeispiele dargestellt oder Fallanalysen durchgeführt.
Achenbach, Ahndende Sanktionen gegen Unternehmen (1995)	Es geht um das Problem der Strafbarkeit von Unternehmen, insbesondere hinsichtlich der Frage eines Unternehmensstrafrechts.	keine besonderen Hinweise
Grub, Insolvenzstrafrechtliche Verantwortlichkeit der Gesellschafter (1995)	Es werden die zivilrechtlichen Fragen nach der Haftung von Gesellschaftern bei Personengesellschaften behandelt.	Zivilrechtliche Haftungsfrage bei der Insolvenz bezogen auf den behandelten Personenkreis.
Weyand, Unternehmenskrise und strafrechtliche Gefahren (1994)	In dem Beitrag geht es um die mögliche strafrechtliche Verantwortung aufgrund von Mitwirkungshandlungen durch den Steuerberater bei einer unternehmerischen Krisenlage.	Problem der strafrechtlichen Verantwortung bei Mitwirkungshandlungen durch den Steuerberater bei einer unternehmerischen Krisenlage.
Bente, Die Strafbarkeit des Arbeitgebers wegen Beitragsvorenthaltung und Veruntreuung von Arbeitsentgelt (1992)	Es werden die Entwicklungsgeschichte und die Tatbestandsfassung, der Umfang des § 266a StGB sowie Alternativvorschläge erörtert. „Zu beachten ist, dass § 266a StGB Abs. 1 nicht die bloße Nichtzahlung einer Schuld pönalisieren soll, wie die in der Literatur verbreitete 'Lohnpflichttheorie' fordert. Zu	Es wird die Möglichkeit der Begehung einer Straftat nach § 266a StGB im Rahmen einer Insolvenz behandelt.

	folgen ist vielmehr der 'eingeschränkten Lohnabzugstheorie'" (S. 149).	
Schäfer, Die Interessenverteilung zwischen Konkursverwalter und Staatsanwalt (1991)	Überlegungen zum Problem Konkursverwalter und Staatsanwalt.	Vgl. die ausführliche Darstellung weiter unten im Text.

Auf zwei spezielle Veröffentlichungen, auch wenn eine außerhalb des dargestellten Zeitraumes liegt, soll an dieser Stelle noch besonders eingegangen werden, da sie sich speziell mit der Problematik der vorliegenden Studie auseinandersetzten. Zum einen der Beitrag von Müller/Wabnitz aus dem Jahre 1988 (Müller/Wabnitz 1988), indem die beiden Autoren sich erstmals mit der Problematik von Firmensanierern auseinandersetzten und dabei auch über die Darstellung in ihren Handbüchern (vgl. die Übersicht) hinausgehen. Wie die Literaturanalyse zeigte, fehlen dazu bisher weitergehende Analysen, weshalb auch über das derzeitige Ausmaß Angaben bis heute fehlen.

Der zweite hier speziell hervorgehobene Beitrag ist die Arbeit von Schäfer (Schäfer 1991), in der bereits das Zusammenwirken oder Gegenwirken von Konkursverwalter und Staatsanwalt angedeutet wird. Auch wenn sich sein Beitrag noch auf das alte Konkursrecht bezieht, so sind bisher die dort dargestellten Problematiken bis heute nicht aufgeklärt und auch mit Gegenstand der vorliegenden Untersuchung. Insbesondere weist er auf das Problem hin, dass der Konkursverwalter früher ein Interesse an der Zusammenarbeit mit den Strafverfolgungsorganen zur Aufdeckung finanzieller „Rücklagen" für die Gläubiger hatte. Andererseits betont er jedoch auch, dass die Interessenlage unterschiedlich und damit nicht immer von Kooperation geprägt sein kann. Aufgrund der Änderung der Insolvenzordnung dürfte heutzutage gerade dem letzteren Gesichtspunkt eine besondere Bedeutung zufallen.

Abschließend muss noch auf eine besondere „Literatursparte" eingegangen werden, die die Handbücher des Insolvenzstrafrechts betreffen. Diese Bände beschäftigen sich nicht direkt mit einer Analyse der Insolvenzkriminalität, sie liefern jedoch aufgrund ihrer Auseinandersetzung mit den Insolvenzstraftaten wertvolle Hinweise dazu. Auf diese Inhalte kann jedoch aus forschungsökonomischen Gründen an dieser Stelle nicht eingegangen werden, vielmehr werden die interessanten Gesichtspunkte für das vorliegende Forschungsprojekt an den geeigneten und inhaltlich zutreffenden Stellen vorgetragen. In diese Auswertungen kamen so die in der nachfolgenden Übersicht dargestellten Handbücher.

Handbücher zum Insolvenzstrafrecht (Stand 2006)

Autor/Herausgeber	Handbuch	Bemerkungen
Ferner (2006)	Insolvenzstrafrecht	Liegt nur als Programmankündigung vor
Weyand / Diversy, Insolvenzdelikte (Bielefeld 2005[7])	(Ermittlungs-)Lehrbuch für die Ermittlungen bei Insolvenzstraftaten auf juristischer Grundlage	Tatbestandsinhalte, Ermittlungshinweise und betriebswirtschaftliche und strafrechtsdogmatische Ausführungen. Kein Hinweis auf die polizeilichen Ermittlungsprobleme.
NWB, Loseblattwerk zum Insolvenzrecht (darin Hartung zum Insolvenzstrafrecht, Ausgabe 2004)	Insolvenzrecht mit Insolvenzstrafrecht	Kurzer Problemabriss des Insolvenzstrafrechts mit interessanten dogmatischen Hinweisen.
Bittmann (Berlin 2004)	Insolvenzstrafrecht	Umfangreiches Werk zu den Insolvenzstraftaten. Kurze, jedoch interessante, Problemschilderung der Zusammenarbeit Polizei-Staatsanwaltschaft
Achenbach (Herne 1999)	Beraterhandbuch zum Steuer- und Wirtschaftsstrafrecht	Ratgeber
Reck (Herne 1999)	Insolvenzstraftaten und deren Vermeidung	Ratgeber

Handbücher zum Insolvenzrecht werden in dieser Studie nicht berücksichtigt, da sie zwar Hinweise auf Probleme in einem Insolvenzverfahren liefern können, jedoch schwerpunktmäßig dem „zivilrechtlichen Bereich" zuzuordnen sind. Da es hierzu auch eine Fülle von Schrifttum in Form von Büchern, selbstständigen Zeitschriften (wie z.B. die NZI, die „Neue Zeitschrift für das Recht der Insolvenz und Sanierung"), Beiträgen, Urteilsbesprechungen und Hinweisen gibt, wäre es ein eigenständiges Forschungsvorhaben, diese Darstellungen für die strafrechtlichen Ermittlungsorgane aufzubereiten. Im Rahmen dieses Forschungsvorhabens können daher nur vorgefundene wichtige Einzelergebnisse erwähnt werden, eine gesamte Aufarbeitung steht jedoch noch aus. Gleichfalls wurden die Kommentare und Handbücher zum GmbH-Gesetz oder anderer Gesellschaftsrechte nicht ausgewertet, da hier die gerade getätigten Ausführungen ebenfalls zutreffen.

3 Statische Analysen

3.1 Die Entwicklung der Insolvenzen bis zum Untersuchungszeitpunkt

Für eine Analyse der Insolvenzdelikte ist es zuerst notwendig, sich der Entwicklung der Insolvenzverfahren in der Bundesrepublik Deutschland zuzuwenden. Es zeigt sich dabei, dass die Zahl der Insolvenzen auch ein Abbild der konjunkturellen Situation eines Landes ist, sodass es nicht verwunderlich ist, dass es in den letzten Jahren zu einem kontinuierlichen Anstieg in einer als dramatisch zu bezeichnenden Weise kam. Insbesondere fällt dies auch bei den Insolvenzen auf, die mangels Masse nicht eröffnet werden konnten. Die relative Entspannung seit 2005 geht letztendlich auf eine konjunkturelle Erholung zurück, andererseits spielt auch sicherlich der Faktor eine Rolle, dass eine „Bereinigung" von nicht mehr existenzfähigen Unternehmen für eine „Beruhigung" sorgt, da bei den Konkurrenzunternehmen Maßnahmen zur Sicherung der Geschäftstätigkeit ab einem gewissen Zeitpunkt dann auch greifen. Diese Punkte können hier jedoch nur am Rande angesprochen werden, auch wenn sie für eine Analyse der Insolvenzgründe von Bedeutung sind (vgl. dazu die Berichte von Creditreform, Insolvenzen, Neugründungen, Löschungen, Neuss 2005, 2006).

Übersicht I: Entwicklung der Insolvenzen in der Bundesrepublik Deutschland

Jahr	Insolvenzfälle von Unternehmen	davon mangels Masse nicht eröffnet
1997	27.474	17.857
1998	27.828	17.754
1999	26.476	15.436

2000	28.235	15.219
2001	32.278	16.300
2002	37.579	18.639
2003	39.320	16.260
2004	39.213	15.316
2005	36.843	13.596
2006	30.357	-

Quelle: Statistisches Bundesamt, Wiesbaden 1998ff.; - = nicht ausgewiesen

Bei der nachfolgenden Darstellung muss berücksichtigt werden, dass in die statistische Betrachtung nur die Unternehmensinsolvenzen einbezogen wurden, da die so genannten „Verbraucherinsolvenzen" für die vorliegende Untersuchung nicht relevant sind. Jedoch gibt es auch hier einen „Graubereich", der dazu führt, dass sich die hier vorgestellten Zahlen z. T. leicht unterscheiden, da die Insolvenzordnung bis zum Jahre 2001 erlaubte, dass ein Verbraucherinsolvenzverfahren bei Kleingewerbetreibenden angewandt werden konnte. Seit dem 1. Dezember 2001 muss jedoch auch bei Kleingewerbetreibenden das so genannte Regelinsolvenzverfahren angewandt werden. Andererseits kann das vereinfachte Verfahren (Verbraucherinsolvenz) doch wiederum bei ehemals selbstständig Tätigen angewandt werden, wenn „deren Verhältnisse überschaubar sind", d.h. weniger als 20 Gläubiger und keine Verbindlichkeiten aus Arbeitsverhältnissen vorliegen (vgl. Statistisches Bundesamt, Unternehmen und Arbeitsstätten, Insolvenzverfahren, Wiesbaden 2005). Aufgrund dieser rechtlichen Gegebenheiten können sich die Zahlen über die betroffenen Unternehmen in den einzelnen veröffentlichten Statistiken unterscheiden. In diesem Forschungsbericht wurde grundsätzlich auf die Zahlen des Statistischen Bundesamtes bzw. der Statistischen Landesämter zurückgegriffen. Andere Quellen sind jeweils bei den Übersichten angeführt und können aus den genannten Gründen jedoch in den angeführten Zahlen leicht differieren.

Schaubild I: Entwicklung der Unternehmensinsolvenzen in der Bundesrepublik Deutschland

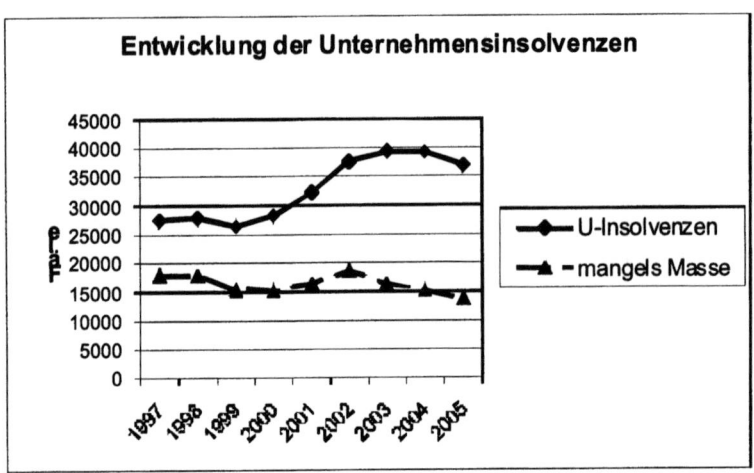

Wie die Übersicht I und insbesondere das Schaubild I deutlich aufzeigen, stiegen die Insolvenzzahlen in den letzten Jahren beträchtlich an, wobei jedoch der Anteil der Insolvenzen, die mangels Masse nicht eröffnet wurden, leicht zurückging. Interessanterweise spielte der Insolvenzgrund „drohende Zahlungsunfähigkeit und Überschuldung" kaum eine Rolle, sodass dieser Gesichtspunkt aufgrund seiner „Geringfügigkeit" mit unter 1 % auch bei der weiteren Analyse vernachlässigt werden kann (vgl. Insolvenzen in Deutschland, Struktur der Unternehmensinsolvenzen, Statistisches Bundesamt, Wiesbaden 2004 und 2005).

Als ein erster Analyseschritt steht nun die Klärung an, wie sich die Insolvenzen auf die Bundesländer verteilen. Dabei spielt der Gesichtspunkt, welche Insolvenzfälle „mangels Masse" überhaupt nicht eröffnet wurden, eine besondere Rolle, da speziell bei diesen Fällen sich der Verdacht aufdrängt, dass in ihnen Insolvenzstraftaten verwirklicht worden sind. Die Übersicht II weist daher die Fälle für die einzelnen Bundesländer für die drei letzten zugänglichen Jahre nach.

Wie die Übersicht II erkennen lässt, kommt es zu unterschiedlichen „Insolvenzbelastungen" in den einzelnen Bundesländern – insbesondere wenn man die westlichen Bundesländer mit den neuen Bundesländern vergleicht. So stellt man z.b. fest, dass der Freistaat Sachsen fast ähnlich hohe Insolvenzfälle aufweist wie das Bundesland Hessen. Auffällig ist auch der hohe Anteil der Insolvenzen, die mangels Masse nicht eröffnet wurden. Sie können dabei Anteile annehmen, die über der Hälfte aller Unternehmensinsolvenzen liegen. Gerade der Gesichtspunkt der Nichteröffnung spielt im Zusammenhang mit der Einleitung eines Ermittlungsverfahrens – wie noch zu zeigen sein wird – eine erhebliche Rolle. Andererseits darf der bisher ungeklärte Gesichtspunkt, wann ein Verfahren aufgrund einer Empfehlung eines Insolvenzgutachters nicht eröffnet wird, nicht außer Acht gelassen werden. Sicherlich sind die rechtlichen Grundsätze eindeutig; sie unterliegen jedoch der Definitionshoheit des Insolvenzgutachters. Stichpunktartig seien hier nur einige Punkte, die diese Definitionshoheit begründen, erwähnt: Beurteilung der Forderungen, Vorrätebewertung und Weiterführungsprognose. Insoweit ist die Formel: „Nichteröffnung des Verfahrens = fast keine Vermögenswerte mehr" zu überdenken und in der Praxis wohl so anzuwenden, dass nach der Ansicht des Insolvenzgutachters im Augenblick eine Verfahrenseröffnung finanziell als nicht sinnvoll erscheint. In diesem Zusammenhang könnte auch die Situation eintreten, dass je nach Geschäftsanfall bei den Insolvenzverwaltern es zu jährlich anderen Beurteilungen von ähnlich gelagerten Fällen kommt. Auf diesen Gesichtspunkt wird jedoch noch in einem späteren Kapitel zurückgekommen.

Übersicht II: Entwicklung der Unternehmens-Insolvenzfälle von 2003 bis 2005 in den einzelnen Bundesländern

Bundesland	Insolvenzfälle			mangels Masse nicht eröffnet		
	2003	2004	2005	2003	2004	2005
Baden-Württemberg	1.858	1.839	1.580	1.377	1.352	1.313
Bayern	4.818	4.564	4.289	2.336	2.145	1.785
Berlin	2.161	1.902	1.722	1.449	1.221	1.059
Brandenburg	544	705	724	651*	554	518
Bremen	297	324	306	151	144	156
Hamburg	1.010	896	818	303	206	**
Hessen	2.337	2.383	2.214	1.081	1.126	1.022
Mecklenburg-Vorpommern	1.108	1.029	948	327	333	232
Niedersachsen	3.115	3.166	3.290	1.286	1.229	1.187
Nordrhein-Westfalen	11.393	12.012	10.758	3.868	3.910	3.317
Rheinland-Pfalz	1.549	1.557	1.659	611	569	592
Saarland	410	407	403	186	151	115
Sachsen	2.430	2.344	2.465	1.065	978	934
Sachsen-Anhalt	1.155	1.142	949	648	533	471
Schleswig-Holstein	905	1.069	1.007	515	447	380
Thüringen	1.040	989	1.029	456	415	328

Quelle: Angaben und Veröffentlichungen der Statistischen Landesämter; Lageberichte der LKÄ zur Wirtschaftskriminalität (vgl. Vorwort)
*) so lt. schriftlicher Auskunft vom 1.11.2006 (Landesbetrieb für Datenverarbeitung und Statistik, Potsdam);
**) nicht geantwortet

In Übersicht III werden die Unternehmensinsolvenzfälle gegliedert nach der Rechtsform dargestellt. Daraus wird ersichtlich, dass die GmbH nicht nur den höchsten Anteil an den Insolvenzen insgesamt hat, sondern auch den höchsten Anteil an den Insolvenzen, die mangels Masse nicht eröffnet wurden. Dies ist auch insoweit kein Widerspruch zu den Ausführungen hinsichtlich der klärungsbedürftigen Frage, wann eine Insolvenz mangels Masse abgewiesen wird, da man hier noch die Kombination „Rechtsform – Branche – Abweisung mangels Masse" berücksichtigen muss. D.h., dass die Rechtsform einer GmbH auch oftmals in Branchen gewählt wird, die der genannten Definitionshoheit im Besonderen unterliegen, so wenn man sich nur einmal die Problematik der Vorräte von Bauunternehmen vor Augen führt.

Übersicht III: Insolvenz und Rechtsform (Bundesrepublik Deutschland)

Rechtsform	Insolvenzfälle			mangels Masse nicht eröffnet		
	2003	2004	2005	2003	2004	2005
Einzelunternehmen	15.042	16.299	16.774	4.238	4.041	3.783
OHG / KG (Personengesellschaften)	3.266	3.071	2.744	1.336	1.217	1.135
AG / KGaA	508	415	344	181	161	130
GmbH	20.038	18.938	16.414	10.269	9.627	8.209
sonstige	466	490	567	236	270	339

Quelle: Statistisches Bundesamt, Wiesbaden

Schaubild II: *Ausgewählte Rechtsformen und Insolvenzentwicklung*

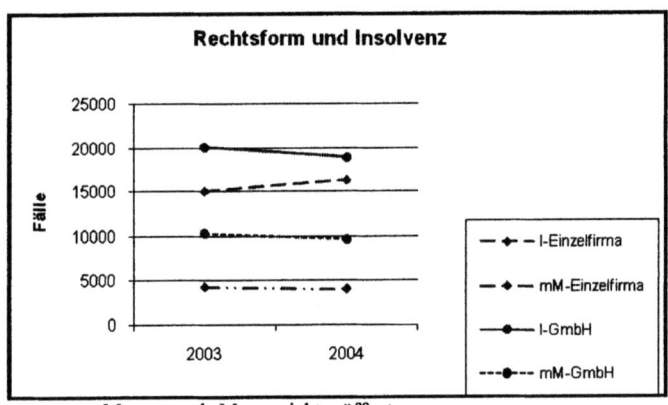

mM = mangels Masse nicht eröffnet

Insgesamt ist zu den hier vorgestellten Zahlen noch zu erwähnen, dass es in den verschiedenen Statistiken immer wieder zu – kleineren – Abweichungen der Fallzahlen kommt. Die Ursachen dafür können vielfältig sein und sind nicht Gegenstand der vorliegenden Betrachtung.

3.2 Die Entwicklung der Insolvenzdelikte bis zum Untersuchungszeitpunkt

Für den Erstbericht (vgl. I: 22) konnte noch auf zwei Statistiken zurückgegriffen werden, die Auskunft über den Umfang der Insolvenzkriminalität geben konnten. Dies waren zum einen die Polizeiliche Kriminalstatistik (im Folgenden PKS) und zum anderen die „Bundesweite Erfassung von Wirtschaftsstraftaten nach einheitlichen Gesichtspunkten". Da letztere Statistik mit dem Jahre 1985 eingestellt wurde, stand für eine statistische Analyse in dieser Replikationsuntersuchung nur mehr die PKS zur Verfügung. Insoweit wird an dieser Stelle darauf verwiesen, dass die Erkenntnisse aus der „Bundesweiten Erfassung von Wirtschaftsstraftaten nach einheitlichen Gesichtspunkten" aus dem Erstbericht zu entnehmen sind (vgl. I: 22ff.; vgl. auch Liebl 1984a).

Übersicht IV: Insolvenzdelikte im Jahresvergleich

Jahr	Fallzahlen
1997	8.472
1998	9.773
1999	9.970
2000	10.835
2001	12.024
2002	12.814
2003	13.902
2004	14.902
2005	15.093

*Quelle: PKS; Bundesministerium des Innern 2001: 141
(z.T. unterschiedliche Zahlenangaben in den verschiedenen
Statistiken/Lageberichten – wohl aufgrund unterschiedlicher
„Zuordnungen")*

Die Analyse der Insolvenzkriminalität für die Bundesrepublik Deutschland nach der PKS gibt für die letzten Jahre einen kontinuierlichen Anstieg wieder, wobei man sich für eine spezielle Analyse nicht nur auf die so genannten „engeren Insolvenzdelikte", d. h. Insolvenzstraftaten (§§ 283 - 283 d StGB) und Insolvenzverschleppung (§ 84 GmbHG, §§ 130 b, 177 a HGB), beziehen kann, sondern auch die Entwicklung von so genannten „insolvenznahen Delikten", wie den § 266a StGB, berücksichtigen muss. Der Grund liegt darin, dass die Ermittlungen bereits bei der Einleitung eines Ermittlungsverfahrens auf diese Straftat „beschränkt" werden, da somit z.B. eine schnellere Erledigung erreicht werden kann.[9] Es sei in diesem Zusammenhang daher auch auf die „unbestimmte Definition" verwiesen, die lautet:

---

[9] Weiterhin gehören hierzu auch z.B. Delikte des Betruges oder der Untreue.

„Der Begriff der Insolvenzdelikte umfasst alle Deliktsformen, die im Zusammenhang mit der Überschuldung oder der drohenden beziehungsweise bereits eingetretenen Zahlungsunfähigkeit von Unternehmen stehen." (BKA 2005, S. 77) Daher zeigen die Lageberichte zur Wirtschaftskriminalität der einzelnen Bundesländer oftmals auch eine unterschiedliche Zahlenstruktur im Vergleich zur PKS auf (vgl. Liebl 2010b).[10]

Schaubild III: Insolvenzen und Insolvenzdelikte in den letzten neun Jahren

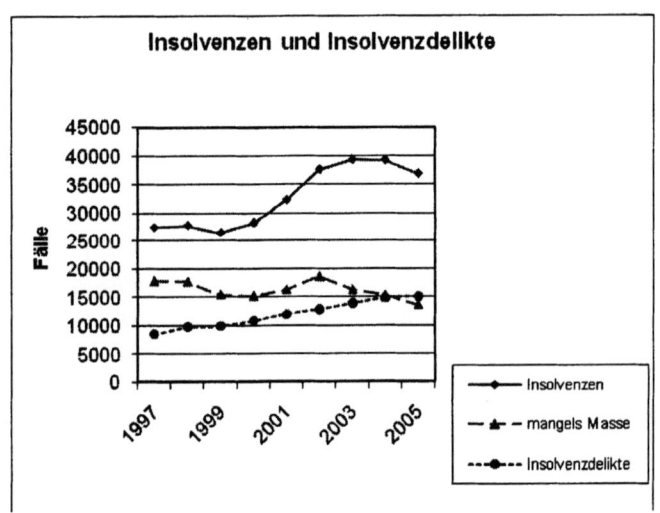

---

[10] Aussagen aus den Experteninterviews hinsichtlich statistischer Angaben, wie sie noch im Erstbericht erwähnt wurden, sind im hier dargestellten Forschungsvorhaben nicht erhoben worden. Die Probleme mit der Erfassung von Fallzahlen in der PKS sind in der Zwischenzeit schon ausführlich diskutiert worden, sodass an dieser Stelle auf die zahlreichen Veröffentlichungen verwiesen werden kann. Die dort festgestellten Probleme und Verzerrungen treffen sicherlich auch auf den Bereich der Insolvenzkriminalität zu (vgl. dazu z.B. Liebl/Ohlemacher 2000).

Wie bereits erwähnt, kam es zu einem kontinuierlichen Anstieg der Insolvenzdelikte von 8.472 Fällen im Jahre 1997 auf 15.093 im Jahre 2005 (siehe Übersicht IV).[11]

Zu dieser und den nachfolgenden Auswertungen ist vorab festzustellen, dass sich die genaue Zusammensetzung „der Insolvenzdelikte", wie sie in der Übersicht IV ausgewiesen wird, nicht durch Addition der nun weiter angeführten Tabellen ergibt. Es wird daher auf die Ausführungen in den jeweiligen Jahresbänden der PKS verwiesen und für statistische Puristen der Hinweis eingefügt, dass die Werte in den einzelnen Angaben differieren und somit gegebenenfalls nur „annäherungsweise" eine genaue Information enthalten.

Analysiert man die einzelnen Insolvenzdelikte, so zeigt sich, dass es auch beim Tatbestand des § 283 StGB (Bankrott) gleichfalls zu einem fast kontinuierlichen Anstieg der Fallzahlen gekommen ist. Insgesamt stiegen die Fallzahlen von 2.507 im Jahre 1997 auf 4.350 Fälle im Jahr 2005 (vgl. Übersicht V).

Die Deliktsanalyse hinsichtlich der weiteren Bankrottdelikte, wie „Besonders schwerer Bankrott" (§ 283 a StGB), Gläubigerbegünstigung (§ 283 c StGB) und Schuldnerbegünstigung (§ 283 d StGB) weist demgegenüber keinen kontinuierlichen Anstieg auf, sondern es kommt zu jährlichen Schwankungen. Nur beim Delikt des § 283 b StGB (Verletzung der Buchführungspflicht) kommt es zu einer ähnlichen Entwicklung wie beim Bankrott. Auch hier ist ein (fast) kontinuierlicher Anstieg festzustellen (vgl. Übersicht V).

Untersucht man die Insolvenzdelikte, die sich aus den Strafvorschriften des GmbHG oder des HGB ergeben, also insbesondere die Rechtsformen von Gesellschaften mit beschränkter Haftung bzw. Handelsgesellschaften betreffend, so wird insbesondere bei den Delikten nach dem GmbHG wiederum der bereits beschriebene Anstieg augenfällig. Demgegenüber ist auch aufgrund der geringen Fallzahlen bei Verstößen nach dem HGB eine jährliche Veränderung nur auf geringem Niveau festzustellen (vgl. Übersicht VI).

---

[11] Die Auswertung bezieht sich speziell auf die Jahre 1997 bis 2005, da bei der Anfertigung dieses Berichtes die Fallzahlen für das Jahr 2006 noch nicht aus allen Bundesländern vorlagen und somit ein Vergleich auf einer gleichen Bezugsebene nicht möglich gewesen wäre. Z. T. fehlten jedoch auch Zahlen für das Jahr 2005; dies wurde bei den speziellen Darstellungen jedoch erwähnt.

Übersicht V: Entwicklung ausgewählter Bankrottdelikte

Jahr	§ 283 StGB-Fälle	§ 283 a StGB-Fälle	§ 283 b StGB-Fälle	§ 283 c StGB-Fälle	§ 283 d StGB-Fälle
1997	2.507	30	1.126	161	34
1998	2.721	60	1.197	205	43
1999	2.707	27	1.369	207	43
2000	2.931	23	1.587	237	52
2001	3.369	29	1.875	252	44
2002	3.843	26	1.961	269	47
2003	4.232	19	2.001	266	51
2004	4.373	28	2.130	279	39
2005	4.350	22	2.055	229	48

Quelle: PKS; BKA, Jahresbericht Wirtschaftskriminalität, Wiesbaden 2006

Übersicht VI: Entwicklung weiterer Bankrottdelikte

Jahr	§ 84 GmbHG-Fälle	§§ 130a, 177b HGB-Fälle
1997	4.882	126
1998	5.734	139
1999	5.856	137
2000	6.203	158
2001	6.719	161
2002	6.860	233
2003	7.498	225

| 2004 | 8.222 | 286 |
| 2005 | 8.425 | 344 |

Quelle: PKS; BKA, Jahresbericht Wirtschaftskriminalität, Wiesbaden 2006

Eine spezielle Rolle im Insolvenzbereich stellt das Delikt des § 266a StGB („Veruntreuung von Arbeitsentgelten") dar. Dabei ist jedoch zu beachten, dass dieses Delikt auch im Zusammenhang mit dem so genannten „Beitragsbetrug" als Unterfall des § 263 StGB in Bezug stehen kann und damit nicht in den Bereich der Insolvenzdelikte gehört. Dies ist in der Regel dann der Fall, wenn hinsichtlich der beschäftigten Personen gegenüber den Krankenkassen durch Falschangaben „ein Irrtum" erregt wird. Weiterhin sind in diesem Deliktsbereich auch die Fälle enthalten, in denen z.B. im Baubereich ganze „Kolonnen" von „Schwarzarbeitern" (Bereich der „illegalen Beschäftigung") tätig werden. Dabei stehen diese Verstöße dann nicht – unbedingt – im Zusammenhang mit einer Insolvenz. Ein Delikt des § 266a StGB kommt jedoch häufig in einer Krisensituation eines Unternehmens vor, d.h. dass zwar für die Zahlung bzw. die Teilzahlung der Löhne noch genügend Liquidität vorhanden ist, für die Sozialversicherungsbeiträge diese jedoch nicht mehr ausreicht bzw. Mittel fremd verwendet werden. Da zahlreiche Unternehmen bei einer solchen Krisensituation letztendlich in der Insolvenz enden, werden derartige Verstöße oftmals erst bei einer Insolvenz bekannt oder der Insolvenzantrag resultiert aus einer solchen Handlung (Insolvenzantrag durch die Sozialversicherungsträger).

Die unterschiedliche Begehungsweise dieses Delikts ist aus der Polizeilichen Kriminalstatistik nicht ablesbar. Auch die Lageberichte zur Wirtschaftskriminalität der LKÄ der Bundesländer weisen keine oder eine nur sehr vage Unterscheidung auf (vgl. Liebl 2010b). Insoweit kann dieser kriminologisch interessante Zusammenhang nicht statistisch aufgeklärt werden und die in der Übersicht VII ausgewiesenen Zahlen sind aufgrund der getätigten Ausführungen nur bedingt mit Insolvenzen in Zusammenhang zu bringen und können so nur annäherungsweise Aussagen zur gesamten Insolvenzkriminalität geben. Insbesondere fällt auf, dass auch bei diesem Delikt ein jährlicher Anstieg wie bei den Insolvenzdelikten festzustellen ist.

Wenn man in einem zweiten Analyseschritt die Insolvenzdelikte mit den Insolvenzzahlen in Verbindung setzt, so fällt auf, dass die Deliktszahlen nicht alleine von den Insolvenzen abhängig sind, sondern sich darin auch eine Entwicklung der Insolvenzkriminalität ablesen lässt. Es zeigt sich, dass das Delikt des „besonders schweren Bankrotts" (§ 283a StGB) mit einem (fast) immer gleichen Anteil auftritt. Beim Bankrott (§ 283 StGB) und der Verletzung der Buchführungspflicht (§ 283b StGB) stieg der „Belastungsfaktor" leicht an. Die Insolvenzverschleppung (§ 84 GmbHG) dagegen fällt anteilsmäßig ins Auge – jedoch mit einer gleichfalls auffälligen Schwankungsbreite. Die Angaben zum § 266a StGB werden aufgrund der „Nähe" des Deliktes zur Insolvenzkriminalität aufgeführt. Jedoch ist zu beachten, dass dieser Tatbestand kein Insolvenzdelikt im engeren Sinne ist, da er auch vielfältig in anderen Zusammenhängen begangen wird (z.B. illegale Arbeitnehmerüberlassung oder „Schwarzarbeit").

Übersicht VII: Entwicklung der Veruntreuung von Arbeitsentgelten (§ 266a StGB für die Bundesrepublik Deutschland)

Jahr	Fälle nach BKA	Fälle nach PKS
1997	4.858	17.504
1998	5.674	18.395
1999	7.433	19.421
2000	9.895	22.321
2001	11.943	25.346
2002	11.217	25.532
2003	13.931	30.194
2004	13.992	29.347
2005	13.270	26.567

Quelle: PKS; BKA, Jahresbericht, a.a.O.

Übersicht VIII: Insolvenzdelikte und Insolvenzen – ein Vergleich
(%-Anteil bezogen auf Unternehmensinsolvenzen)

Delikt Jahr	§ 283 StGB	§ 283 a StGB	§ 283 b StGB	§ 84 GmbHG	§ 266a StGB
1997	9,1	0,1	4,1	17,8	17,7
1998	9,8	0,2	4,3	20,6	20,4
1999	10,2	0,1	5,1	22,1	28,1
2000	10,4	0,1	5,6	22,0	35,0
2001	10,4	0,1	5,8	20,8	37,0
2002	10,2	0,1	5,2	18,3	29,8
2003	10,8	0,1	5,1	19,1	35,4
2004	11,2	0,1	5,4	21,0	35,7
2005	11,8	0,1	5,6	22,9	36,0

Eigene Berechnung

In die folgende graphische Darstellung wurden nur die „engen Insolvenzdelikte" einbezogen, da die Zahlen – wie bereits erwähnt – für das Delikt des § 266a StGB nicht unbedingt mit Insolvenzverfahren zusammenhängen müssen. Dies wird auch bei der genauen Betrachtung der Zahlen in der o. a. Übersicht deutlich, wobei hier insbesondere der starke Anstieg bis 2001 auffällt, der Rückgang im Folgejahr um fast 8 % und die danach wieder kontinuierlich beginnende Zunahme. Welche Faktoren dafür ausschlaggebend sein können, kann mit Hilfe der statistischen Analyse nicht erschlossen werden, dafür müsste der Tatbestand in Form einer komparativen Jahresaktenanalyse untersucht werden.

***Schaubild IV: Prozentanteil ausgewählter Delikte an
den Unternehmensinsolvenzen***

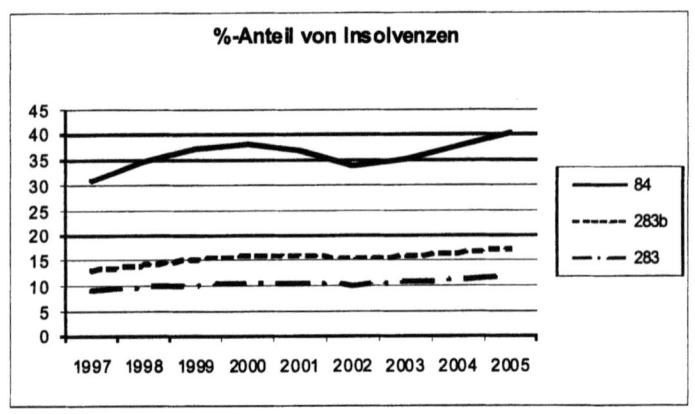

Erläuterung: 84 = § 84 GmbHG; 283b = § 283b StGB; 283 = § 283 StGB

Abschließend ist noch darauf hinzuweisen, dass die Fallzahlen der Delikte nach §§ 283a, 283c und 283d StGB im Zusammenhang mit den Insolvenzfällen fast unbedeutend sind. Ohne die eventuelle „Fallgröße", d.h. die Schwere des Deliktes, bei der Aussage zu berücksichtigen, kann man lediglich aufgrund der statistischen Zahlen die Feststellung treffen, dass sie im Bereich der Insolvenzkriminalität von ihrer Häufigkeit her keine bedenkenswerte Rolle bei den Ermittlungen der Polizei spielen.

3.2.1 Erkenntnisse bezogen auf die einzelnen Bundesländer

Ein besonderer Blick auf die Entwicklung in den einzelnen Bundesländern ist schon deshalb notwendig, um abzuklären, ob sich eine einheitliche Entwicklung der Strafverfolgung ablesen lässt, also z.B. nur geringe Abweichungen in der zu erwartenden Deliktsverteilung vorliegen. Bevor eine solche Bewertung vorgenommen werden kann, muss vorab wiederum der Anteil der Insolvenzdelikte und der Insolvenzfälle in den einzelnen Bundesländern untersucht werden (vgl. Übersicht IX und X).

Für eine erste Bewertung mag es ausreichend sein, erstmals nur eine Querschnittsanalyse für ein Bezugsjahr vorzunehmen und nur eventuelle starke Abweichungen zu vermerken. Im Nachfolgenden werden daher die Ergebnisse der polizeilichen Ermittlungen der Jahre 2002 bis 2005[12] dargestellt.

Die Verteilung der Delikte der Insolvenzkriminalität gibt die Übersicht IX wieder. Wie die Aufstellung aufzeigt, sind die Fallzahlen für die einzelnen Bundesländer auffällig unterschiedlich. Insbesondere wenn man die Stadtstaaten untereinander bzw. die Länder Baden-Württemberg, Nordrhein-Westfalen und Sachsen einerseits und Bayern, Niedersachsen und Hessen andererseits bei den Fällen des § 283 StGB vergleicht. Diese Unterschiede können natürlich dadurch begründet sein, dass es eine unterschiedliche Unternehmensstruktur in diesen Ländern gibt oder aber, dass die Insolvenzverteilung unterschiedlich ausfällt. Andererseits müsste diese sehr unterschiedlich ausfallen, wie die Umsetzung der Tabellenwerte in die Schaubilder V bis VI (für die Jahre 2003 und 2004) deutlich werden lässt. Es ist deshalb festzustellen, dass nur durch eine Aktenanalyse die Gründe für die unterschiedlichen Fallzahlen in den Polizeilichen Kriminalstatistiken der Länder herausgefunden werden können.

Übersicht IX: Bundeslandverteilung ausgewählter Bankrottdelikte von 2002 – 2005

Delikt / Bundesland	Jahr	283 StGB- Fälle	283 a StGB- Fälle	283 b StGB- Fälle	283 c StGB- Fälle	283 d StGB- Fälle
Baden-Württemberg	2002	902	6	266	34	9
	2003	843	1	266	37	2
	2004	1.014	9	338	33	5
	2005	-	-	-	-	-
Bayern	2002	389	7	168	25	7
	2003	399	1	168	16	5
	2004	345	1	157	29	6
	2005	342	3	144	19	7
Berlin	2002	168	0	240	6	1
	2003	198	0	319	5	3

---

[12] Letzter zugänglicher Gesamtjahrgang. Bei der Grundlage für die Tabelle X war dies das Jahr 2004.

	2004	148	0	267	5	1
	2005	160	0	201	6	3
Brandenburg	2002	190	2	73	17	2
	2003	185	2	96	11	3
	2004	150	0	103	9	3
	2005	133	0	84	8	4
Bremen	2002	69	0	0	0	0
	2003	137	0	3	1	0
	2004	29	1	0	0	0
	2005	16	0	1	0	0
Hamburg	2002	59	0	1	0	0
	2003	16	0	5	1	0
	2004	17	1	11	1	1
	2005	16	1	5	2	0
Hessen	2002	109	1	56	9	3
	2003	106	2	50	7	5
	2004	96	2	37	7	4
	2005	105	1	46	3	0
Mecklenburg-Vorpommern	2002	120	-	-	-	-
	2003	348	-	-	-	-
	2004	388	-	-	-	-
	2005	240	-	-	-	-
Niedersachsen	2002	168	3	92	14	11
	2003	211	3	114	15	3
	2004	189	1	150	23	4
	2005	-	-	-	-	-
Nordrhein-Westfalen	2002	498	3	66	31	6
	2003	874	4	199	36	6
	2004	827	8	199	30	3
	2005	863	4	260	25	8
Rheinland-Pfalz	2002	331	0	159	30	1
	2003	692	0	430	81	9
	2004	673	0	435	66	4
	2005	560	1	340	53	5
Saarland	2002	59	0	10	1	1
	2003	256*	-	-	-	-
	2004	322*	-	-	-	-
	2005	-	-	-	-	-
Sachsen	2002	579	1	439	68	3
	2003	692	0	430	81	9
	2004	673	0	435	66	4
	2005	560	1	340	53	5
Sachsen-Anhalt	2002	48	0	11	2	1
	2003	83	0	9	5	2
	2004	68	1	11	8	0
	2005	68	0	10	1	0
Schleswig-Holstein	2002	115	2	107	9	0
	2003	113	2	127	9	1
	2004	161	1	173	18	2

	2005	166	3	228	6	2
Thüringen	2002	89	0	39	17	1
	2003	72	2	42	12	7
	2004	82	0	50	8	2
	2005	83	0	39	0	0

Quelle: Kriminalstatistik der Länder; Lageberichte zur Wirtschaftskriminalität;
Zeichenerklärung: „-" = Angaben lagen nicht vor

Übersicht IX: Bundeslandverteilung ausgewählter Bankrottdelikte von 2002 – 2005 (Fortsetzung)

Delikt / Bundesland	Jahr	§ 84 GmbHG Fälle	HGB-Fälle (130b/177a)	§ 266a StGB Fälle
Baden-Württemberg	2002	868	58	2.525
	2003	899	39	2.631
	2004	1.203	58	3.336
	2005	-	-	-
Bayern	2002	664	25	2.938
	2003	699	25	3.530
	2004	655	42	3.295
	2005	602	22	2.744
Berlin	2002	647	18	1.005
	2003	812	13	2.018
	2004	550	12	1.572
	2005	708	27	949
Brandenburg	2002	486	9	1.289
	2003	480	0	1.882
	2004	455	0	1.575
	2005	470	0	1.863
Bremen	2002	23	0	130
	2003	74	0	112
	2004	61	1	108
	2005	193	1	166
Hamburg	2002	114	5	269
	2003	98	3	355
	2004	92	2	370
	2005	83	1	267
Hessen	2002	285	16	1.314
	2003	276	11	1.548
	2004	357	4	1.280
	2005	303	6	1.381
Mecklenburg-Vorpommern	2002	238	-	2.266
	2003	-	-	1.165
	2004	-	-	598
	2005	-	-	785
Niedersachsen	2002	376	17	1.988
	2003	385	12	2.265

	2004	498	33	3.560
	2005	-	-	-
Nordrhein-Westfalen	2002	930	43	396
	2003	1.193	47	3.845
	2004	1.582	43	3.961
	2005	1.704	50	3.695
Rheinland-Pfalz	2002	354	3	562
	2003	411	9	1.466
	2004	412	15	1.583
	2005	457	16	1.763
Saarland	2002	119	1	44
	2003	-	-	-
	2004	-	-	-
	2005	-	-	-
Sachsen	2002	1.152	26	3.041
	2003	1.209	35	3.800
	2004	1.256	50	3.935
	2005	1.086	45	3.028
Sachsen-Anhalt	2002	172	0	150
	2003	194	5	817
	2004	198	6	789
	2005	212	8	613
Schleswig-Holstein	2002	185	0	150
	2003	195	11	862
	2004	318	12	1.094
	2005	343	19	862
Thüringen	2002	252	4	1.435
	2003			
	2004	187	11	1.201
	2005	190	4	972

Quelle: Kriminalstatistik der Länder; Lageberichte zur Wirtschaftskriminalität;
Zeichenerklärung: „-" = Angaben lagen nicht vor

Schaubild V: Bundesländerverteilung der Bankrottdelikte (§ 283 StGB) in den Jahren 2003 und 2004[13]

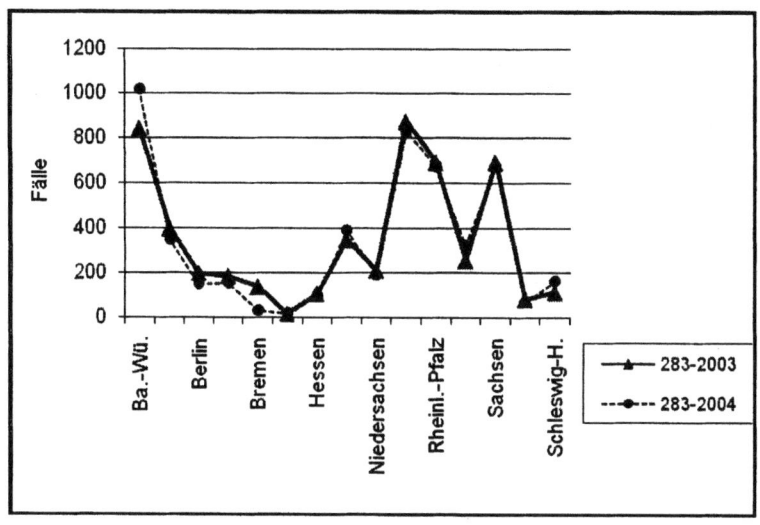

---

[13] In den Schaubildern werden die Zahlen für die einzelnen Bundesländer als „Verläufe" dargestellt, obwohl es sich nicht um solche handelt. Dies geschieht wegen der besseren Darstellungs- und Vermittlungsmöglichkeit der Bundeslandunterschiede; dem Autor ist jedoch bewusst, dass es sich um „Punktverteilungen" und nicht um „Verläufe" handelt. Aufgrund der s/w-Darstellung beschränkt sich die Darstellung auf 2 Jahre.

Schaubild VI: Bundesländerverteilung der Insolvenzdelikte nach GmbHG in den Jahren 2003 und 2004

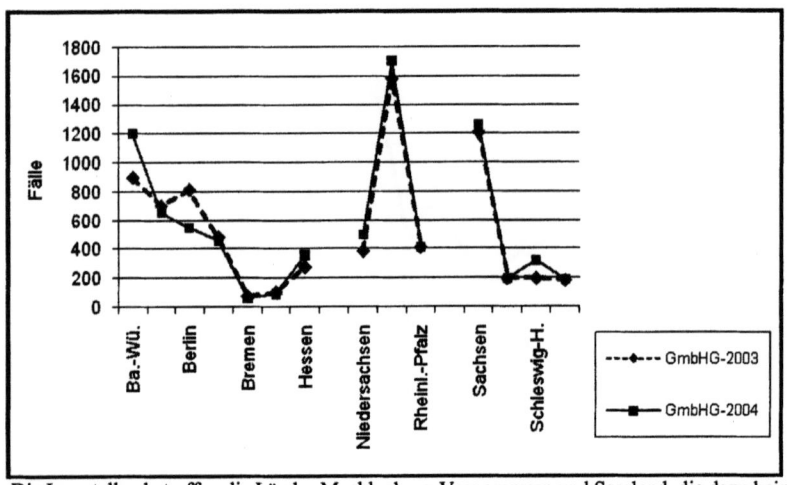

Die Leerstellen betreffen die Länder Mecklenburg-Vorpommern und Saarland, die dazu keine Angaben mehr in den Statistiken ausweisen.

Schaubild VIIa: Bundesländerverteilung (alte Bundesländer) der Bankrottdelikte (§§ 283, 283b StGB) in Bezug zu den Insolvenzfällen im Jahr 2004 (Einheitsskala)

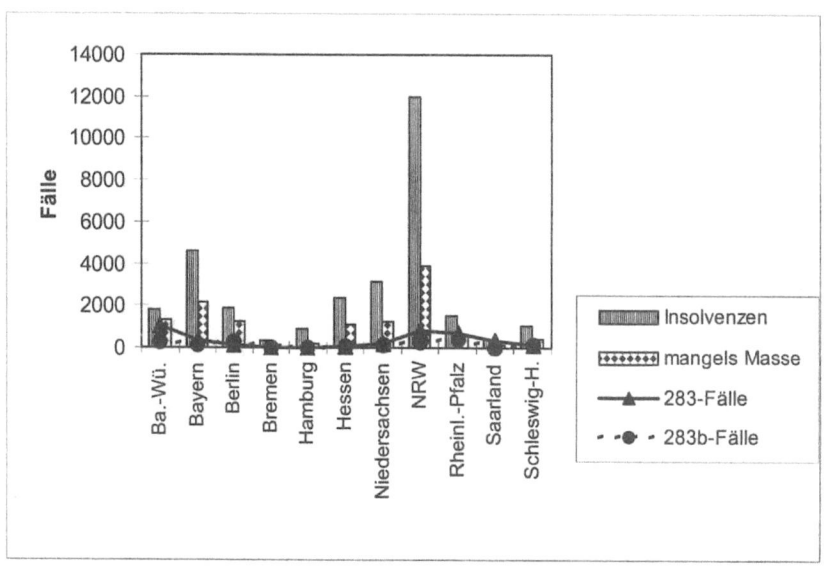

Quelle: PKS der Länder; Saarland ohne Angaben zu „283b"

Zieht man für die Auswertung noch die Fälle des § 266a StGB heran, so wird die unterschiedliche Anzahl der Fälle pro Bundesland noch deutlicher. Auch wenn man die bereits im vorhergehenden Kapitel angesprochene „Unschärfe" hinsichtlich der Zuordnung zu den Insolvenzdelikten berücksichtigt, so kommt man nicht umhin, hier eine besondere länderspezifische Verfahrensauswahl- und Bearbeitungsstruktur von und bei Insolvenzfällen zu vermuten.

Schaubild VIIb: Bundesländerverteilung (alte Bundesländer) der Bankrottdelikte (§§ 283, 283b StGB) in Bezug zu den Insolvenzfällen im Jahr 2004 (getrennte Skala)

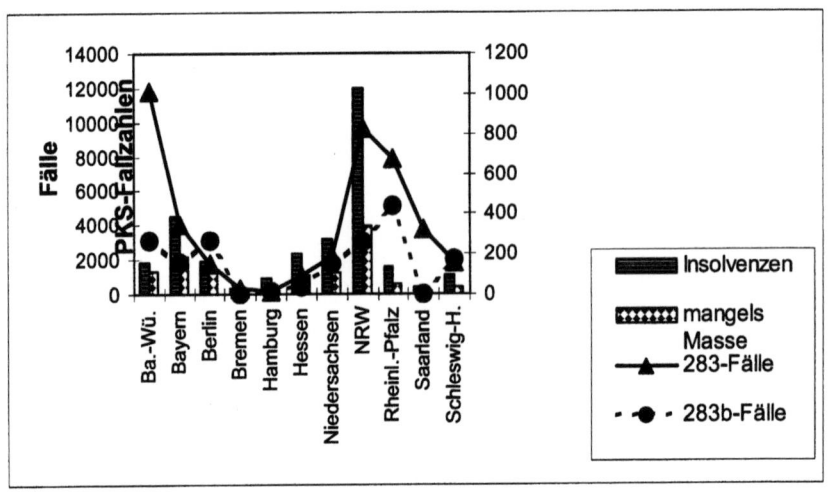

Setzt man nun diese Insolvenzfälle in Bezug zu den Insolvenzdelikten in einem Bundesland, so könnte daraus die Vermutung gewonnen werden, dass eine unterschiedliche Strafverfolgung bei Insolvenzkriminalität vorliegt – insbesondere wenn man die Bundesländer einmal vergleicht (vgl. Schaubilder VII bis X). Auch der Vergleich nur bezogen auf die neuen Bundesländer macht gravierende Unterschiede deutlich, sodass auch hier sehr unterschiedliche Bearbeitungsstrategien abgebildet sein dürften. Weiterhin weisen Ausführungen z.B. in den Lagebildern zur Wirtschaftskriminalität in diese Richtung, so wenn z.B. vom LKA Hamburg ausgeführt wird: „... in Hamburg stehen etwa 10.000 Gesellschaftsgründungen pro Jahr 1000 Unternehmensinsolvenzen gegenüber wovon etwa ¼ als Insolvenzdelikt zur Anzeige gebracht wird" (sic!; LKA Hamburg 2002: 9). Demgegenüber führt z.B. das LKA Nordrhein-Westfalen aus, dass „in den meisten Fällen ... die gemäß Mitteilung in Zivilsachen (MiZi) vom Insolvenzgericht nach Insolvenzantrag des Gläubigers/Schuldners an die zuständige Staatsanwaltschaft übersandten Unterlagen jedoch zu entsprechenden Ermittlungsverfahren" führen (LKA

NRW 2002: 51). In diesen Aussagen wird bereits ein deutlicher Unterschied bei der Bewertung der Verfahrensentstehungsgründe ersichtlich; andererseits bleiben diese Aussagen jedoch an der „Oberfläche" stehen, denn wann wird nach einer MiZi-Mitteilung ein Verfahren eingeleitet und wann nicht? Diese Frage ist bisher völlig unbeantwortet.

Schaubild VIIIa: Bundesländerverteilung (neue Bundesländer) der Bankrottdelikte (§§ 283, 283b StGB) in Bezug zu den Insolvenzfällen im Jahr 2004 (Einheitsskala)

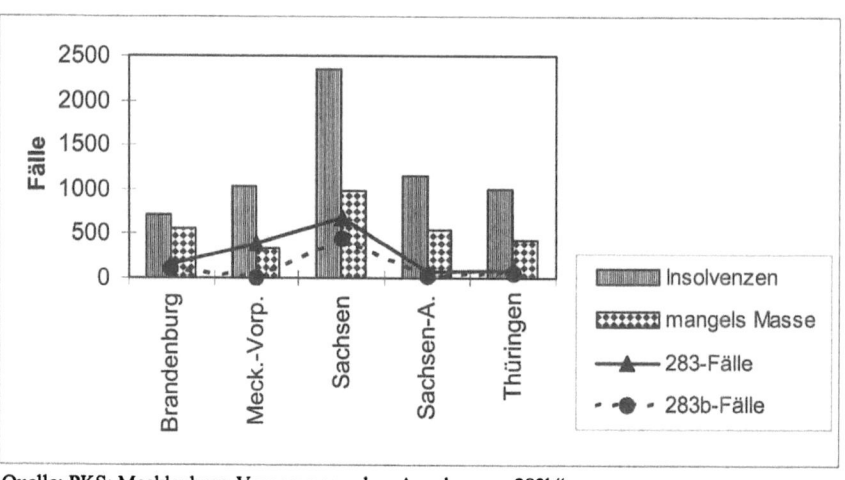

Quelle: PKS; Mecklenburg-Vorpommern ohne Angaben zu „283b"

Die statistische Analyse der Strafverfolgung im Bereich der Insolvenzdelikte könnte deshalb darauf hinweisen, dass sehr unterschiedliche Verfolgungsstrategien und Bearbeitungssituationen in den einzelnen Bundesländern vorliegen. Insbesondere wenn man die Insolvenzdelikte mit den Insolvenzfällen vergleicht und hier vor allem die Verfahren berücksichtigt, bei denen eine Einstellung mangels Masse nach § 207 Insolvenzordnung erfolgte. Berücksichtigt man dabei noch die Aussage des LKA Hessen im Lagebericht zur Wirtschaftskriminalität 2002 (LKA Hessen 2003: 40), „dass bei über der

Hälfte der Firmenzusammenbrüche Insolvenzdelikte verübt werden", dann wird die festgestellte unterschiedliche Strafverfolgung noch deutlicher. Wie dem nachfolgenden Kapitel zu entnehmen ist, geht dies jedoch nicht auf sehr unterschiedliche Verfolgungsstrategien zurück, sondern in den Bundesländern werden sehr unterschiedliche Bearbeitungsstrategien praktiziert, die auch dazu führen, dass die Polizeilichen Kriminalstatistiken der Länder sich unterscheiden, da die Polizeivollzugskräfte z.T. gar nicht mehr in die Ermittlungen einbezogen werden (vgl. dazu ausführlich den Abschnitt „Aktenanalyse").

Schaubild VIIIb: Bundesländerverteilung (neue Bundesländer) der Bankrottdelikte (§§ 283, 283b StGB) in Bezug zu den Insolvenzfällen im Jahr 2004 (getrennte Skala)

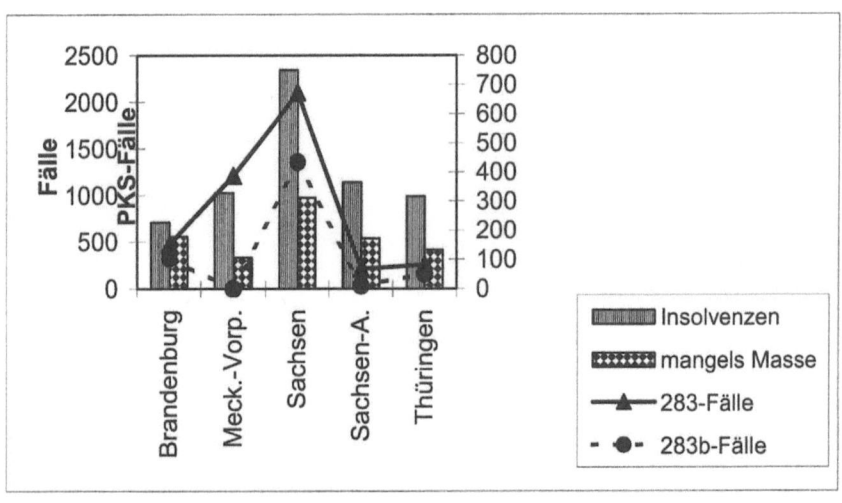

Schaubild IXa: Bundesländerverteilung (alte Bundesländer) der Insolvenzdelikte nach GmbHG in Bezug zu den Insolvenzfällen im Jahr 2004 (Einheitsskala)

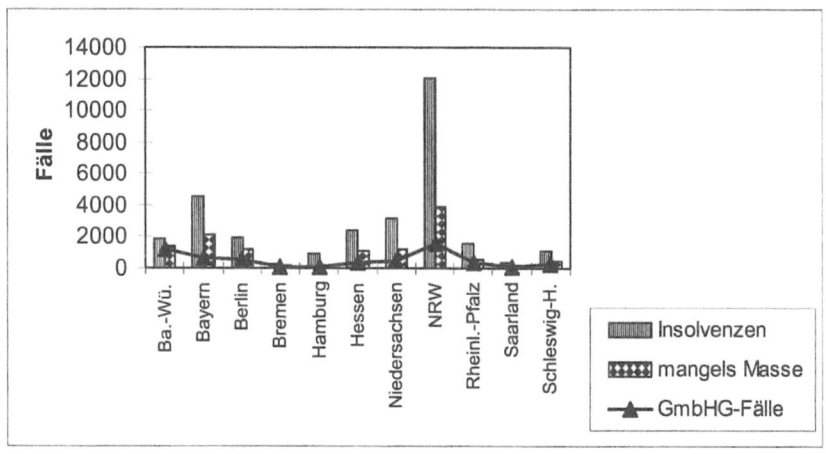

***Schaubild IXb:** Bundesländerverteilung (alte Bundesländer) der Insolvenzdelikte nach GmbHG in Bezug zu den Insolvenzfällen im Jahr 2004 (getrennte Skala)*

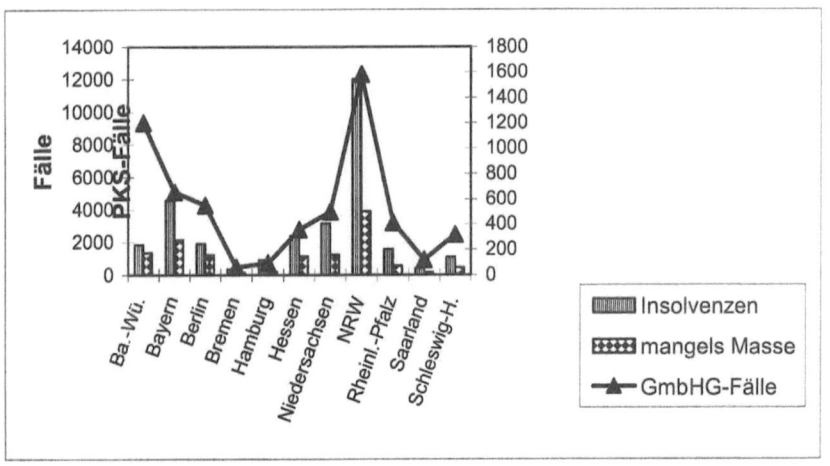

***Schaubild X:** Bundesländerverteilung (neue Bundesländer) der Insolvenzdelikte nach GmbHG in Bezug zu den Insolvenzfällen im Jahr 2004 (Einheitsskala)*

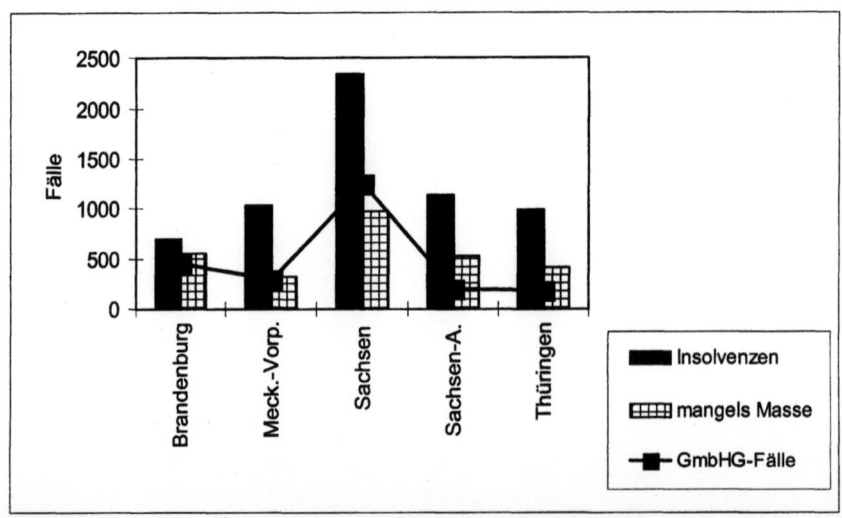

Zum Abschluss soll noch ein kurzer Rekurs auf die Rechtspflegestatistik in Bezug auf die abgeurteilten und verurteilten Personen, denen Insolvenzdelikte vorgeworfen wurden, erfolgen. Eine Vergleichsmöglichkeit mit den Zahlen der PKS ist jedoch nur bedingt gegeben, da ein unterschiedlicher Jahresbezug bei der jeweiligen Erledigung vorliegen dürfte und eine Zuordnung auf einzelne Bundesländer nicht möglich ist. Insoweit verbieten sich interessante Vergleiche aufgrund der Aussagen der polizeilichen Ermittlungsorgane. In diesem Zusammenhang sei jedoch auf die Feststellungen des LKA Hamburg verwiesen, das berichtete: „Die zur Anzeige gebrachten 'normalen' Insolvenzdelikte werden durch ermittelt und an die Staatsanwaltschaft abgegeben, wobei in Hamburg nach hiesiger Einschätzung ca. 2/3 der Fälle eingestellt werden und etwa 1/3 überwiegend mit Geldstrafe geahndet wird." (LKA Hamburg 2002: 9)

Schaubild XI: Aburteilungszahlen im Jahresvergleich 2003 – 2004 (Bundesrepublik Deutschland)

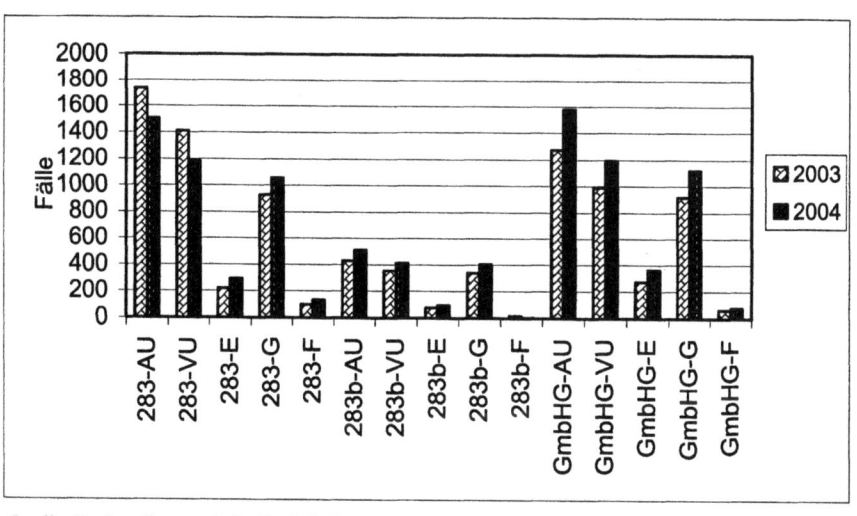

Quelle: Rechtspflegestatistik, Statistisches Bundesamt, Wiesbaden;
Legende: AU = Aburteilungen; VU = Verurteilungen; E = Einstellungen; G = Geldstrafe; F = Freiheitsstrafe

Hinsichtlich der Abgeurteiltensituation wird auf Übersicht X verwiesen, die die Zahlen für die letzten veröffentlichten Jahre, 2002 bis 2004, ausweist. Die Entwicklung gibt auch das Schaubild XI nochmals plastisch wieder.

Übersicht X: Aburteilungen und Verurteilungen in den Jahren 2002 bis 2004 (nach jeweils schwerster Strafe)*

De-likt**	Jahr	Abur-tei-lungen	Ve-rur-tei-lungen	Andere Ent-schei-dung	Straf-vor-be-halt	Ein-stel-lung ohne Maß-regel	Frei-spruch	Geld-strafe	Frei-heits-strafe
283 StGB	2002	1.461	901	277	71	366	17	812	89
	2003	1.736	1.410	326	61	218	12	926	100
	2004	1.504	1.183	321	56	295	26	1.051	132
283a StGB	2002	12	2	10	1	10	-	1	1
	2003	12	4	8	-	6	2	1	2
	2004	9	9	-	-	-	-	8	1
283b StGB	2002	430	345	85	19	83	2	331	14
	2003	431	354	77	17	75	2	336	18
	2004	511	412	99	22	93	6	406	6
283c StGB	2002	11	6	5	-	3	2	6	-
	2003	16	9	7	-	4	3	9	-
	2004	24	14	9	-	8	2	13	1
283d StGB	2002	10	4	6	-	5	1	4	-
	2003	16	12	4	-	2	-	10	2
	2004	13	8	5	-	4	1	6	2
84 GmbHG	2002	1.182	874	308	43	288	20	818	56
	2003	1.274	988	286	50	275	11	916	65
	2004	1.577	1.194	383	65	364	19	1.116	78
266a StGB ***	2002	7.073	5.822	1.251	440	582	146	5.230	592
	2003	7.908	6.468	1.440	496	1.341	65	5.861	607
	2004	9.408	7.828	1.580	649	1.499	76	7.171	657

Quelle: Rechtspflegestatistik, Statistisches Bundesamt, Wiesbaden;
*) Letzte veröffentlichte Jahrgänge; **) Wenn nichts anderes angegeben nach Strafgesetzbuch;
***) Zahlen enthalten auch Insolvenzfälle, da Zusammenhänge nicht gesondert ausgewiesen.

Weiterhin wird aus der Übersicht XI ersichtlich, ob die Tat, wegen der eine Aburteilung erfolgte, im „Verurteilungsjahr" oder davor begangen wurde. Diese Hinweise sind auch für einen Vergleich mit den Ergebnissen der Aktenanalyse von Interesse. Wie die Übersicht XI weiter ausweist, dauern die Verfahren der Insolvenzkriminalität in der Regel lange; der Schwerpunkt der Ermittlungsdauer liegt zwischen 2 Jahren und länger.

Übersicht XI: Aburteilungen und Tatjahr bei den Aburteilungen im Jahre 2003 und 2004

Delikt	Jahr	im Verurteilungsjahr	im Jahr zuvor	früher
283 StGB	2003	50	342	639
	2004	58	367	758
283a StGB	2003	-	2	2
	2004	2	-	7
283b StGB	2003	15	116	223
	2004	23	133	257
283c StGB	2003	-	3	6
	2004	-	6	8
283d StGB	2003	-	1	11
	2004	1	-	4
84 GmbHG	2003	91	347	550
	2004	139	416	639
266a StGB	2003	632	2.680	3.161
	2004	654	3.116	4.061

Quelle: Rechtspflegestatistik, Statistisches Bundesamt, Wiesbaden

Letztendlich soll noch kurz auf die Strafhöhe eingegangen werden, da diese Werte gleichfalls für einen Vergleich mit den erhobenen Daten interessant sind. Wie die Übersicht XII wiedergibt, liegt der Schwerpunkt der Verurteilungen bei der Geldstrafe, wobei der Bereich bis 90 Tagessätze wiederum den Löwenanteil der ausgesprochenen Geldstrafen darstellt. Mehr als 180 Tagessätze wurden in nur ganz wenigen Fällen verhängt, wie auch eine Freiheitsstrafe, wenn sie denn verhängt wurde, im untersten Bereich angesiedelt ist. Freiheitsstrafen über einem Jahr wurden nur verhängt, wenn besondere

Umstände in der Tat oder insbesondere in der Vorstrafenbelastung der Angeklagten vorlagen (vgl. dazu auch die Angaben in der Rechtspflegestatistik). Auffällig ist noch, dass die Tatbestände des §§ 283a, 283c und 283b StGB fast nie zur Aburteilung gelangten. Wenn man dazu noch die Zahlen der PKS heranzieht wird deutlich, dass die Mehrzahl der Fälle daher von der Staatsanwaltschaft eingestellt werden müsste. Der § 283a StGB spielt insgesamt in der Strafverfolgung keine besondere Rolle mehr. Abschließend muss noch der Hinweis zu den Angaben beim § 266a StGB erfolgen, dass darunter nicht nur Delikte im Zusammenhang mit Insolvenzverfahren stehen, sondern sich auch andere Begehungsweisen dahinter verbergen, sodass ein Bezug zur Insolvenzkriminalität nur annäherungsweise möglich ist.

Übersicht XII: Verurteilungen nach Höhe der Geldstrafe und Freiheitsstrafe

Delikt	Jahr	Geldstrafe TS				Freiheitsstrafe			
		< 30	31-90	91-180	> 181	< 6 M	6-12 M	1-2 J	> 2 J
283 StGB	2003	49	554	281	42	105	65	24	-
	2004	78	640	282	51	17	91	23	1
283a StGB	2003	-	-	1	-	3	2	1	0
	2004	-	4	1	3	-	-	1	-
283b StGB	2003	72	220	41	3	4	11	3	0
	2004	56	295	54	1	2	4	-	-
283c StGB	2003	1	6	2	-	1	-	-	-
	2004	2	8	3	-	1	-	-	-
283d StGB	2003	2	8	-	-	-	-	2	-
	2004	-	5	1	-	1	1	-	-
84 GmbHG	2003	95	684	133	4	18	47	5	2
	2004	130	820	153	13	25	49	4	-
266a StGB	2003	1.022	3.611	1.052	169	607	388	94	11
	2004	1.157	4.398	1.363	255	137	149	108	10

Quelle: Rechtspflegestatistik, Statistisches Bundesamt, Wiesbaden; TS = Zahl der Tagessätze; M = Monate; J = Jahre

3.2.2 Die Unterlagen des Kriminalpolizeilichen Meldedienstes (KPMD)

Zur Durchführung der Studie wurden auch die Meldungen des „Kriminalpolizeilichen Meldedienstes" ausgewertet. Es zeigte sich dabei, dass die gemeldeten Fälle nicht immer unbedingt den Kriterien eines besonderen Falles entsprechen. Problematisch war insbesondere, dass aus bestimmten Bundesländern bzw. Landgerichtsbezirken keinerlei Meldungen über einen Zeitraum von 3 Jahren vorlagen. Ein Grund dafür kann sicherlich sein, dass die Polizei in die Ermittlungen nicht mehr einbezogen wird (vgl. die Ausführungen im Kapitel „Aktenanalyse"). Andererseits trifft diese „Nicht-Meldung" auch auf Bundesländer/Landgerichtsbezirke zu, in denen sehr wohl noch die Polizei Ermittlungen in diesem Bereich vornimmt. Warum diese Fälle nicht gemeldet wurden und warum in anderen Zuständigkeitsbereichen fast jeder Fall der Meldung unterliegt, dieses Problem kann hier nur angesprochen werden, da es im Rahmen dieses Projektes nicht aufgeklärt werden konnte. Insgesamt sind daher die Unterlagen des KPMD eher von geringem kriminologischem Aussagegehalt; sie sind jedoch für die Vorbereitung einer Aktenanalyse von hilfreicher Bedeutung.

4 Ergebnisse der durchgeführten Aktenanalyse

4.1 Verfahrenszahl, Stichprobe und Angaben zur Datenerhebung

Auf der Grundlage der skizzierten Überlegungen wurde eine repräsentative Aktenanalyse durchgeführt. Die Ergebnisse werden – jeweils im Vergleich auch zu den Ergebnissen der angeführten Erstuntersuchung – in den nachfolgenden Kapiteln dargestellt. Die Aktenanalyse fand in den Jahren 2005 und 2006 statt und es wurden 795 Verfahren bei 42 Staatsanwaltschaften in verschiedenen Bundesländern ausgewertet (vgl. Tabelle 1). An dieser Stelle sei noch erwähnt, dass in der Erstuntersuchung 381 Verfahren ausgewertet wurden, die bei 22 Staatsanwaltschaften erhoben wurden (vgl. I: 47ff.).

Tabelle 1: Ausgewertete Verfahren bezogen auf Staatsanwaltschaft

Bundesland	Staatsanwaltschaft	Ausgewertete Verfahren
Baden-Württemberg	Freiburg	16
	Heilbronn	27
	Mannheim	25
	Stuttgart	16
	Insgesamt	*84*
Bayern	Landshut	20
	München I	17
	Nürnberg	23
	Passau	9
	Würzburg	24
	Insgesamt	*93*
Berlin	Berlin	*24*
Hamburg	Hamburg	*29*
Hessen	Darmstadt	25
	Frankfurt a. M.	10
	Kassel	14
	Marburg	15
	Insgesamt	*64*
Nordrhein-Westfalen	Aachen	6
	Bochum	21

	Düsseldorf	26
	Essen	26
	Köln	7
	Münster	20
	Wuppertal	34
	Insgesamt	*140*
Schleswig-Holstein	Kiel	9
	Lübeck	6
	Insgesamt	*15*
Gesamtverfahrenszahl „West"		*449*
Brandenburg	Cottbus	20
	Frankfurt / Oder	13
	Neuruppin	8
	Potsdam	21
	Insgesamt	*62*
Mecklenburg-Vorpommern	Neubrandenburg	20
	Rostock	21
	Schwerin	15
	Stralsund	19
	Insgesamt	*75*
Sachsen	Chemnitz	24
	Dresden	25
	Görlitz	17
	Leipzig	19
	Insgesamt	*85*
Sachsen-Anhalt	Dessau	8
	Halle	15
	Magdeburg	33
	Insgesamt	*56*
Thüringen	Erfurt	25
	Gera	25
	Mühlhausen	18
	Insgesamt	*68*
Gesamtverfahrenszahl „Ost"		*346*
Gesamtverfahrenszahl Bund		**795**

Berlin wird zu den Verfahren „West" gezählt.

Insgesamt richteten sich die damit zusammenhängenden Ermittlungen gegen 1.114 Beschuldigte (gegenüber 472 in der Erstuntersuchung; vgl. I: 49), wobei die Untergliederung der Verfahren nach Anzahl der Beschuldigten pro Ermittlungsverfahren aus der Tabelle 2 zu entnehmen ist. Eine Bewertung muss jedoch unterbleiben – auch wenn augenfällig ist, dass die Verfahren, in denen Ermittlungen gegenüber einem Beschuldigten geführt wurden, signifikant zurückgegangen sind –, da eine solche nur auf dieser Grundlage keinerlei Aussagewert hätte. Die Gründe dafür können vielfältig sein. So z.B., dass zu Beginn eines Verfahrens Ermittlungen gegenüber 5 Beschuldigten geführt werden. Im Laufe des Ermittlungsverfahrens wird dann das Verfahren gegen 4 Beschuldigte abgetrennt und in die Untersuchung geht nur das Verfahren mit den vier Beschuldigten ein. Ein weiteres Beispiel, das häufiger bei der Auswertung festgestellt werden konnte, ist jener „Sonderfall", dass Verfahren wieder verbunden werden, um dann zu einem späteren Zeitpunkt wiederum abgetrennt zu werden. Diese Beispiele machen deutlich, dass die Zahl der Beschuldigten pro Verfahren keine „harte" Daten sind und es auch immer darauf ankommt, welchen Zeitpunkt man für diese „Erhebung" annimmt: Verfahrensentstehung, Beschuldigtenvernehmung, Einstellung oder Anklageerhebung, Gerichtsentscheidung oder Rechtsmittelverfahren.

Tabelle 2: Verfahrensstruktur nach Anzahl der Beschuldigten

Zahl der Beschuldigten pro Verfahren	1992		2006	
	Abs.	%	Abs.	%
1	309	81,1	563	70,8
2	56	14,7	166	20,9
3	14	3,7	52	6,5
Mehr als 3	2	0,6	14	1,8
	381	100,0	795	100,0

Tabelle 3: Verfahrensstruktur nach Anzahl der Beschuldigten und Länder[14]

Land	1 B*		2 B*		3 B*		> 3 B*	
	N	%	N	%	N	%	N	%
BW	55	65,5	19	22,6	6	7,2	4	4,8
BY	68	73,1	18	19,4	6	6,5	1	1,1
Berlin	13	54,2	10	41,7	1	4,2	0	-
Brandenburg	48	77,4	9	14,5	4	6,5	1	1,6
Hamburg	26	89,7	2	6,9	0	-	1	3,4
Hessen	41	64,1	16	25,0	3	4,7	4	6,3
MeckPom	54	72,0	18	24,0	3	4,0	0	-
NRW	106	75,7	24	17,1	8	5,7	2	1,4
Sachsen	55	64,7	22	18,7	7	5,9	1	1,2
Sachsen-A.	41	73,2	9	16,1	6	10,7	0	-
SH	12	80,0	2	13,3	1	6,7	0	-
Thüringen	44	64,7	17	25,0	7	10,3	0	-
Gesamt	**563**	**70,8**	**166**	**20,9**	**52**	**6,5**	**14**	**1,8**

*) B = Beschuldigter/Beschuldigte

Andererseits muss jedoch auch hervorgehoben werden, dass in bestimmten Bundesländern eine spezifische „Ermittlungskultur" vorliegt, die einmal grundsätzlich hinterfragt werden müsste, wie dies auch die Tabelle 3 ausweist. So schwankt der Anteil der Verfahren mit einem Beschuldigten von 54,2 % in Berlin bis 89,7 % in Hamburg. Der Durchschnitt der Verfahren mit einem Beschuldigten lag bei 70,8 %. Vergleicht man die in der Tabelle 3 angeführten Länder, so lassen sich keine „Strukturen" herausfinden, die beispielsweise auf einen „Ost-/West-Unterschied" hinweisen könnten, augenfällig sind die unterschiedlichen Länderergebnisse trotzdem.

---

[14] Die Abkürzungen BW = Baden-Württemberg, BY = Bayern, MeckPom = Mecklenburg-Vorpommern, NRW = Nordrhein-Westfalen; Sachsen-A. = Sachsen-Anhalt und SH = Schleswig-Holstein werden auch so in den weiteren Ausführungen verwendet, ohne erneut erklärt zu werden.

4.1.1 Stichprobe und Stichprobenziehung

Damit die Generalisierungsmöglichkeit der hier vorgestellten Ergebnisse auch nachvollzogen werden kann, wird an dieser Stelle die Stichprobenziehung in ihren wesentlichen Teilen genauer beschrieben (vgl. dazu auch I: 50ff.). Die zu untersuchenden Fälle wurden in drei Stufen erhoben. Zunächst wurden mittels einer Zufallsauswahl die Bundesländer ausgewählt, die in die Untersuchung einbezogen werden sollten. Dabei wurde jedoch insoweit eine Ausnahme gemacht, dass das Bundesland Saarland von der Untersuchung ausgeschlossen wurde, da aufgrund der Erfahrungen mit zuvor durchgeführten Untersuchungen ein Zugang zu den Akten als nicht realisierbar erschien (vgl. I: 56f.).

In einem zweiten Schritt wurden dann die Staatsanwaltschaften in den ausgewählten Bundesländern bestimmt, wobei auch hier nicht nach einem Zufallsprinzip vorgegangen werden konnte, da in manchen Bundesländern Insolvenzverfahren nur bei bestimmten Staatsanwaltschaften bearbeitet werden (so z.B. im Freistaat Sachsen nicht in Zwickau oder Bautzen). Nach der Festlegung der Staatsanwaltschaften wurden diese dann angeschrieben mit der Bitte, die gewünschte Anzahl der Verfahren (ca. 20 pro Staatsanwaltschaft) zur Verfügung zu stellen. Es sollte sich dabei um abgeschlossene Verfahren aus den letzten drei bis vier Jahren handeln. Damit sollte ausgeschlossen werden, wie dies bei einer Jahresvorgabe der Fall gewesen wäre (z.B. aus dem Jahre 2004), dass nur schnell erledigte Fälle zur Auswertung kommen. Entgegen ersten Vorüberlegungen konnten Aktenzeichen von selbst gezogenen Verfahren aus dem KPMD nicht mitgeteilt werden, da aus verschiedenen Bundesländern oder Staatsanwaltschaftsbezirken keinerlei Verfahren dazu gemeldet wurden. Andererseits war aus der Auswertung der Statistiken zur Insolvenzkriminalität der Umstand bekannt (vgl. Kapitel 3), dass in einigen Bundesländern fast keine Insolvenzdelikte zur PKS gemeldet worden sind. Da in diesen Ländern andere Ermittlungsstrategien zur Anwendung kommen könnten, hätte auch der Rückgriff nur auf durch die Polizei gemeldete Verfahren ein methodischer Fehler bedeutet. Somit musste auf eine Selbstauswahl der Staatsanwaltschaften zurückgegriffen werden. In den Fällen, in denen es der Staatsanwaltschaft unmöglich schien, Verfahren von

Insolvenzkriminalität aufzufinden, wurden über polizeiliche Register die Verfahren mittels einer Zufallsauswahl ausgewählt. In diesen Fällen lag aus der PKS der Hinweis dazu vor, dass die Polizei nicht – jedenfalls bei einem Großteil der Verfahren – aus der Verfahrensbearbeitung ausgeschlossen ist, sodass hier aus einer nicht irgendwie verfälschten Grundgesamtheit eine Auswahl getroffen werden konnte. Sicherlich könnte es dabei zu der Konstellation gekommen sein, dass die Verfahren, die gleich von der Staatsanwaltschaft ohne weitere Ermittlungen eingestellt wurden, von einer Einbeziehung ausgeschlossen worden sein könnten. Da diese Verfahren eher auch „statistischen" Ursprungs sind und sicherlich nur in geringer Zahl vorkommen dürften, können sie ihm Rahmen des vorliegenden Forschungsprojektes unberücksichtigt bleiben, was jedoch keinerlei Einfluss auf die Ergebnisse der Untersuchung bedeutet.

Die somit ausgewerteten Fälle können als eine repräsentative Auswahl der Insolvenzverfahren der Bundesrepublik Deutschland gelten. Bei einer solchen Analyse kommt es auch auf die Gewinnung von Erkenntnissen an, die Auskunft über die alltäglichen Ermittlungssituationen und -probleme geben und nicht um die Aufklärung von bestimmten Phänomenen, z. B. in welchen Fällen ein Angeschuldigter Einspruch gegen einen Strafbefehl einlegt. In diesem Falle müsste eine viel größere Stichprobe gezogen werden, da die Variable „Einspruch" zwar kein „seltenes Ereignis", aber bezogen auf die Gesamtzahl der Insolvenzverfahren ein weniger häufiges Ereignis ist, sodass dann die vorliegende auswertbare Verfahrenszahl für eine fundierte Aussage nicht ausreichend sein dürfte.

Ein Problem hinsichtlich der Repräsentativität der Untersuchung könnte jedoch darin liegen, dass Fälle der schweren Insolvenzkriminalität unterrepräsentiert sind. Andererseits zeigt sich bei einem Blick in die PKS, dass der besonders schwere Fall des Bankrotts (§ 283a StGB) insgesamt ein sehr selten vorkommender Tatbestand ist und somit ein Forschungsvorhaben zur gesamten Insolvenzkriminalität darauf keinen besonderen Wert legen muss. Des weiteren ist noch zu erwähnen, dass „schwere Fälle" der Insolvenzkriminalität (bezogen auf die Schadenssumme und/oder der Deliktsbegehung) jedoch in der vorliegenden Untersuchung unterrepräsentiert sein könnten, da in diesen Verfahren oftmals die Tatbestände des Betruges oder der Untreue im Mittelpunkt stehen und somit diese Verfahren bei der Auswahl nicht im Fokus der auswählenden Staatsanwaltschaften standen (bzw. in den Registern auch anders geführt wurden). Auch könnte aufgrund der dann sehr umfangreichen Verfahren und langen Ermittlungsdauern von einer Auswahl abgesehen worden sein, da die Akten nur unter besonderen Umständen für einen längeren Zeitraum „versandt" werden. Demgegenüber konnten bei der Selbstauswahl vor Ort sehr wohl auch umfangreichere Verfahren ausgewählt werden, sodass insgesamt betrachtet keine „Verfälschung" der Aussagen entstanden sein dürfte. Bedauerlicherweise liegen jedoch keine „harten Daten" vor, mit denen man die Stichprobe vergleichen könnte. Trotzdem sollte diese Problematik an dieser Stelle angesprochen werden.

4.1.2 Zugang zu den Akten – Genehmigung der Akteneinsicht

In der Bundesrepublik Deutschland sind für die Genehmigung der Einsicht in die Akten seit der Reform der Strafprozessordnung vom 2.8.2000 die Staatsanwaltschaften selbstständig zuständig (vgl. §§ 474ff. StPO; speziell § 476 StPO). Daher haben positive Stellungnahmen zu einem Forschungsprojekt durch die Landesjustizministerien oder auch von Bundesministerien nur einen empfehlenden Charakter und werden zwar im Genehmigungsverfahren teilweise aufgegriffen, sie sind jedoch für die tatsächliche Genehmigung nicht von Relevanz. Trotzdem ist es wichtig, zuerst mit den Landesjustizverwaltungen Kontakt aufzunehmen, da oftmals von den angesprochenen Staatsanwaltschaften die Rückfrage kommt, ob das zuständige Ministerium unterrichtet ist und wie dieses das Forschungsprojekt einschätzt. Gegenüber dem Verfahren bei der Erstuntersuchung hatte dies eine erhebliche Verlängerung des Zeitraums für das Akteneinsichtsgenehmigungsverfahren zur Folge, was vorab bei der Projektplanung nicht berücksichtigt werden konnte. Danach konnte direkt mit den Staatsanwaltschaften Kontakt aufgenommen werden, wobei in einigen Bundesländern jedoch zuvor noch gegenüber der Generalstaatsanwaltschaft eine Projektschilderung erfolgen musste, bei der wiederum nicht die Genehmigung der Akteneinsicht im Vordergrund stand, sondern die Absicherung der staatsanwaltschaftlichen Entscheidung. In einigen Bundesländern wurde daneben noch der Landesdatenschutzbeauftragte hinsichtlich einer Einschätzung der datenschutzrechtlichen Belange im Projekt eingeschaltet und eine Akteneinsicht von einer positiven Bewertung durch diesen abhängig gemacht. Dabei stellte sich das Problem, dass einzelnen Landesdatenschutzbeauftragten überhaupt erst die Grundzüge von auf empirischer Basis einer Aktenanalyse durchgeführten wissenschaftlichen Forschungsprojekten erklärt werden mussten. Es wurden so oftmals Einwände dahingehend vorgebracht, ob man nicht die gewünschten Forschungsergebnisse durch Gespräche oder „anonyme Hinweise" erhalten könnte. In einem Fall wurde insbesondere die „Polizeinähe" des Bearbeiters als negatives Kriterium angesehen und es wurde vorgeschlagen, dass ein freies Meinungsforschungsinstitut eingeschaltet werden sollte, das dann die Ergebnisse ohne personenbezogene Angaben an den Bearbeiter übermitteln sollte, wobei auch bereits die Angabe der Zahl der Beschuldigten in einem Verfahren als datenschutzrechtlich bedenklich angesehen wurde. Weiterhin wurde man mit völliger Unkenntnis über den Ablauf eines Ermittlungs- oder Strafverfahrens konfrontiert. Auch der Hinweis, dass nur abgeschlossene Verfahren in die Untersuchung aufgenommen werden und keinerlei Fallbeschreibungen oder Namensnennungen erfolgen, wurde mit dem Einwand zurückgewiesen, dass trotzdem ein Leser des Forschungsberichtes die Amtsgerichte der Bundesrepublik Deutschland aufsuchen und sich über die anstehenden Verhandlungen informieren könnte, um dann an einer Gerichtsverhandlung teilzunehmen und sich somit weitere Informationen über die Beschuldigten verschaffen könnte. Der Hinweis, dass der Begriff „abgeschlossene Verfahren" auch bedeutet, dass keine Gerichtsverhandlung mehr erfolgt und dass über eine Fallschilderung wohl schwerlich anhand der Gerichtsanschlagstafel ein Fall herausgefunden werden könne, wurde nicht als diskussionswürdig angesehen.

Insoweit war ein umfangreicher Schriftwechsel notwendig, der einen erheblichen Arbeits- und Zeitaufwand verursachte, um die Grundlagen von wissenschaftlicher Forschung zu erklären und abschließend eine Zustimmung zur Aktenanalyse zu erhalten. Trotz ausführlicher Begründung des

Akteneinsichtsgesuches musste die Staatsanwaltschaft Bremen aus der Untersuchung ausgeschlossen werden, da der Behördenleiter durch das Forschungsprojekt einen erheblichen Eingriff in datenschutzrechtliche Belange und eine Verletzung von Betriebsgeheimnissen sah.

Eine Detaillierung der Vorgehensweise, Probleme und Ausfälle, die auch für die Bewertung der Untersuchung wichtig sind, wird nun länderspezifisch mit Rückblick auf die Erstuntersuchung vorgenommen.

Baden-Württemberg

Die Genehmigung der Aktenauswertung verlief in Baden-Württemberg ohne Probleme. Bei einer Staatsanwaltschaft konnten jedoch – so die Auskunft – Insolvenzverfahren nicht herausgefunden werden, sodass über die Unterlagen der Polizeibehörden die Verfahren der letzten Jahre zusammengestellt wurden und daraus eine Stichprobe gezogen wurde. Bedauerlicherweise waren dann jedoch einige Verfahren für die Auswertung nicht greifbar, da sie noch nicht abgeschlossen waren oder aufgrund einer Gerichtsverhandlung bzw. Vollstreckungsmaßnahmen nicht zur Verfügung standen. Wegen des verbleibenden engen Zeitrahmens konnten sie auch nicht in einem „Nachgang" in die Auswertung einbezogen werden. Bei der Staatanwaltschaft Stuttgart wurden einige Verfahren zusätzlich ausgewertet und dokumentiert. Eine Aufnahme in die „Auswertungsdatei" war jedoch aus methodischen Gründen nicht möglich, da es sich hierbei um Handakten handelte, die nicht über alle relevanten Angaben Auskunft gaben. Insoweit ergab sich für diese Staatsanwaltschaft eine geringere Verfahrenszahl.

Bayern

Wie schon bei der Erstuntersuchung gab es keinerlei Probleme hinsichtlich der Durchführung des Forschungsprojektes. Die geringere Verfahrenszahl von Passau liegt darin begründet, dass in Passau gegenwärtig keine Insolvenzverfahren mehr bearbeitet werden bzw. in den Vorjahren die Staatsanwaltschaft Passau nur die Sitzungsvertretung bei Verfahren aus ihrem Bezirk übernahm, wobei die Ermittlungen die Staatsanwaltschaft Landshut führte. Insoweit war die geringere Verfahrenszahl ausreichend.

Berlin

In diesem Bundesland ergaben sich keine Probleme bei der Durchführung des Forschungsprojektes. Die Verfahren konnten auch ohne Einschränkungen (vgl. I: 54) direkt bei der Staatsanwaltschaft Berlin ausgewertet werden.

Brandenburg

Die Akteneinsicht wurde ohne größere Probleme – auch aufgrund der Empfehlung des Generalstaatsanwaltes des Landes Brandenburg – genehmigt. Bei einer Staatsanwaltschaft war jedoch trotz der grundsätzlichen Genehmigung ein umfangreicher Schriftwechsel etc. notwendig, um dann tatsächlich einen Auswertungstermin zu erhalten. Letztendlich konnte aber auch hier dann die Aktenauswertung vorgenommen werden. Die im Vergleich zu der gewünschten Verfahrenszahl geringere Akteneinbeziehung bei den Staatsanwaltschaften in Frankfurt/Oder und Neuruppin liegt darin begründet, dass in Brandenburg nach der Vorplanung nur drei Staatsanwaltschaften in die Untersuchung einbezogen werden sollten. Aufgrund von Informationen während der Auswertung wurde diese Vorgabe jedoch um eine Staatsanwaltschaft erweitert und die 20 Auswertungsverfahren auf die Staatsanwaltschaften verteilt.

Bremen

In Bremen ergaben sich schon bei der Erstuntersuchung hinsichtlich der Akteneinsicht Probleme (vgl. I: 54f.). Bei der hier vorliegenden Replikationsuntersuchung wurden von der Staatsanwaltschaft datenschutzrechtliche Probleme und eventuelle Verletzungen von Geschäfts- und Betriebsgeheimnissen vorgebracht. Aus diesem Grund wurde gegenüber der Staatsanwaltschaft nochmals ausführlich das datenschutzrechtliche Konzept dargestellt und sich mit den angesprochenen Fragen hinsichtlich einer Verletzung von Betriebsgeheimnissen auseinandergesetzt. Insbesondere spielte die datenschutzrechtliche Verpflichtung von Auswertungskräften im Forschungsprojekt das Hauptablehnungsargument. Nachdem monatelang auf Bitte um eine Entscheidung keine Antwort mehr erfolgte, wurde die Generalstaatsanwaltschaft Bremen um eine Vermittlung gebeten, da aus diesem Hause zum damaligen Zeitpunkt eine sehr sorgfältige Auseinandersetzung mit dem Problem von Aktenanalysen veröffentlicht wurde (vgl. Graalmann-Scheerer 2005). Bedauerlicherweise führte auch dies zu einer dann argumentativ gleich lautenden Ablehnung durch die Generalstaatsanwaltschaft und die Staatsanwaltschaft Bremen, wobei darauf Bezug genommen wurde, dass das Datenschutzkonzept für die Projektmitarbeiter nicht stichhaltig sei. Ein solches Konzept wurde auch nicht erstellt, da nur der Projektleiter die Aktenanalyse und die spätere Datenauswertung vornahm, sodass überhaupt keine dritten Personen Zugang zu den Daten erhalten sollten. Dieses Argument wurde jedoch völlig unberücksichtigt gelassen, sodass letztendlich der Eindruck zurückbleibt, dass die Insolvenzverfahren der Staatsanwaltschaft Bremen – aus welchen Gründen auch immer – wissenschaftlichen Analysen nicht zugänglich gemacht werden sollten. Vergleicht man in diesem Zusammenhang noch die Lageberichte der Polizeibehörde zur Wirtschaftskriminalität in Bremen, so ergeben sich erhebliche Zweifel an der ordnungsgemäßen Bearbeitung der Insolvenzkriminalität in diesem Bundesland.

Hamburg

In Hamburg konnte aufgrund der notwendigen Zustimmung des Landesdatenschutzbeauftragten die Aktenauswertung erst nach einem fast 1-jährigen Schriftwechsel vorgenommen werden. Dabei ist jedoch festzuhalten, dass die Staatsanwaltschaft Hamburg das Anliegen des Projektbearbeiters jeweils sachgerecht weitergeleitet hat, sodass dieser Zeitaufwand aufgrund der zahlreichen Rückfragen des Landesdatenschutzbeauftragten entstand und die Ursachen nicht bei der Staatsanwaltschaft lagen. Dazu gehörte auch, dass die

Staatsanwaltschaft vielfach um Antwort beim Landesdatenschutzbeauftragten nachfragte, damit es zu einem Abschluss des Antrages kommen konnte.

Hessen

Im Bundesland Hessen ergaben sich – auch aufgrund der Empfehlung des Generalstaatsanwaltes des Landes Hessen – keine Probleme bei der Genehmigung der Akteneinsicht. Es kam zwar zu unterschiedlichen Bearbeitungszeiten hinsichtlich des Akteneinsichtsgesuches bei den Staatsanwaltschaften, die jedoch zu keiner zeitlichen Beeinträchtigung des Forschungsvorhabens führten.

Mecklenburg-Vorpommern

Im Bundesland Mecklenburg-Vorpommern war ein umfangreiches Vorverfahren für die Akteneinsicht bei den Staatsanwaltschaften notwendig, das dankenswerter Weise über die Landesjustizverwaltung geführt werden konnte. Dabei kam es jedoch zu einer unterschiedlichen Auffassung bei den Staatsanwaltschaften: Unterstützte ein Teil das Forschungsvorhaben, so hatten andere Staatsanwaltschaften erhebliche Bedenken hinsichtlich einer Akteneinsicht. Insgesamt konnte jedoch die Aktenanalyse – nach einem längeren Antragszeitraum – planmäßig durchgeführt werden. Die Projektbearbeitungszeit wurde jedoch durch dieses lang andauernde „Vorverfahren" erheblich verlängert und ein planmäßiges Vorgehen sehr negativ beeinflusst.

Nordrhein-Westfalen

Im Bundesland Nordrhein-Westfalen gestaltete sich die Genehmigung zur Durchführung der Aktenanalyse unproblematisch.

Sachsen

Im Bundesland Sachsen war im Vorfeld eine positive Unterstützung durch die Generalstaatsanwaltschaft erzielt worden. Als dann die Staatsanwaltschaften hinsichtlich einer Akteneinsicht angeschrieben wurden und sich diese an die Generalstaatsanwaltschaft wegen eines einheitlichen Vorgehens wandten, wurde von dort jedoch signalisiert, dass keinerlei Kenntnisse über das Forschungsprojekt vorliegen würden. Deshalb wurde nochmals eine Projektschilderung mit allen datenschutzrechtlichen Gesichtspunkten vorgenommen. Danach stellte sich jedoch weiter heraus, dass diese Schilderung gegenüber den Staatsanwaltschaften beim Antrag auf Akteneinsicht und dann zum wiederholten Male gegenüber der Generalstaatsanwaltschaft noch immer nicht ausreichend für alle Staatsanwaltschaften war. So konnten von einer Staatsanwaltschaft erst kurz vor Anfertigung dieses Abschlussberichtes die Akten zur Auswertung erhalten werden, wobei z.B. zwischen der Zustimmung und Übersendung ein Zeitraum von über 3 Monaten lag. Gerade diese zeitlichen Unwägbarkeiten machen die Durchführung von solchen Projekten zu einem längerfristigen Vorhaben.

Sachsen-Anhalt

Für die Akteneinsicht im Bundesland Sachsen-Anhalt waren die umfangreichsten Stellungnahmen im Vorverfahren abzugeben. Hier schaltete sich der Landesdatenschutzbeauftragte direkt in das Genehmigungsverfahren ein und es mussten die bereits angesprochenen detaillierten Erklärungen zur Durchführung und zu den methodischen Grundlagen von empirischer Rechtsforschung vorgenommen werden. Gleichfalls mussten Befürchtungen aufgrund der Nähe des Projektbearbeiters zur Polizei und hinsichtlich der Schaffung einer „Auskunftsdatei" über Beschuldigte von Insolvenzstraftaten ausgeräumt werden. Ein weiterer Schwerpunkt der klärungsbedürftigen Sachverhalte war auch die Frage, ob wissenschaftliche Forschung nicht datenschutzsicherer durch Meinungsforschungsinstitute durchgeführt werden könnte als von beamteten Wissenschaftlern. Das Genehmigungsverfahren nahm hier über ein Jahr Zeit in Anspruch, wobei dann die Genehmigungen durch die Staatsanwaltschaften und die Akteneinsicht umgehend erfolgten. Die Staatsanwaltschaft Stendal konnte jedoch nicht – wie gewünscht – in die Untersuchung einbezogen werden, da auf den Antrag und die Erinnerungsschreiben des Projektleiters keinerlei Rückantwort erfolgte und bis heute keine Reaktion auf die zahlreichen Anfragen vorliegt.

Schleswig-Holstein

Die Akteneinsicht war in diesem Land ohne größere Probleme zu erreichen, jedoch wurde bei der Aktenauswahl von den Staatsanwaltschaften jeweils die Auswahl von Insolvenzverfahren oder die Möglichkeit, diese aufzufinden oder sie aus dem Geschäftsablauf herauszunehmen als unüberwindbares Problem dargestellt. So konnten in Kiel nur die 9 zur Verfügung gestellten Verfahren zur Insolvenzkriminalität überhaupt aufgefunden werden. Bei der Staatsanwaltschaft Lübeck standen – aufgrund der Vorlage von zahlreichen Aktenzeichen aus dem KPMG[15] in der Anforderung – diese Verfahren aufgrund von „andauernden" Ermittlungen oder Vollstreckungsmaßnahmen nicht zur Verfügung bzw. wurden bei einer späteren dritten Bitte die bereits ausgewerteten Verfahren nochmals übersandt. So hat sich zwar die Möglichkeit einer Aktenanalyse gegenüber der Erstuntersuchung „verbessert", jedoch wurden nun andere Probleme ins Feld geführt, die die zur Verfügung gestellten Akten auf ein Mindestmaß reduzierten. Aufgrund eines Vergleiches mit den ausführlich beschriebenen Fällen im KPMG konnte jedoch die Feststellung getroffen werden, dass die zur Verfügung gestellten Verfahren von den Ermittlungsstrukturen und -inhalten nicht abwichen. Jedoch fehlen natürlich Hinweise auf die Erledigung der Verfahren, die nicht zentraler Gegenstand dieser Untersuchung gewesen sind.

---

[15] Für Kiel lagen keine Angaben im Rahmen der KPMG vor.

Thüringen

Im Bundesland Thüringen wurde nach der Darlegung der Auftragsinhalte gegenüber dem Landesjustizministerium und dem Generalstaatsanwalt des Landes die Akteneinsicht befürwortet und von den Staatsanwaltschaften problemlos genehmigt. Auch die Unterstützung durch die bearbeitenden Staatsanwälte bei Rückfragen ist positiv hervorzuheben.

Insgesamt ist zur Genehmigung der Akteneinsicht festzustellen, dass der Wunsch auf Akteneinsicht von den Verwaltungsabteilungen der Staatsanwaltschaften – und teilweise auch von den die Insolvenzkriminalität bearbeitenden Dezernaten – zuerst eher verhalten aufgenommen wurde. Der Grund – über den später auch offen gesprochen wurde – lag darin, dass aufgrund der sehr begrenzten Personalsituation alle zusätzlichen Aufgaben eher unter dem Gesichtspunkt „Ablehnung" angegangen werden. Bei der persönlichen Schilderung der Projektinhalte – soweit die Akten zur Auswertung nicht übersandt wurden oder das gesamte Verfahren von den Verwaltungsdienststellen abgewickelt wurde – wurde jedoch einhellig dieses Forschungsprojekt als positiv und begrüßenswert eingeschätzt. Insbesondere wurde auch gebeten, auf die angespannte Personalsituation in diesem Bereich zu verweisen, da damit auch Ermittlungsprobleme und auch –defizite zusammenhängen, die man nicht nur organisatorisch lösen kann. Auch die Pläne, die Staatsanwaltschaften aus finanzpolitischen Gründen weiter in ihrem Personalbestand zu reduzieren, wurden als weitere Problemverschärfung und auch für eine wohl noch restriktivere Haltung gegenüber Forschungsanliegen gesehen.

4.1.3 Zur Repräsentativität der Stichprobe und Ausfälle

Bei der Erstuntersuchung wurden die ausgewählten Staatsanwaltschaften aufgrund der bekannten Aktenzeichen aus der damals noch geführten Statistik der „Bundesweiten Erfassung" (BWE) um Akteneinsicht gebeten. Eine ähnliche Vorgehensweise für die Replikationsuntersuchung war jedoch nicht nur wegen des Wegfalls dieser Statistik nicht möglich, sondern auch aufgrund von methodischen Vorüberlegungen. Es zeigten sich nämlich erhebliche Unterschiede in den Fallzahlen pro Bundesland im Vergleich mit den jeweiligen Insolvenzzahlen. Insoweit musste die Hypothese aufgestellt werden, dass die Polizei nicht von allen Verfahren Kenntnis erlangt und somit diese auch nicht in die PKS eingehen können. Hätte man daher nur auf die der Polizei bekannten Verfahren zurückgegriffen, so wäre eine Forschungsfrage, nämlich die unterschiedliche Beauftragung der Polizei mit Ermittlungen im Bereich der Insolvenzkriminalität, unbeantwortbar gewesen. Aus diesem Grunde musste auf den zwar methodisch nicht unproblematischen Weg zurückgegriffen werden, dass die Staatsanwaltschaften selbstständig eine Zufallsauswahl aus den abgeschlossenen Insolvenzverfahren trafen. Diese Zufallsauswahl wurde ausführlich in den Anschreiben erläutert, insbesondere auch dahingehend, dass es nicht um „angeklagte Fälle" oder besonders „interessante Fälle" und insbesondere auch nicht um Fälle geht, bei denen die Polizei sehr gut oder sehr schlecht ermittelt hat, sondern dass die Fälle eine Übersicht über das „Tagesgeschäft" der Staatsanwälte im Bereich der Insolvenzkriminalität geben sollten. In einigen wenigen Staatsanwaltschaften konnte der Projektleiter die Verfahren selbst im Archiv auswählen, sodass dort das Zufallsprinzip wohl am ehesten ohne Beeinflussung erfüllt war. Es bestand jedoch trotzdem die Gefahr, dass Verfahren für die Untersuchung „ausgewählt" wurden. Andererseits zeigt die Verfahrensstruktur – die im Folgenden dargestellt wird –, dass kein Merkmal besonders auffällig ist: weder die Beschuldigtenzahl, noch der Abschluss der Verfahren, weder die durchgeführten oder nicht durchgeführten polizeilichen Ermittlungen, weder besonders umfangreiche noch besonders einfache Fälle. Zwar könnte bei der Übersendung der Verfahren ein Augenmerk darauf gelegt worden sein, dass nur „versandfähige" Akten zur Verfügung gestellt werden, andererseits wurde bei der Mehrzahl der Staatsanwaltschaften direkt ausgewertet, sodass diesem Argument keine allzu große Bedeutung beigemessen werden sollte, zumal bei Schwerpunktstaatsanwaltschaften auch Verfahren, bei denen die Anklageschrift über 500 Seiten ausmachte, zur Auswertung zur Verfügung gestellt wurden. Insoweit könnte es leichte Verzerrungen gegeben haben, die jedoch hinsichtlich des Forschungsauftrages keine Beeinträchtigungen bedeuten. Nach der Einzelpräsentation der Ergebnisse wird dieser Gesichtspunkt noch einmal aufgegriffen, sodass hier – um Wiederholungen zu vermeiden – diese Feststellung ohne eine weitere Begründung steht.

Wie bereits angesprochen, wurden die Staatsanwaltschaften um die Bereitstellung von 20 bis 25 Akten für die Untersuchung gebeten. Von mancher Staatsanwaltschaft wurden deshalb genau die niedrigste Zahl oder „Zwischenwerte" zur Verfügung gestellt, sodass bei einer Fallzahl zwischen 20 und 25 nicht von Ausfällen gesprochen werden kann. Augenfällige Abweichungen wurden bereits im Abschnitt über die Genehmigung der Akteneinsicht angesprochen, sodass auf diesen verwiesen wird. Wie oben ausgeführt, waren die zur Verfügung gestellten Verfahren zumeist wohl zufällig ausgewählt worden als dass sie einen bestimmten „Eindruck der Ermittlungstätigkeit" erwecken sollten. Die Auswahl könnte vorerst so definiert werden, dass die ohne großen Aufwand greifbaren Verfahren übersandt wurden. Insoweit wiederum eine Zufallsauswahl – jedoch mit der Einschränkung, dass von diesen Staatsanwaltschaften wohl keine Verfahren der schweren Insolvenzkriminalität in die Untersuchung Eingang fanden. Da jedoch kein Vergleich zwischen den Arbeitsweisen der Staatsanwaltschaften ausgearbeitet werden soll, ist ein Einfluss auf die Ergebnisse des Forschungsvorhabens nicht zu erwarten[16].

Bei einigen Staatsanwaltschaften lagen jedoch insoweit Ausfälle vor – dies trifft vor allem auf die in der Tabelle 1 ausgewiesenen Staatsanwaltschaften zu, bei denen nur zwischen 15 und 20 Verfahren ausgewertet werden konnten –, dass Verfahren nur wegen eines Deliktes nach § 266a StGB geführt wurden (oftmals wurde die Verfolgung der Delikte nach § 84 GmbHG oder der §§ 283ff. StGB sofort abgetrennt und in einem weiteren Verfahren die Ermittlungen geführt) oder aber dass aufgrund von Steuerstraftaten die Strafverfolgung wegen Insolvenzdelikten unverzüglich nach § 154 StPO eingestellt wurde und somit hier gleichfalls nicht das Forschungs-

---

[16] Vergleiche dazu auch die Ausführungen hinsichtlich der Tatbestände, wegen denen Ermittlungen geführt wurden.

ziel berührt war. Einige wenige Verfahren hatten mit Insolvenzdelikten nichts zu tun, auch wenn diese Ermittlungen durch ein Insolvenzverfahren ausgelöst wurden. Dies waren z.b. Verfahren wegen § 156 StGB („Falsche Versicherung an Eides statt") oder wegen eines Autodiebstahls vom Gelände einer Firma, die bereits insolvent war. Hier lagen wohl „Registraturfehler" vor.

Eine ausführliche Abgleichung der erhobenen Verfahren mit der PKS, wie sie noch bei der Erstuntersuchung vorgenommen wurde (vgl. I: 63ff.), muss daher – wie bereits angesprochen – unterbleiben; aufgrund der gerade vorgenommenen Abwägungen kann hinsichtlich der Ermittlungssituation von einem repräsentativen Ergebnis der Untersuchung ausgegangen werden. Zu Bedenken ist in diesem Zusammenhang gleichfalls, dass durch das Forschungsprojekt überhaupt erst annähernd der Umfang der Insolvenzkriminalität bei den Staatsanwaltschaften aufgezeigt werden kann, da es – wie die statistische Analyse gezeigt hat – zu sehr unterschiedlichen Polizeibeteiligungen in den jeweiligen Bundesländern kommt. Auch aus diesem Grunde kann ein Vergleich der Stichprobe mit den Zahlen der PKS keine sinnvollen Aussagen zur Repräsentativität geben.

Auf die Methoden der Datenanalyse und der angewandten Programme wird an dieser Stelle nicht weiter eingegangen, da einmal auf die Ausführungen im Erstbericht verwiesen werden kann (vgl. I: 70ff.) und andererseits in der Zwischenzeit der Chi-Quadrattest so bekannt ist, dass eine nochmalige Erläuterung unterbleiben kann. Erwähnenswert ist jedoch, dass die Angaben aus den Akten anhand eines Eingabeprogramms direkt in den PC eingegeben wurden, sodass keine „Papiererhebung" zwischengeschaltet werden musste. Das Eingabeprogramm musste sich dabei in seiner Grobstruktur an der Erstuntersuchung orientieren, da ansonsten der Replikationscharakter verloren gegangen wäre. Dort wo es sinnvoll erschien und wo neue Fragestellungen vorlagen, wurde natürlich davon abgewichen oder zusätzliche Gesichtspunkte wurden aufgenommen. Einige wenige noch in der Erstuntersuchung erhobene Daten wurden nicht mehr ausgewertet, da die kriminologische Forschung deren Sinnhaftigkeit nicht mehr annimmt. Dieser Punkt wird jedoch im Rahmen der Ergebnisdarstellung speziell angesprochen werden. Abschließend sei noch auf das Problem von Kodierfehlern eingegangen, die jedoch durch Eingabegrenzen maßgeblich begrenzt werden konnten. Bei einer anschließenden Eingabekontrolle – wie z.B. hinsichtlich des Alters – konnte der Gesichtspunkt des „greisenhaften" oder „im Babyalter" agierenden Geschäftsführers korrigiert werden. Datenfehler, die statt eines Alters von 36 Jahren zu dem von 46 Jahren führten, sind jedoch nicht auszuschließen, haben aber auch keinerlei Einfluss auf die Ergebnisse (dazu weitere Ausführungen bei der Präsentation der Ergebnisse).

Ein Pre-Test des Auswertungsprogramms konnte bereits im Rahmen einer Machbarkeitsstudie vorgenommen werden, sodass im Rahmen dieser Replikationsuntersuchung darauf zurückgegriffen wurde. So kann in diesem Zusammenhang auf diese Machbarkeitsstudie verwiesen werden (vgl. Liebl 2004).

Die Daten wurden – soweit sinnvoll – durch das bekannte sozialwissenschaftliche Auswertungsprogramm SPSS ausgewertet und die methodischen Tests damit vorgenommen.

Die nun folgende Darstellung orientiert sich an der Datenpräsentation des Erstberichtes, auch wenn die Reihenfolge dort nicht unumstritten ist. Andererseits wurden aufgrund der zusätzlichen Forschungsfragen neue Abschnitte aufgenommen und auch Kapitel der Erstuntersuchung umgestellt und verändert, wenn diese nur so für diesen Bericht eine sinnvolle Präsentation der Ergebnisse zuließen. Hinsichtlich der Begründung für die „Grobgliederung" der Ergebnisdarstellung sei daher auf die Ausführungen im Erstbericht verwiesen (vgl. I: 73ff.).

4.2 Ergebnisse der Aktenanalyse 2006 im Vergleich mit der Erstuntersuchung

Einleitend ist zu den folgenden Ausführungen zu bemerken, dass ein Vergleich zwischen den alten und neuen Bundesländern in einem späteren Kapitel erfolgt. In diesem Abschnitt werden die Ergebnisse der vorliegenden Untersuchung mit den Ergebnissen der Erstuntersuchung aus dem Jahre 1992 verglichen und bewertet. Es erfolgen nur dort Hinweise auf den später durchgeführten Vergleich, wenn ein solcher zur Interpretation der vorliegenden Zahlen unbedingt notwendig erscheint.

4.2.1 Verfahrensentstehung

Die Aussage im Erstbericht (vgl. I: 78f.), dass Insolvenzdelikte in ihrer überwiegenden Mehrzahl zunächst der Staatsanwaltschaft bekannt werden, kann nach den Ergebnissen der Replikationsstudie sogar noch erweitert werden dahingehend, dass fast alle Verfahren bei der Staatsanwaltschaft entstehen. Waren es in der Erstuntersuchung noch 6,3% der Verfahren, die bei der Polizei als Erstbehörde anhängig wurden, so waren es im Jahre 2006 nur noch 2,6 % (vgl. Tabelle 4).

Tabelle 4: Verfahrensentstehung

Behörde	1992		2006	
	Abs.	%	Abs.	%
Polizei	24	6,3	21	2,6
Staatsanwaltschaft	346	90,8	771	97,0
Nicht feststellbar	11	2,9	3	0,4
		100,0	795	100,0

Rundungsdifferenzen

Ebenfalls wie schon in der Erstuntersuchung kann auch jetzt darauf verwiesen werden, dass der Hauptgrund für die Verfahrensentstehung die Mizi-Mitteilungen[17] sind. Zu berücksichtigen ist dabei, dass bei zahlreichen Verfahren, die durch eine Anzeige entstanden sind, später auch noch die Mizi-Mitteilung einbezogen wurde. In wenigen Fällen der vorliegenden Untersuchung kam es bei Verfahren, die auf eine Anzeige zurückgingen, zu einer „Doppelverfolgung", da später festgestellt wurde, dass bereits ein Verfahren wegen der Mizi-Mitteilung eingeleitet worden war. Insoweit ist die Zahl der

---

[17] Mizi-Mitteilungen: „Anordnung über Mitteilung in Zivilsachen"

Verfahren durch Mizi-Mitteilungen in der Praxis wohl noch wesentlich höher, als es die Zahlen in der Tabelle 5 wiedergeben.

Wurde daher in der Erstuntersuchung festgestellt, dass die Mizi-Mitteilung den Schwerpunkt für die Einleitung eines Ermittlungsverfahrens darstellt, so kann dies auch so für die Replikationsuntersuchung konstatiert werden.

Zur nachfolgenden Darstellung der Ergebnisse hinsichtlich des Grundes für die Verfahrensentstehung ist noch zu erwähnen (Tabelle 5), dass für die Replikationsuntersuchung die Werte unterschiedlich prozentuiert wurden. Dies hat seinen Grund darin, dass in manchen Verfahren – wie bereits erwähnt – eine Anzeige zusammen mit einer Mizi-Mitteilung den Verfahrensbeginn darstellt. Da hier nicht entschieden werden konnte, welcher Hinweis der „Auslöser" gewesen ist, wurden beide Vorgänge aufgeführt und dies dann bei der Berechnung der Prozentanteile berücksichtigt. Wie sich jedoch zeigt, ergeben sich dadurch nur minimale Änderungen, sodass die Unterschiede nicht weiter von Bedeutung sind.

Tabelle 5: Grund für die Verfahrensentstehung

Grund	1992		2006		
	Abs.	%	Abs.	% a. V.*	% a. N.*
Auswertung von Presseartikeln	6	1,6	1	0,1	0,1
Anonymer Hinweis	12	3,1	4	0,5	0,5
Anzeige	70	18,4	225	28,3	27,6
Mizi-Mitteilung***	262	68,8	536	67,4	65,8
Feststellung bei anderen Maßnahmen**	6	1,6	9	1,1	1,1
Abgabe von anderen StA/Behörden***	3	0,8	17	2,1	2,1
Abtrennung	15	3,9	23	2,9	2,8
Nicht feststellbar	7	1,8	0	-	-
Gesamt*	381	100,00	815	102,4	100,0

Vgl. I: 79; Rundungsdifferenzen
*) %-Angaben 2006 beziehen sich in der Spalte „V" auf die ausgewertete Verfahrenszahl, in der Spalte „N" auf „Nennungen" (siehe dazu die Ausführungen im Text).
**) Speziell durch und bei Zivilgerichtsverhandlungen sowie durch Insolvenzrichter.
***) Die Sondersituation „Passau" wird hier nicht berücksichtigt (vgl. die Textausführungen).

Auffallend ist beim Vergleich mit der Erstuntersuchung, dass Auswertungen von Presseinformationen überhaupt keine Rolle mehr spielten[18] und auch die anonymen Hinweise sehr zurückgegangen sind. Beim ersten Gesichtspunkt könnte die Personalsituation eine Rolle spielen; hinsichtlich des zweiten Punktes fehlen jegliche Erkenntnisse.

Ein Hinweis muss noch hinsichtlich der Rubrik „von anderen StA oder Behörden abgegeben" erfolgen. In diesen Zahlen sind die Verfahren der Staatsanwaltschaft Passau nicht enthalten, obwohl die Ermittlungen durch die Staatsanwaltschaft Landshut geführt wurden und an die Staatsanwaltschaft Passau abgegeben wurden. Die Verfahren wurden für die Sitzungsvertretung vor den Gerichten im Bezirk der Staatsanwaltschaft Passau, z.B. bei Einspruchsverfahren, an diese abgegeben. Dies wurde jedoch erst im Laufe der Auswertung bekannt, sodass die Verfahrenszahlen so Eingang in diese Tabellen fanden, als wenn sie von der Staatsanwaltschaft Passau komplett durchermittelt worden wären. Eine Beeinflussung der Forschungsergebnisse erfolgt dadurch nicht.

Weiter fällt bei den Ergebnissen auf, dass die Anzeigen als Grund für die Verfahrensentstehung gegenüber der Erstuntersuchung um fast 10 %-Punkte angestiegen sind. Wie noch gezeigt werden wird, geht dies auf spezielle Staatsanwaltschaftsbezirke zurück, in denen wohl die Zivilgerichte die Möglichkeit einer Durchgriffshaftung im Zivilverfahren bei GmbH-Geschäftsführern mehr gläubigerorientiert vertreten. Da dafür oftmals – kurz gesagt – eine strafrechtliche Verfolgung von GmbH-Geschäftsführern vorteilhaft ist, liegt darin wohl der Hauptgrund für den Anstieg der Anzeigen als Verfahrensbeginn.

Bei der Detailanalyse der Anzeigen zeigte sich, dass sich die „Anzeigestruktur", d.h. wer eine Anzeige wegen Insolvenzdelikten veranlasst hat, nicht sehr stark verändert hat. Eine Änderung ergab sich hinsichtlich der Anzeigen durch Arbeitnehmer (AN); diese wurden in der Erstuntersuchung nicht speziell ausgewiesen. Insbesondere wenn man berücksichtigt, dass sie in der Erstuntersuchung in der allgemeinen Kategorie enthalten waren, so

---

[18] Der eine Fall geht auf die Tatsache zurück, dass der Staatsanwalt in der Zeitung las, dass eine Firma, die er mit Arbeiten beauftragt hatte, ihre Tätigkeit eingestellt hat und er dies zum Anlass nahm, ein Ermittlungsverfahren einzuleiten.

bestätigt dies die oben getätigte Annahme, dass die Durchsetzung von zivilrechtlichen Ansprüchen mittels einer Strafanzeige wohl zugenommen hat.

Tabelle 6: Detailanalyse der Verfahrensentstehung

Grund	1992*		2006			
	Abs.	%	Abs.	% a. V.**	% a. N.**	% v. HK.**
Anzeige	70	(18,4)	225	28,3	27,6	
- davon durch Geschäftstätigkeit Geschädigte	51	72,9	161	20,3	19,8	71,6
- davon durch Krankenkasse	9	12,9	25	3,1	3,1	11,1
- davon durch InsoV	7	10,0	15	1,9	1,8	6,7
- davon durch Arbeitnehmer	-	-	24	3,0	2,9	10,7
Mizi-Mitteilung	272	(68,8)	536	67,4	65,8	
- davon bei Haftbefehl / e.V.	83	30,5	32	4,0	3,9	6,0

Vgl. I: 79f.; Rundungsdifferenzen
*) %-Angaben beziehen sich auf Nennungen; Wert in Klammer bezieht sich auf Verfahren.
**) % a. V. = %-Angaben beziehen sich auf Verfahren; % a. N. = %-Angaben beziehen sich auf Nennungen;
% v. HK. = %-Angaben beziehen sich auf die jeweilige Kategorie/Ausprägung; InsoV = Insolvenzverwalter / e.v. = eidesstattliche Versicherung über das Vermögen.

Im Gegensatz zur Erstuntersuchung fällt hinsichtlich des Grundes für die Mizi-Mitteilung ein wesentlicher Unterschied auf. Waren noch in der Erstuntersuchung fast 30,5 % der Mizi-Mitteilungen aufgrund von Haftbefehlen oder der Abgabe der Eidesstattlichen Versicherung (e.V.) erfolgt, so spielte dieser Umstand in der Replikationsuntersuchung mit einem 6 %-Anteil nur noch eine marginale Rolle. Der Grund ist darin zu suchen, dass die Staatsanwaltschaften wegen der großen Zahl von Insolvenzen wohl personell nicht mehr in der Lage sind, auch noch eine umfangreiche Überprüfung im AR-Verfahren bei anderen Mizi-Mitteilungsgründen vorzunehmen. Verfahren, die dennoch auf solche Mizi-Mitteilungen zurückzuführen sind, wurden deshalb eingeleitet, da entweder dazu bereits Anzeigen erstattet wurden oder aber sich die Mitteilungen bezüglich eines Unternehmens häuften oder die für das Unternehmen verantwortlich zeichnende Person bereits einschlägig bekannt gewesen war. Diese Situation ist jedoch für eine effektive „Bekämpfung der Wirtschaftskriminalität" sehr unbefriedigend, da im Sinne eines Gläubigerschutzes hier auf rechtzeitige Maßnahmen, also die Einleitung von Ermittlungen, verzichtet wird oder werden muss und somit Personen die Möglichkeit haben, noch monate- oder jahrelang Geschäftspartner oder Kunden finanziell zu schädigen, bevor dies verhindert wird.

4.2.1.1 Verfahrensentstehung im Vergleich

In den hier jeweils vorgenommenen Vergleichen geht es nicht um eine Beurteilung der unterschiedlichen Ländergruppen, Staatsanwaltschaften oder Ermittlungsmaßnahmen, sondern um die Überprüfung, ob eventuell unterschiedliche Ermittlungskulturen ersichtlich sind. Diese können ihren Ursprung in einer unterschiedlichen Häufigkeit der Delikte, einer unterschiedlichen Bewertung aber auch in unterschiedlichen Ermittlungsstrategien haben. Zu einer grundsätzlichen Beurteilung gehört dazu auch die Verfahrensentstehung, die jedoch zweckmäßigerweise nur auf Länderebene verglichen werden soll.

Insbesondere erschien es sinnvoll, eventuelle unterschiedliche Gegebenheiten in den alten und neuen Bundesländern zu untersuchen, da die Rahmenbedingungen in den neuen Bundesländern eine sog. „Transfergesellschaft" repräsentieren, sodass aus diesem Grunde spezielle unterschiedliche Bearbeitungsstrukturen etc. vorliegen könnten (vgl. dazu mit weiteren Literaturnachweisen Liebl 2006; Franz 1995; Peters 1995). Natürlich kann bei einem solchen Vergleich der Einwand kommen, dass doch zahlreiche Staatsanwälte aus den alten Bundesländern gekommen sind und sie somit auch die „Ermittlungskultur" übertragen haben. Dies ist jedoch nur einer der Faktoren. In den neuen Bundesländern leben Menschen, die einen gesellschaftlichen Transfer von einer sozialistischen hin zu einer kapitalistischen Gesellschaft erlebt haben. Die wirtschaftlich Handelnden sind nicht nur aus den alten Bundesländern gekommen, sondern die neuen Möglichkeiten wurden auch durch die Wohnbevölkerung genutzt. Die Ermittlungsorgane sind zwar von den alten Bundesländern unterstützt worden, trotzdem musste sich der

Großteil der an den Ermittlungsverfahren beteiligten Personen mit einem neuen Wirtschaftssystem auseinandersetzen und bisher praktiziertes oder vorhandenes Wissen konnte nicht in den neuen Gegebenheiten angewandt werden. Diese wenigen Hinweise sollen an dieser Stelle genügen. Sie zeigen jedoch auf, dass ein solcher Vergleich nach Ablauf von ca. 15 Jahren nach der Änderung der gesellschaftlichen Verhältnisse überfällig und notwendig ist (vgl. dazu weiter Liebl 2006).

Tabelle 7: Verfahrensentstehung

Behörde	Alte Bundesländer		Neue Bundesländer		Gesamt	
	Abs.	%.	Abs.	%	Abs.	%
Bei Polizei	11	2,4	10	2,9	21	2,6
Bei Staatsanwaltschaft	435	96,9	336	97,1	771	97,0
Nicht feststellbar*	3	0,7	-	-	3	0,4
Gesamt	**449**	**100,0**	**346**		**795**	**100,0**

Rundungsdifferenzen; *) Bei Abtrennungen

Vergleicht man die Verfahrensentstehung zwischen den alten und neuen Bundesländern, so fällt nur die geringfügig höhere Anzahl der Verfahren in den neuen Bundesländern auf, die durch eine Strafanzeige bei den Polizeidienststellen ihren Ausgang nahm. Die Unterschiede sind jedoch prozentual so minimal, dass man hieraus keine weiteren Schlüsse ableiten und somit die Feststellung treffen kann, dass hinsichtlich der Verfahrensentstehung bei der Insolvenzkriminalität sich die alten und neuen Bundesländer nicht unterscheiden.

Tabelle 8: Grund für die Verfahrensentstehung im Vergleich

Grund	Alte Bundesländer		Neue Bundesländer		Gesamt	
	Abs.	%.	Abs.	%	Abs.	%
Auswertung von Presseartikeln	0	0	1	0,3	1	0,1
Anonymer Hinweis	1	0,2	3	0,8	4	0,5
Anzeige	136	29,4	89	25,2	225	27,6
Mizi-Mitteilung	298	64,5	238	67,4	536	65,8
Feststellung bei anderen Maßnahmen	7	1,5	2	0,6	9	1,1
Abgabe von anderen StA / Behörden	8	1,7	9	2,5	17	2,1
Abtrennung	12	2,6	11	3,1	23	2,8
Gesamt	462	100,0	353	100,0	815	100,0

Rundungsdifferenzen

Auch der Vergleich der Verfahrensentstehungsgründe bringt keinen deutlichen Unterschied hervor. Dies liegt aber auch daran, dass die Mizi-Mitteilungen den Löwenanteil bei der Verfahrensentstehung stellen. Erwähnt werden muss an dieser Stelle jedoch, dass bei den Staatsanwaltschaften der neuen Bundesländer oftmals Anzeigen und Mizi-Mitteilungen nicht in einem Verfahren zusammengefasst werden, sondern aus einer Anzeige und einer Mizi-Mitteilung in der Regel zwei Verfahren entstehen. Diese werden zwar häufig im weiteren Ermittlungsgang dann zu einem Verfahren verbunden, es kommt jedoch auch in einem größerem Umfang zu „Doppelermittlungen". Hier könnte also ein „verfahrenstechnischer Effekt" zu diesem – jedoch geringfügigen – statistischen Unterschied führen.

Letztendlich verbleibt noch die Detailanalyse hinsichtlich der Struktur der Anzeigen und Mizi-Mitteilungen. Hier fallen zwei Punkte auf: Einmal liegen in den neuen Bundesländern weniger Anzeigen von Geschädigten vor, wobei dafür der bereits angeführte Grund der Verfahrensaufteilung ausschlaggebend sein könnte. Andererseits ist der Anteil der Anzeigen von Arbeitnehmern auffallend höher, wobei hier noch die Rechtssituation in der DDR nachwirken könnte, wo mit der Tätigkeit der Staatsanwaltschaft auch ein finanzieller Ausgleich verbunden war. Dies zeigt sich auch in den Schriftsätzen der geschädigten Arbeitnehmer, wenn immer wieder die Frage auftaucht, wann sie denn nun ihren „verdienten" Arbeitslohn erhalten würden. Insbesondere auch immer dann, wenn die Situation eintritt, dass der Geschädigte der Ansicht ist, dass er doch bereits dem Staatsanwalt den Nachweis erbracht habe, dass ihm der Arbeitslohn zustehen würde. Auch wenn die beiden Unterschiede im Vergleich auffallen ist insgesamt jedoch festzustellen, dass diese eher nur eine „Anmerkung" wert sind, als dass sie auf eine tatsächlich unterschiedliche Verfahrensentstehung hinweisen würden.

Tabelle 9: Detailanalyse der Verfahrensentstehung im Vergleich

Grund	Alte Bundesländer		Neue Bundesländer		Gesamt	
	Abs.	%*	Abs.	%*	Abs.	%*
Anzeige durch Geschädigte	107	23,2	54	15,3	161	19,8
Anzeige durch KK	13	2,8	12	3,4	25	3,1
Anzeige durch Insolvenzverwalter	10	2,2	5	1,4	15	1,8
Anzeige durch AN	5	1,1	19	5,4	24	2,9
Mizi-Mitteilung wegen Haftbefehl oder e.V.	24	5,2	8	2,3	32	3,9
*Gesamt**	*462*	*100,0*	*353*	*100,0*	*815*	*100,0*

*) %-Angaben beziehen sich auf Gesamt-N von Tabelle 8

4.2.2 Die polizeiliche Ermittlungstätigkeit

Die Ermittlungstätigkeiten der Polizei werden in den folgenden Abschnitten eine zentrale Rolle spielen. Einleitend seien daher einmal die Eckdaten als Überblick vorangestellt. In der Erstuntersuchung war in 60,8 % der Verfahren die Polizei in Ermittlungen eingeschaltet worden (vgl. I: 80). In der hier vorgestellten Replikationsstudie war dies noch in 403 Fällen = 50,7 % der Fall. Für diesen 10 %-igen Rückgang ist einmal der sog. Anlass des polizeilichen Tätigwerdens verantwortlich: Da die meisten Verfahren durch eine Mizi-Mitteilung an die Staatsanwaltschaft entstehen, ist der Teil der Ermittlungsverfahren, der seinen Anfang bei der Polizei nimmt, verschwindend gering. Es handelt sich hierbei zumeist um Strafanzeigen – insbesondere in Fällen, bei denen sich Arbeitnehmer um ihre Entlohnung gebracht fühlen.

Andererseits ging auch in vielen Staatsanwaltschaften die Beteiligung der Polizei im Ermittlungsverfahren auf quasi „Null" zurück, d.h. die Polizei erfährt nicht einmal mehr davon, dass ein Ermittlungsverfahren läuft. Dieser Gesichtspunkt wird noch in der weiteren Darstellung der Ergebnisse ausführlich aufgegriffen, sodass dieser Hinweis vorerst genügen sollte.

Im Bericht der Erstuntersuchung wird zur Tätigkeit der Polizei im Ermittlungsverfahren ausgeführt, dass diese „innerhalb des Verfahrensablaufs sehr viel öfter tätig" wird (I: 80). „Hier deutet sich somit bereits die Hauptrolle der Polizei in der momentanen Verfahrensstruktur an: sie wird zu einem relativ späten Zeitpunkt von der Staatsanwaltschaft als deren Hilfsbehörde eingesetzt." (I: 80f.) Weiter wird dort ausgeführt, dass die Polizei in 21,2 % aller Fälle mit der Durchführung der Ermittlungen beauftragt wird, in 6,7 % der Fälle „arbeitet sie einzelne Aufträge nach einer Checkliste ab, was in aller Regel ebenfalls einen relativ weiten Spielraum gewährt." (I: 81) Nach den Ergebnissen der Erstuntersuchung ergab sich ein Anteil von 37,7 % an den Verfahren, in denen die Ermittlungstätigkeit der Polizei „weitgehend weisungsunabhängig vorgeht und damit einen nicht unerheblichen Einfluss auf den Fortgang des Verfahrens ausübt." (I: 81) Ausgehend von diesen Aussagen zur Erstuntersuchung sind die Ergebnisse der Replikationsuntersuchung zu bewerten.

4.2.2.1 Ermittlungsauftrag und Ermittlungstätigkeit

Für die Replikationsuntersuchung war neben der in der Erstuntersuchung angewandten Aufteilung der allgemeinen Einordnung des Tätigwerdens der Polizei in vier Gruppen auch noch notwendig zu berücksichtigen, dass es in einigen Bundesländern im Bereich der Insolvenzkriminalität nun zur Einrichtung von WESP-Ermittlungsgruppen gekommen ist.[19] Diese besondere Form der Ermittlungsführung – die auch später noch gesondert in einem Vergleich dargestellt wird – wird jedoch erst im Rahmen der speziellen Ermittlungshandlungen separat ausgewiesen.

Wie die Tabelle 10 ausweist, ergaben sich einige nicht unerhebliche Unterschiede zur Erstuntersuchung. So gingen – was bereits hinsichtlich des Verfahrensbeginns ausgeführt wurde – die Ermittlungen aufgrund „eigener Kenntniserlangung" wesentlich zurück. Leicht zurückgegangen sind auch die Ermittlungsaufträge mittels einer „Checkliste". Leicht angestiegen sind die allgemeinen Ermittlungsaufträge und auffällig zugenommen haben die speziellen Ermittlungsaufträge. Trotzdem verfälscht die Tabelle 10 das Bild über die Ermittlungstätigkeiten der Polizei bei Insolvenzkriminalität. Wie in der Vergleichsdarstellung gezeigt werden wird, kommt es zur Offenlegung von sehr unterschiedlichen Ermittlungstätigkeiten in den einzelnen Bundesländern und insbesondere auch bei einem Vergleich der WESP-Bundesländer mit den anderen.

Tabelle 10: Anlass für die polizeiliche Tätigkeit*

Beauftragung durch	1992		2006	
	Abs.	%	Abs.	%
Eigene Kenntniserlangung	23	10,0	21	3,6
Ermittlungsauftrag der StA (allgemein)**	49	21,2	133	22,8
Ermittlungsauftrag der StA mittels Checkliste	15	6,5	33	5,7
Spezieller Ermittlungsauftrag (wie Beschuldigtenvernehmung)	143	61,9	396	67,8
Nicht ersichtlich***	1	0,4	1	0,2
Gesamt-N	231	100,0	584	100,0

Vgl. I: 81; Rundungsdifferenzen

---

[19] Wirtschaftsermittlungsgruppe Staatsanwaltschaft - Polizei

*) Es können pro Verfahren mehrere – auch unterschiedliche – Ermittlungsaufträge an die Polizei ergangen sein, daher beziehen sich die Angaben für 2006 auf Anzahl der Beauftragungen.
**) Bei WESP-Beauftragung können noch nachträglich spezielle Ermittlungsaufträge erfolgt sein, die gleichfalls gezählt wurden.
***) Sog. „Dubloakten", bei denen handschriftliche Vermerke nicht mehr lesbar waren.

Anzumerken ist in diesem Zusammenhang, dass durch die Polizei nicht immer alle von den Staatsanwälten gewünschten Ermittlungen durchgeführt wurden. Insoweit stellen die Angaben in der Tabelle 10 auch nur ein – so könnte man sagen – „Wunschermittlungsauftragsprogramm" dar. Weiterhin darf auch nicht unberücksichtigt bleiben, dass Ermittlungsergebnisse zu einer Änderung der Ermittlungsrichtung führen können und somit Ermittlungsaufträge hinfällig werden. Die gravierendsten Fälle waren im Rahmen der Replikationsuntersuchung diejenigen, bei denen sich die Ermittlungen gegen Geschäftsführer richteten, die bereits vor längerer Zeit ausgeschieden waren und dies auch im Handelsregister eingetragen war. Erst im Laufe des Ermittlungsverfahrens wurde dieser Umstand festgestellt und somit wurden natürlich bestimmte Ermittlungsaufträge – bis hin zu Durchsuchungsbeschlüssen – hinfällig.

Was waren nun die wesentlichen Ermittlungsmaßnahmen? Dies lassen sich – wie in der Erstuntersuchung – zwar in Kategorien zusammenfassen, die Durchführung und Vornahme der Ermittlungshandlungen können sich jedoch sehr stark unterscheiden. Man betrachte dazu nur den Vorgang der Beschuldigtenvernehmung. Ohne eine Vollständigkeit der Unterschiede aufzeigen zu wollen, lassen sich folgende „Ausführungssituationen" feststellen:

- Beschuldigter lässt nichts von sich hören und die Verfahrensakte geht „unerledigt" an die Staatsanwaltschaft zurück.
- Beschuldigter teilt mit, dass er kommt. Er lässt dann aber nichts mehr von sich hören und es tritt die gerade geschilderte Situation ein.
- Beschuldigter bittet ein- oder mehrmals um Terminverlegung, lässt dann aber nichts mehr von sich hören. Es tritt wiederum die zuerst geschilderte Situation ein.

- Beschuldigter teilt mit, dass er einen Rechtsanwalt mit der Wahrnehmung seiner Interessen beauftragen wird.
- Beschuldigter kommt und sagt aus.
- Beschuldigter kommt und sagt zuerst nicht aus; will jedoch später dann doch aussagen.
- Beschuldigter kommt und will sich dann nur über einen Rechtsanwalt äußern.
- Beschuldigter kommt und will sich dann nur über einen Rechtsanwalt äußern, teilt aber am nächsten Tag (pp.) mit, dass er nun doch aussagen will. Dabei gibt es dann wiederum mehrere Versionen für den weiteren Verlauf.
- Es wird festgestellt, dass der Beschuldigte nicht mehr unter der Wohnanschrift ansässig ist. Die Akte muss zur Beschuldigtenvernehmung versandt werden, wobei es hier auch zu einer mehrmaligen Versendung kommen kann. Gleichzeitig können sich dann auch die eingangs aufgeführten Variationen des Aussageverhaltens abspielen.
- Der Wohnsitz des Beschuldigten kann nicht festgestellt werden. Er wird daher zur Aufenthaltsermittlung ausgeschrieben. Danach können sich neben den bereits angesprochenen Varianten noch weitere ergeben, z.B., dass der Wohnsitz dadurch festgestellt wird, dass der Beschuldigte bei einer Einreise oder anderen Verhaltensweisen erkannt wird oder dass bekannt wird, dass der Beschuldigte bereits in einer Justizvollzugsanstalt eine Strafe „absitzt" und er deshalb keinen anderen Wohnsitz mehr hat (gerade der letztere Fall wurde mehrfach – speziell bei sog. „Firmenbestatterfällen" – angetroffen).
- Letztendlich könnte auch der Beschuldigte seinen Wohnsitz ins Ausland verlegt haben und somit weitere – vereinfacht gesagt – arbeitsökonomische Probleme verursachen.

Die Liste erhebt – wie bereits ausgeführt – keinen Vollständigkeitscharakter, sie soll nur zeigen, dass sich die kategorisierten Ermittlungshandlungen in der praktischen Ausführung sehr unterschiedlich gestalten können, was auf den Fortgang des Verfahrens und speziell auch auf die Ermittlungsdauer natürlich Auswirkungen hat. Zwar werden sich die „Regelfälle" eher in wenigen der o. a. Möglichkeiten einordnen lassen, es zeigt sich dadurch jedoch, dass die Kategorisierungen bei einer Beurteilung des Arbeitsaufwandes problematisch sein können.

Auch in der Tabelle 11 werden wesentliche Unterschiede zur Erstuntersuchung offensichtlich. Stark zurückgegangen sind die Vernehmung von Geschädigten, das Anlegen von Personalbögen und die Sicherstellungen. Einen leichten Rückgang ergab sich bei den Durchsuchungen bei den Beschuldigten oder bei Dritten. Als Gründe für diese Rückgänge konnte aus den Verfahren und den Interviews ermittelt werden:

- In der Erstuntersuchung wurden noch in zahlreichen Verfahren die Gläubiger eines Insolvenzverfahrens angeschrieben um zu prüfen, ob sie eventuell betrügerisch geschädigt wurden. Diese Vorgehensweise konnte nur bei wenigen Verfahren – die oftmals auch bereits eine längere Zeit anhängig waren – noch festgestellt werden.
- Die Rechtsprechung beim Tatbestand des Betruges hat sich in den vergangenen Jahren wesentlich verändert, sodass sich der Nachweis einer Betrugshandlung gerade in einer längerfristigen Geschäftsverbindung oftmals nicht nachweisen lässt und es ermittlungstechnisch wenig Sinn macht, solche umfassenden „Befragungen" durchzuführen.
- Die Daten der Beschuldigten werden heute überwiegend über die Einwohnermeldeämter erhoben und nur bei mangelhaften oder unmöglichen Rückmeldungen wird noch die Polizei mit der Erhebung der Beschuldigtendaten beauftragt.
- Der Anteil der Durchsuchungsaufträge ist wohl aus dem Grund zurückgegangen, dass die gesamten Geschäftsunterlagen durch den Insolvenzverwalter bereits gutachterlich aufgearbeitet wurden, sodass eine nochmalige Sichtung und Auswertung – auch

aufgrund der Personalsituation – nicht mehr opportun erschien. Für eine Bearbeitung der Fälle reichen die Angaben in den Insolvenzgutachten völlig aus. Insoweit wird diese Maßnahme nur noch von ganz wenigen Staatsanwaltschaften regelmäßig und von anderen nur bei weiter dazu vorliegenden Gründen angewandt, was dazu führt, dass die Anzahl solcher Ermittlungsaufträge an die Polizei wesentlich zurückgegangen sind.

Tabelle 11: Ermittlungshandlungen der Polizei (Mehrfachangaben)

Ermittlungshandlung	1992*		2006*	
	Abs.	%	Abs.	%
Beschuldigtenvernehmung**	184	33,5	550	52,8
Geschädigtenvernehmung	59	10,7	16	1,5
Rückfragen bei Geschädigten	-	-	5	0,5
Zeugenvernehmung	67	12,2	130	12,5
Durchsuchung bei Beschuldigten	46	8,4	61	5,9
Durchsuchung bei Dritten	14	2,5	8	0,8
Sicherstellung	36	6,6	13	1,2
Einholen / Erstellung von Gutachten	2	0,4	5	0,5
Beiziehung von Akten, schriftliche Anfragen	91	16,6	176	16,9
- darunter in WESP-Verfahren	-	-	95	9,1
Auswertung von Unterlagen	-	-	3	0,3
Nur Anlegen eines Personalbogens	34	6,2	15	1,4
Sonstiges***	16	2,9	59	5,7
Gesamt	549	100,0	1.041	100,0

Vgl. I: 82; Rundungsdifferenzen
*) %-Angaben beziehen sich auf Nennungen.
**) Bezieht sich auch auf Vorladungen (wenn also der Beschuldigte nicht zur Vernehmung erschien). Bei mehreren Beschuldigten pro Verfahren wurden diese getrennt gezählt.
***) Wie z.B. „Unterlagen sortieren"; KfZ-Suche; KfZ-Zulassung; Informationseinholung über Gesellschaft; Ermittlung des Anzeigenden; Computeranalyse, Projektbeobachtung; Aufenthaltsermittlung

Deutlich wird dies auch in der Tabelle 12, die die Zahl der vernommenen Geschädigten wiedergibt. Es zeigt sich, dass der Hauptteil der Vernehmung von Geschädigten auf einige umfangreiche Verfahren mit einer großen Zahl von Opfern entfiel. Die beiden Kategorien „1" bzw. „2-5" beziehen sich nur auf Verfahren, bei denen Arbeitnehmer Anzeige wegen der Nichtzahlung ihrer Löhne oder Gehälter erstatteten und oftmals die Anzeigenschilderung so ungenau war, dass hier Nachfragen notwendig wurden. Insoweit auch eine weitere Bestätigung der Hinweise auf die Unterschiede zur Erstuntersuchung.

Gleich geblieben sind die „Beiziehung von Akten/Unterlagen" und die „Zeugenvernehmungen". Bei der ersteren Angabe ist jedoch zu bedenken, dass die Hälfte der Angaben auf die WESP-Verfahren entfielen, sodass auch diese Ermittlungsaufgabe bei den anderen Staatsanwaltschaften eher stark zurückgegangen ist. Hier sei gleichfalls auf den in einem späteren Kapitel noch vorgenommenen Vergleich verwiesen. Bei der Zeugenvernehmung war keine Anteilsveränderung festzustellen und auch die Tabelle 13, die die Zahl der vernommenen Zeugen wiedergibt, zeigt zur Erstuntersuchung nur einen Anstieg bei den Fällen auf, in denen mehr als 5 Zeugen vernommen wurden. Daraus jedoch irgendwelche Schlüsse hinsichtlich der Ermittlungspraxis zu ziehen, erscheint nicht opportun.

Tabelle 12: Anzahl der vernommenen Geschädigten

Anzahl	1992		2006	
	Abs.	%	Abs.	%
1	14	23,7	5	31,3
2 bis 5	26	44,1	4	25,0
>5	7	11,9	7	43,8
k.A.	12	20,3	0	0
Gesamt	59	100,0	16	100,0

Vgl. I: 83; Rundungsdifferenzen

Tabelle 13: Anzahl der vernommenen Zeugen

Anzahl	1992		2006	
	Abs.	%	Abs.	%
1	36	51,4	75	42,1
2 bis 5	28	40,0	62	34,8
> 5	6	8,6	41	23,0
Gesamt	70	100,0	178	100,0

Vgl. I: 84; Rundungsdifferenzen

Stark angestiegen ist jedoch die Ermittlungshandlung der Beschuldigtenvernehmung (vgl. Tabelle 11). In vielen Fällen reduziert sich sogar der gesamte Anteil der polizeilichen Ermittlungshandlung bei der Insolvenzkriminalität auf diese Tätigkeit. Daraus ergeben sich weit reichende Auswirkungen auf die Beurteilung der Strafverfolgung in diesem Bereich, wobei auf diesen Gesichtspunkt gleichfalls noch eingegangen werden wird. Schwachpunkte sind hier, dass oftmals der Polizei bei der Vernehmung die Verfahrenshintergründe unbekannt sind (es wird kurz vor dem Vernehmungstermin die Akte durchgesehen) und so die Vernehmung nicht sehr aufschlussreich ausfällt. Damit entsteht wiederum eine Unzufriedenheit bei den Staatsanwaltschaften über die Qualität der Ermittlungsarbeit der Polizei. Da die Beschuldigten vielfach gar nicht mehr zu einer Vernehmung kommen, wird diese Unzufriedenheit noch verstärkt. Die Ermittlungstätigkeit wird dadurch nicht „beliebter" und die Vorbereitung noch kürzer; bei den Staatsanwaltschaften entsteht der Eindruck, dass die Polizeivollzugsbediensteten bewusst auf die Möglichkeit „Sie müssen nicht aussagen" hinweisen und somit hier nur eine „Zeitverschwendung" im Ermittlungsverfahren gesehen wird.

Die in der Erstuntersuchung ausgewiesenen „Auswertungen von Unterlagen Dritter" kamen in der neuen Studie nur noch sehr eingeschränkt vor (vgl. I: 85ff.). Die Werte in der Tabelle 11 (vgl. auch Tabelle 14) beziehen sich zu fast 50 % auf die sog. WESP-Verfahren und es musste so ein erheblicher Rückgang dieses Tätigwerdens bei den übrigen Ermittlungsverfahren festgestellt werden. Wobei eine Aufteilung wie noch im Erstbericht wenig sinnvoll erscheint, da bei den WESP-Verfahren normalerweise alle relevanten Unterlagen, wie Handelsregisterauszüge, Gewerbeanmeldungen, Insolvenzverfahrensakte, Insolvenzgutachten, Gerichtsvollzieherunterlagen, Unterlagen der Sozialversicherungsträger oder auch Bankauskünfte – um hier die häufigsten ausgewerteten Unterlagen zu nennen –, zum Verfahren beigezogen und ausgewertet werden. Wurden in der Erstuntersuchung nur in 6,7 % der Auswertungen von Unterlagen auch die „Berichte des Konkursverwalters" einbezogen, so wurde das Insolvenzgutachten nun in der Replikationsstudie in fast 90 % der Fälle herangezogen. Hier zeigt sich ein Wandel des Schwerpunktes der Ermittlungstätigkeit auf, der an dieser Stelle noch nicht weiter begründet wird, da dies sinnvollerweise in einem späteren Kapitel erfolgt. Die Unterschiede in der Auswertung von Unterlagen Dritter sind jedoch ein Ergebnis dieses Wandels und nicht Ursache bzw. Ausdruck einer veränderten Ermittlungstätigkeit bei der Polizei.

Ein Schlussbericht/-vermerk der ermittelnden Polizeidienststellen wurde in der Erstuntersuchung in 112 Verfahren (= 48,5 %) vorgefunden. Im Forschungsbericht der Erstuntersuchung wurde hinsichtlich des Schlussberichtes hervorgehoben, dass es sinnvoll erscheint, die polizeilichen Ermittlungen in einem solchen zusammenzufassen, da dadurch die Ermittlungen sicherlich erleichtert werden, da ein komprimierter Überblick über den Ermittlungsstand im Verfahren gegeben wird (vgl. I: 85f.). In der Replikationsuntersuchung konnte jedoch festgestellt werden, dass diese Anregung nur im Rahmen der WESP-Verfahren umgesetzt wird. In den anderen Verfahren zeigte sich, dass selbst z.T. bei sehr umfangreichen Ermittlungen keinerlei Schlussberichte etc. angefertigt werden, andererseits ein solcher von anderen Polizeidienststellen selbst dann angefertigt wird, wenn darin nur berichtet wird, dass der Beschuldigte nicht zur Vernehmung gekommen ist (vgl. Tabelle 15). So lautete der kürzeste „Schlussvermerk": „Beschuldigter kam nicht."

Tabelle 14: Auswertung Unterlagen Dritter

Art	1992		2006	
Beiziehung von Akten, schriftliche Anfragen	91	16,6	176	16,9
- *darunter in WESP-Verfahren*	-	-	79	7,6

Vgl. I: 85; Rundungsdifferenzen

In die Tabelle wurden nur die Berichte aufgenommen, die auch als Schlussbericht, -vermerk oder Sachverhaltsbericht gekennzeichnet waren. Als Schlussbericht etc. wurden keine Hinweise gewertet, die nur Inhalte des Ermittlungsverfahrens auf einem Schriftstück erwähnten, auch wenn sie inhaltlich wie folgt lauteten: „Auf die Ausführungen ... wird Bezug genommen" oder „aufgrund der Aussage des B. liegt keine Bilanz vor". Andererseits kann sich unter einem „Schlussbericht" eine Ausführung von wenigen Sätzen, aber auch von 50 Seiten verbergen. Auch soll an dieser Stelle der quantitativen Ergebnispräsentation kein Hinweis auf die Qualität des Inhalts gegeben werden, da darauf noch zurückzukommen sein wird.

Tabelle 15: Schlussbericht oder Schlussvermerk an Staatsanwaltschaft

Art	1992		2006	
	Abs.	%	Abs.	%
Schlussbericht	38	33,9	78	41,3
Schlussvermerk	74	66,1	67	35,4
Sachverhaltsbericht	0	0	44	23,3
Gesamt	112	100,0	189	100,0

Vgl. I: 86; Rundungsdifferenzen

4.2.2.2 Zentralisierungsgrad der Polizeidienststellen

In der Replikationsuntersuchung musste festgestellt werden, dass aufgrund der Angaben in den Ermittlungsakten ein Zentralisierungsgrad der Polizeidienststellen nicht mehr sinnvoll erkennbar war – selbst bei WESP-Verfahren (vgl. I: 86f.). Insoweit unterbleibt hier eine weitere Darstellung, da auch in der Erstuntersuchung fast die Hälfte der Fälle, bei denen überhaupt Angaben erkennbar waren, trotzdem dann unter der Rubrik „nicht erkennbar spezialisiert" aufgenommen werden musste.

4.2.2.3 Polizeiliche Experten im Ermittlungsverfahren

Weiterhin bestätigte sich auch die bereits in der Erstuntersuchung gemachte Aussage, dass die Beteiligung von Buchprüfern pp. nur in einem verschwindend geringen Prozentsatz der Verfahren nachzuweisen war (vgl. I:88f.). In der Replikationsuntersuchung waren in 11 Verfahren Buchprüfer pp. zur Erstellung eines Gutachtens beauftragt worden. Dabei ist zu beachten, dass von diesen nur 5 positiv abgeschlossen wurden. In den anderen Fällen wurde auf die Erstellung aufgrund der angekündigten langen Bearbeitungszeit durch die Staatsanwaltschaft verzichtet.

Die Verfahren, die eine solche Beauftragung enthielten, fielen nicht wegen ihres Umfangs auf, sondern betrafen einmal Verfahren, wo auch Ermittlungen wegen Geldwäsche oder Subventionsbetrug geführt wurden, d.h. in denen also noch andere Tatbestände eine erhebliche Bedeutung hatten. Andererseits betraf es auch Verfahren, bei denen die Buchhaltungsunterlagen auf Computer abgespeichert waren und Probleme mit der Lesbarkeit auftraten. Hier sollten dann diese Daten – auch buchhaltungstechnisch – aufgearbeitet und ausgewertet werden, was jedoch nie tatsächlich durchgeführt wurde, da die zuständigen Polizeidienststellen, die die Festplatten analysieren können, bereits frühzeitig signalisierten, dass aufgrund vorrangiger Verfahren (wie z.B. Kinderpornographie) eine Auswertung frühestens in 12 Monaten erfolgen könnte, was dann zur Annullierung des Auftrages führte.

Eine Auswertung von Geschäftsunterlagen kam auch nur in wenigen Verfahren vor, eher waren die Aufträge der Staatsanwaltschaften so präzisiert, dass die Geschäftsunterlagen „sortiert" oder auf ihre „Vollständigkeit geprüft" werden sollten. Letzteres bezog sich dabei eher auf eine fortlaufende Nummerierung der Kontoauszüge etc., da in keinem dieser Fälle irgendeine Beanstandung dazu in der Ermittlungsakte festgehalten wurde.

4.2.2.4 Feststellungen von Zahlungsunfähigkeit und Überschuldung

Feststellungen zu Zahlungsunfähigkeit und Überschuldung (vgl. I: 89ff.) wurden dagegen häufiger von Polizeidienststellen getroffen, wobei diese jedoch – insbesondere wenn man die WESP-Verfahren unberücksichtigt lässt – eher „zufällig" aufgefunden werden konnten. Man konnte insoweit erkennen, dass in manchen Polizeidienststellen regelmäßig Hinweise dazu gegeben wurden, in anderen waren solche Hinweise nie zu finden. Es dürfte sich daher im ersten Fall um eher spezialisierte Dienststellen gehandelt haben. Andererseits – und darauf wird noch einzugehen sein – waren die Ausführungen nicht immer von Sachkenntnis geprägt, sodass der tatsächliche Kenntnisstand hier noch ein spezielles Problem darstellt.

4.2.2.5 Standardisierte Ermittlungshilfen

Im Rahmen der Erstuntersuchung spielten Ermittlungshilfen noch eine bedeutende Rolle (vgl. I: 95ff.). In der vorliegenden Studie wurden „Ermittlungshilfen" – wenn man diese überhaupt so bezeichnen kann – nur an Sozialversicherungsträger im Rahmen von WESP-Verfahren versandt. Nur in sechs Fällen kam es zu einer formularmäßigen Abfrage von ehemals beschäftigten Arbeitnehmern bzw. von geschädigten Gläubigern. Es konnte jedoch bei der Analyse festgestellt werden, dass oftmals ein Vermerk in der Ermittlungsakte war, dass auf ein Anschreiben von Geschädigten verzichtet wurde, da verwertbare Angaben häufig nur durch eine Zeugenvernehmung zu erreichen waren. So kam es auch in zwei Fällen, bei denen Ermittlungshilfen an geschädigte Arbeitnehmer versandt wurden, zu einer späteren nochmaligen Zeugenvernehmung, da die Angaben in den Ermittlungshilfen nicht verwertbar gewesen sind.

4.2.2.6 Die polizeiliche Ermittlungstätigkeit im Vergleich

Die nachfolgend durchgeführten Vergleiche zwischen den alten und neuen Bundesländern und – soweit sinnvoll – von WESP-Verfahren sind nicht als eine Qualitätsbewertung misszuverstehen. Sie sollen nur darüber Auskunft geben, inwieweit sich die Ermittlungshandlungen eventuell unterscheiden, wobei nicht vergessen werden darf, dass für die Unterschiede vorrangig die

Entscheidung der „Herrin des Ermittlungsverfahrens" (vgl. so schon Blankenburg 1978) maßgeblich ist und nicht irgendein „Wille" von Polizeidienststellen. Qualitative Begründungen von Unterschieden werden in diesem Kapitel erwähnt, die Feinanalyse erfolgt in einem weiteren Abschnitt.

Wie die Tabelle 16 ausweist, liegt ein Unterschied hinsichtlich des polizeilichen Tätigwerdens nur hinsichtlich der allgemeinen Ermittlungsaufträge vor. Hierunter zählen jedoch in den neuen Bundesländern auch die WESP-Ermittlungsaufträge, sodass hier eine besondere Ermittlungsform in der Auswertung durch"schlägt", in den alten Bundesländern diese jedoch oftmals zu den „Speziellen Ermittlungsaufträgen" gezählt werden mussten, da einzelne, genau spezifizierte, Aufgaben den Polizeidienststellen übermittelt wurden. Insoweit kann deshalb festgehalten werden, dass keine Unterschiede bei der Beauftragung der Polizeibehörden im Rahmen von Insolvenzdelikten in den alten und neuen Bundesländern festgestellt werden konnten.

Tabelle 16: Anlass für die polizeiliche Tätigkeit im Vergleich

Anlass	Alte Bundesländer		Neue Bundesländer		Gesamt	
	Abs.	%.	Abs.	%	Abs.	%
Eigene Kenntniserlangung	10	3,0	11	4,4	21	2,7
Ermittlungsauftrag der StA (allgemein)	72	15,1	61	24,2	133	23,0
Ermittlungsauftrag der StA mit Checkliste	22	6,6	11	4,4	33	5,7
Spezieller Ermittlungsauftrag (wie Beschuldigtenvernehmung)	227	74,3	169	67,1	396	68,4
Nicht ersichtlich	1	0,3	0	-	1	0,2
Gesamt	332	100,0	252	100,0	584	100,0

Welchen Inhalt hatten nun die Ermittlungsaufträge? Wie die Tabelle 17 ausweist, waren die Hauptermittlungshandlungen in den alten und neuen Bundesländern bis auf die Prozentkommastelle gleich hoch anzutreffen. Man kann somit feststellen, dass auch hier keine wesentlichen Unterschiede erkennbar gewesen sind. Geringe Unterschiede sind nur bei der Geschädigtenvernehmung oder bei Durchsuchungshandlungen auszumachen. Diese sind jedoch so gering, dass daraus keine unterschiedlichen Ermittlungshandlungen abgelesen werden können. Die „Beiziehung von Akten oder Anfragen" unterscheiden sich dagegen stärker. Jedoch fällt sofort auf, dass dies auf die ausgewerteten WESP-Verfahren zurückzuführen ist, die im Bereich der neuen Bundesländer einen höheren Anteil haben als in den alten Bundesländern. Insoweit also konnte kein ermittlungsinhaltlicher Unterschied zwischen den Bundesländergruppen festgestellt werden. Ausgewiesene Unterschiede sind auf die spezielle Ermittlungsform zurückzuführen.

Aufgrund dieses Ergebnisses müssen auch die weiteren noch dargelegten Einzelfakten der vorhergehenden Abschnitte nicht weiter verglichen werden, da sie vielleicht kleinere statistische Unterschiede aufzeigen, jedoch keine wirklichen spezifischen Ermittlungsstrategien darstellen. Auch hierzu kann daher pauschal festgehalten werden, dass aufgrund der geringen Häufigkeiten und des „unterschiedslosen" polizeilichen Ermittlungsanteils bei der Insolvenzkriminalität es keine Unterschiede hinsichtlich z.B. der vernommenen Zeugenzahl oder Geschädigten usw. gibt.

Tabelle 17: Ermittlungshandlungen der Polizei (Mehrfachangaben) im Vergleich

Ermittlungshandlung	Alte Bundesländer		Neue Bundesländer	
	N*	%	N*	%
Beschuldigtenvernehmung**	317	52,8	233	52,8
Geschädigtenvernehmung	6	1,0	10	2,3
Rückfragen bei Geschädigten	5	0,8	0	-
Zeugenvernehmung	77	12,8	53	12,0
Durchsuchung bei Beschuldigten	41	6,8	20	4,5
Durchsuchung bei Dritten	6	1,0	2	0,5
Sicherstellung	12	2,0	1	0,2
Einholen von Gutachten	3	0,5	2	0,5
Beiziehung von Akten,	87	14,5	89	20,2

schriftliche Anfragen				
- darunter in WESP-Verfahren	38	6,3	57	12,9
Nur Anlegen eines Personalbogens	13	2,2	2	0,5
Auswertung von Unterlagen	3		0	-
Sonstiges***	30	5,0	29	6,6
Gesamt	**600**	**100,0**	**441**	**100,0**

*) %-Angaben beziehen sich auf Nennungen.
**) Bezieht sich auch auf Vorladungen (wenn also der Beschuldigte nicht zur Vernehmung erschien). Bei mehreren Beschuldigten pro Verfahren wurden diese getrennt gezählt.
***) Wie z.B. „Unterlagen sortieren"; KfZ-Suche; KfZ-Zulassung; Informationseinholung über Gesellschaft; Ermittlung des Anzeigenden; Computeranalyse, Projektbeobachtung; Aufenthaltsermittlung.

4.2.3 Die staatsanwaltschaftliche Ermittlungstätigkeit

Die meisten Verfahren wegen eines Insolvenzdeliktes beginnen, wie bereits aufgezeigt wurde, bei der Staatsanwaltschaft; umso wichtiger sind daher die verfahrensleitenden Verfügungen der Staatsanwaltschaft. Hier entscheidet sich auch, welche Rolle die polizeilichen Ermittlungen im weiteren Verfahrensverlauf spielen werden. Insoweit wäre es daher sogar angebracht, die Ermittlungstätigkeit der Staatsanwaltschaft als ersten Abschnitt der Untersuchung anzuführen. Nur aufgrund der gesamten Fragestellung der Untersuchung erfolgt diese erst als zweiter Schritt. Wie schon in der Erstuntersuchung ausgeführt, ist die Frage von zentraler Bedeutung, wie die Staatsanwaltschaft durch eigene Ermittlungen die Ermittlungen an sich zieht bzw. andererseits durch Aufträge und Weisungen an die Polizei auch wiederum den Ermittlungsanteil zwischen den beiden Institutionen „verteilt". Dabei sind zwei Dinge zu beachten: Einmal, ob überhaupt Ermittlungsaufträge an die Polizei noch erfolgen und zum anderen muss bedacht werden, dass alle Ermittlungen prinzipiell auch noch neben der polizeilichen Arbeit erfolgen können. Auch ist in diesem Zusammenhang der Hinweis wichtig, dass die Staatsanwaltschaft nochmals Ermittlungshandlungen vornehmen kann, die zuvor bereits von der Polizei vorgenommen wurden, wie z.B. eine Anfrage bei den Sozialversicherungsträgern. Selbstverständlich besteht eine Ermittlungshandlung nicht aus der Vornahme *einer* „Handlung". Alleine die Anfrage bei den erwähnten Sozialversicherungsträgern kann aus einem umfangreichen Schriftwechsel bestehen, da z.B. die Ergebnisse der Überprüfung nicht übersandt werden, fehlerhaft sind oder einer weiteren Nachfrage bedürfen. Insoweit sind also die Ausführungen in den folgenden Tabellen nicht als **eine** Handlungsanordnung und -durchführung zu verstehen, sondern als ein Maßnahmebündel von „organisatorischen Ermittlungshandlungen". Dabei ist noch zu beachten, dass bei längerfristigen Ermittlungen sich auch unterschiedliche Ermittlungstätigkeiten ergeben, sei es aus ermittlungstaktischen Gründen, aber auch aufgrund des Wechsels der ermittlungsverantwortlichen Person.

Wie die Tabelle 18 ausweist, könnten die Ergebnisse der Replikationsuntersuchung zu der Annahme verleiten, dass die Zahl der reinen Eigenermittlungen zurückgegangen ist. Es zeigt sich jedoch bei einer Überprüfung, dass hier in der Erstuntersuchung ein Interpretationsfehler vorliegen muss, da ansonsten bei 381 ausgewerteten Ermittlungsverfahren fast keine Ermittlungshandlungen der Polizei vorgekommen sein dürften. Da dort aber immerhin u. a. 108 spezielle Ermittlungsaufträge aufgeführt sind, würde bereits diese Zahl die Verfahrenszahl bei weitem übersteigen (auch unter Berücksichtigung der Mehrfachzählungen). Insoweit stellt sich ein Vergleich daher nicht unproblematisch dar. Man darf jedoch nicht übersehen, dass in der vorliegenden Untersuchung fast jedes zweite Verfahren ohne polizeiliche Ermittlungstätigkeit geführt wurde.

Bei den speziellen Ermittlungsaufträgen handelt es sich in der Regel um Beschuldigtenvernehmungen oder die Anlegung eines sog. Personalbogens. Beide Ermittlungshandlungen – insbesondere bei Berücksichtigung der Nichtaussage vieler Beschuldigter – sind nicht unbedingt zentrale Ermittlungsaufgaben. Diese Einschränkung wird nicht wegen einer Abwertung der polizeilichen Aufgaben vorgenommen, sondern um eine fehlerhafte positive Interpretation im Vorhinein zu verhindern. Auch wenn die Zahlen in der Tabelle 18 eine eventuell „heile Welt" darstellen könnten, so müssen die Hintergrundinformationen dazu diese Auffassung jedoch mit einem großen Vorbehalt belegen.

Tabelle 18: Ermittlungstätigkeit der Staatsanwaltschaft

Ermittlungstätigkeit	1992		2006	
	Abs.	%	Abs.	%
Reine Eigenermittlungen	289	54,7	376	43,9
Genereller Ermittlungsauftrag an die Polizei / Abschlussverfügung	77	14,6	111	13,0
Spezielle Ermittlungsaufträge an die Polizei (neben Eigenermittlungen)	108	20,5	311	36,3
Nur ergänzende Ermittlungen	41	7,8	48	5,6
Ermittlungsauftrag an andere Stellen	12	2,3	10	1,2
Sonstiges	1	0,2	-	-
Gesamt	**528**	**100,0**	**856**	**100,0**

Vgl. I: 99; Rundungsdifferenzen

Wie sehen nun die Ermittlungshandlungen der Staatsanwaltschaft im Einzelnen aus? Wie die Tabelle 19 wiedergibt, stellten insbesondere die Auswertung des Insolvenzverwalterberichtes, die Unterlagen der Gerichtsvollzieher, die Auskunft der Sozialversicherungsträger und die Beschuldigtenvernehmung die zentralen Punkte dieser Tätigkeit dar. Insbesondere die hier zuerst genannten Informationseinholungen sind oftmals für das zentrale Ermittlungsergebnis von entscheidender Bedeutung, d.h. die Nichtabführung von Sozialversicherungsbeitragsteilen oder die Mitteilung im Insolvenzgutachten, dass keine ordnungsgemäße Buchführung vorliegt, reichen zumeist für einen Abschluss des Verfahrens aus. Oftmals – und das sei bereits an dieser Stelle kritisch angemerkt – werden bei diesen Feststellungen weiterführende Ermittlungen nicht mehr vorgenommen, insbesondere dann, wenn sich aufgrund des Insolvenzgutachtens keine weiteren Anhaltspunkte dafür ergeben. Auch die detaillierte Auswertung der Geschäftsunterlagen wird nur in Einzelfällen speziell vorgenommen, da einmal dafür der Personalbestand ungenügend ist und somit auch die Beschlagnahme von Geschäftsunterlagen nicht ein zeitnahes besseres Ermittlungsergebnis liefert und zum anderen die Einschaltung von externen Gutachtern sich aufgrund der Kostensituation nicht als Ausweichmöglichkeit darstellt. Auch der Einsatz von Sachverständigen aus dem Polizeibereich scheitert oftmals am fehlenden Personalbestand. Insoweit kann man wohl sagen, dass die Ermittlungsergebnisse in einer Korrelation zur Personalsituation stehen und nicht zu den Ermittlungshandlungen. Zur weiteren Begründung sei hier noch angeführt, dass z.B. in zahlreichen Fällen zwar die Durchsuchung zu einer Beschlagnahme der Buchhaltungsunterlagen führte, diese dann jedoch nur in einer beschränkten Zahl von Fällen auch tatsächlich ausgewertet wurden, sodass man davon ausgehen kann, dass in zahlreichen Fällen diese Ermittlungsmaßnahme nur als eine Art „Drohkulisse" der Ermittlungsbehörden zu verstehen war, weil sie keinerlei Auswirkungen auf die weiteren Ermittlungen hatte.

Erwähnenswert ist in diesem Zusammenhang noch eine – für die Ergebnisinterpretation – wichtige Erkenntnis aus der Aktenanalyse: Bei manchen Staatsanwaltschaften werden die Ermittlungen bereits sehr umfassend im Rahmen des sog. AR-Verfahrens geführt. Hier werden die Insolvenzvorgänge ausgewertet und aufbereitet, die Sozialversicherungsträger etc. angeschrieben und Auswertungen durch die Wirtschaftsreferenten vorgenommen, sodass danach der zuständige Staatsanwalt „nur" noch über weitere notwendige Ermittlungsmaßnahmen (wie z.B. eine Durchsuchung) entscheiden muss oder aber auch bereits den Abschluss des Verfahrens durch eine Anhörung des Beschuldigen ins Auge fassen kann. Sollte sich das Verfahren für eine Einstellung nach § 153 StPO eignen, so entfällt in der Regel auch die Beschuldigtenanhörung und das Verfahren wird dann unverzüglich beendet. Diese speziellen Formen der Verfahrensbearbeitung sind in einer zahlenmäßigen Auswertung nur – wenn überhaupt – schwer darstellbar und müssen einer phänomenologischen Auswertung vorbehalten bleiben.

Die in der Tabelle 19 aufgeführten Ermittlungshandlungen im Einzelnen sind auch so zu lesen, dass z.B. eine Anfrage bei Sozialversicherungsträgern einen umfangreichen Schriftwechsel darstellt. Es müssen in manchen Fällen bis zu 20 verschiedene Krankenkassen angeschrieben werden. Davon antworten wiederum manche nur nach einer Erinnerung und manche Beitragsaufstellungen sind unvollständig und müssen von der Krankenkasse nachgeprüft werden oder stellen sich aus anderen Gründen nachfragebedürftig dar. Insoweit kann ein Zeitraum von 6 bis 9 Monaten vergehen, bis auf eine solche Anfrage ein für das Ermittlungsverfahren verwendbares Ergebnis vorliegt, ohne dass die Ermittlungsbehörden die Möglichkeit hätten, diese Anfrage sinnvoll zu beschleunigen. Insbesondere wenn die Sozialversicherungsträger mitteilen, dass erst noch eine Betriebsprüfung für eine sachgerechte Aussage notwendig ist, bleibt zumeist nur ein Abwarten. Erwähnenswert ist weiterhin, dass es in einigen Bundesländern/Staatsanwaltschaftsbezirken eine einheitliche Auskunftsstelle hinsichtlich der Sozialversicherungsbeiträge gibt. In diesen Fällen zeigte sich, dass diese Verfahren wesentlich verkürzt werden konnten und auch die Angaben gleichfalls weniger häufig nachgeprüft werden mussten. Die Probleme mit dem Auskunftsverhalten können im Rahmen einer Rahmendatenauswertung jedoch nur angesprochen werden. Auch in diesem Fall müsste auf eine phänomenologische Auswertung zurückgegriffen werden.

Tabelle 19: Ermittlungshandlungen der Staatsanwaltschaft im Einzelnen

Ermittlungshandlung	1992		2006		
	Abs.	%	Abs.	%	% a. V.
Vernehmung von Beschuldigten	64	9,8	194	6,1	24,4
- davon im schriftlichen Verfahren	*-*	*-*	*162*	*5,1*	*20,4*
Vernehmung von Geschädigten	43	6,6	19	0,6	2,4
Rückfragen bei Geschädigten			5	0,2	0,6
Vernehmung anderer Zeugen	52	8,0	17	0,5	2,1
Durchsuchung bei Beschuldigten	34	5,2	57	1,8	7,2
Durchsuchung bei Dritten	17	2,6	4	0,1	0,5
Sicherstellung	25	3,8	7	0,2	0,9
Einholung von Gutachten	7	1,1	21	0,7	2,6

Beiziehen von Akten u. ä.*	307	47,1	498	15,7	62,6
Gerichtsvollzieherauskunft	73	11,2	490	15,5	61,6
Schuldnerverzeichnis			189	6,0	23,8
Rückfragen bei Insolvenzverwalter	-	-	76	2,4	9,6
Auskunft der KK**	-	-	492	15,5	61,9
Bankauskunft	-	-	93	2,9	11,7
Handelsregisterauskunft***	-	-	277	8,7	34,8
Insolvenzakte/-gutachten	-	-	698	22,0	87,8
Sonstiges	30	4,6	33	1,0	4,2
Gesamt	**652**	**100,0**	**3.170**	**100,0**	

Vgl. I: 100; Rundungsdifferenzen;
*) In der Untersuchung weiter spezifiziert, sodass hier Abweichungen entstehen;
**) KK = Sozialversicherungsträger;
***) Eine über den HR-Auszug hinausgehende Auskunft.

Zur Erläuterung der Ergebnisse in der Tabelle 19 ist weiter noch anzuführen, dass für die Replikationsuntersuchung auch die Prozentangaben bezogen auf die Verfahren angeführt werden. Dies liegt darin begründet, dass die Auswertung wesentlich mehr Ermittlungshandlungen gegenüber der Erstuntersuchung erbrachte. Da für die Erstuntersuchung keine phänomenologischen Beschreibungen des Ermittlungsvorganges vorliegen, kann der Hintergrund dafür jedoch nicht aufgeklärt werden. Vergleicht man jedoch nur die Prozentangaben bezogen auf die Ermittlungshandlungen, so ergibt sich z.B. das Bild, dass die Vernehmung der Beschuldigten gegenüber der Erstuntersuchung um 3,7 % zurückgegangen ist. Der Anteil bezogen auf die Verfahren zeigt demgegenüber, dass nun fast in jedem 4. Verfahren die Staatsanwaltschaft die Beschuldigtenvernehmung selbst durchführt (in der Regel in einer schriftlichen Anhörung), in der Erstuntersuchung war dies jedoch nur bei ca. 16 % der Verfahren der Fall. Dies zeigt doch einen erheblichen Anstieg an, der sich bei der Prozentbetrachtung auf die Ermittlungshandlungen jedoch so nicht darstellt und somit ein falsches Bild der gegenwärtigen Situation abgibt. Ähnliche Phänomene würden auch auf die Auskunft der Sozialversicherungsträger, die Gerichtsvollzieherauskünfte aber auch die Auswertung der

Insolvenzakten bzw. des Insolvenzgutachtens zutreffen. Zur letzteren Ermittlungshandlung ist noch zu erwähnen, dass hierunter auch die Fälle gezählt wurden, wo Akten von den ermittelnden Staatsanwälten beigezogen wurden und sich darin das Insolvenzgutachten befand. Insoweit wurde diese Vorgehensweise nicht nur als „Aktenbeiziehung" sondern auch noch als Auswertung des Insolvenzgutachtens gewertet, weil diese Maßnahme zwei wesentliche Ermittlungshandlungen betraf.

Da z. B. die Hinzuziehung einer Bankauskunft oder von Handelsregisterunterlagen gleichzeitig auch eine Auswertung dieser Unterlagen beinhaltet, ergibt die Tabelle 20 nochmals ein ähnliches Abbild der Zahlen, wie bereits bei Tabelle 19. Die Tabelle 20 wurde nur deshalb aufgenommen, da sich mit ihr ein noch besserer Vergleich mit der Erstuntersuchung herstellen lässt.

Für die ausgewiesenen Prozentwerte in der Tabelle 20 gelten auch die Ausführungen, die bereits zur Tabelle 19 gemacht wurden. Es fällt hier jedoch auf, dass sich die Ermittlungshandlungen verändert haben: Wurden in der Erstuntersuchung die Unterlagen der Sozialversicherungsträger noch unter sonstiges erfasst, stellen sie heute einen wesentlichen Teil der Auswertungen dar. Auch bei den Gerichtsvollzieherunterlagen wird eine Änderung deutlich. Hinsichtlich des Anteils der Insolvenzverwaltergutachten muss nochmals der Hinweis auf die Fallzahlen erfolgen, d.h. dass in der Replikationsuntersuchung das Gutachten zu einer wesentlichen Informationsquelle für die staatsanwaltschaftlichen Ermittlungen bei der Insolvenzkriminalität wurde.

Die in der Erstuntersuchung noch vorgenommene Unterteilung, wie viele Zeugen von der Staatsanwaltschaft pro Verfahren vernommen wurden (vgl. I: 101f.), wurde hier nicht weiter aufgegriffen, da aufgrund der geringen Fallzahlen, bei denen eine Vernehmung von Zeugen vorgekommen ist, eine solche Unterteilung unangebracht erscheint.

Tabelle 20: Auswertung von Unterlagen durch die Staatsanwaltschaft

Auswertung von	1992		2006	
	Abs.	%	Abs.	%
Handelsregisterakten	209	29,4	277	12,3
Gerichtsvollzieherunterlagen	81	11,4	490	21,8
Vollstreckungsunterlagen	144	20,3	189	8,4
Bericht des Konkurs- / Insolvenzverwalters (-gutachters)	28	3,9	698	31,0
Konkurs-/Insolvenzunterlagen	192	27,0	s.o.	s.o.
IHK-Unterlagen	1	0,1	5	0,2
Gewerberegisterakten	8	1,1	89	4,0
Finanzamtunterlagen (Auskunft)	20	2,8	11	0,5
Unterlagen/Auskunft der KK	-	-	492	21,9
Gesamt	652	100,0	2.251	100,0

Vgl. I: 103; Rundungsdifferenzen; Abkürzungen siehe Tabelle 19

Die Auswertung von Geschäftsunterlagen – soweit sie noch vorgenommen wurde – erfolgte durch Wirtschaftsfachkräfte. Dazu ist jedoch zu erwähnen, dass man sich vielfach auf die Angaben im Insolvenzgutachten zurückzog und nicht die tatsächlich vorhandene Buchhaltung oder vorhandenen Belege auswertete. Dies führte auch in zahlreichen Fällen zu nicht akzeptablen Hinweisen zur Zahlungsunfähigkeit, da hier eine doppelte Interpretation der Betriebszahlen vorlag. Der Insolvenzgutachter wertet diese aufgrund eines völlig anderen Auftragsinhaltes aus; eine Interpretation hinsichtlich eines Insolvenzdeliktes durch Wirtschaftsfachkräfte ist dadurch jedoch nur sehr eingeschränkt möglich. Als Beispiele seien hier genannt: Aussagen zur Überschuldung anhand von Zerschlagungswerten oder auch Feststellungen, dass die Nichtzahlung der Miete auch die Zahlungsunfähigkeit nachweisen würde. Eine detaillierte Analyse muss jedoch auch hier einer phänomenologischen Auswertung vorbehalten bleiben.

In diesem Zusammenhang ist auch hier nochmals auf die unterschiedliche Vorgehensweise der Staatsanwaltschaften hinzuweisen: Einmal wurden im

Rahmen des AR-Verfahrens von einer Wirtschaftsfachkraft die Unterlagen des Insolvenzgerichts einschließlich des Insolvenzgutachtens – teilweise auch von ersten Auskünften der Sozialversicherungsträger – ausgewertet und eine Stellungnahme abgefasst, aufgrund derer dann ein dringender Tatverdacht angenommen wurde und das Verfahren in eine Js-Sache übergeleitet wurde. Bei anderen Staatsanwaltschaften erfolgte eine solche Auswertung jedoch erst im Js-Verfahren, also Ermittlungsverfahren. Dazu kam noch, dass die Auswertung der Unterlagen einmal von den ermittelnden Staatsanwälten selbst, bei anderen Staatsanwaltschaften durch sog. Fachkräfte vorgenommen wurde. Dies war jedoch oftmals nicht aufgrund eines „Gutachterauftrages" zu ersehen, sondern nur anhand der Auswertungen in der Ermittlungsakte. Insoweit ist noch zu erwähnen, dass die Zahl der „Gutachteraufträge" also je nach Definition dieses Analysepunktes höher liegen könnte. Für diese Untersuchung wurden nur die „auffindbaren" Gutachterbeauftragungen gezählt.

Auch zur Auswertung von Unterlagen müssen noch einige zusätzliche Ausführen gemacht werden, damit das „nackte" Zahlenmaterial nicht zu Fehlinterpretationen führt. So gehören zu den genannten „Geschäftsunterlagen" auch die Kontoauszüge. Diese wurden zur schnellen Überprüfung der Verhaltensweise des Beschuldigten in der „Krise" ausgewertet, d.h. es wurde auf auffällige Transaktionen in den letzten Monaten vor der Insolvenzantragsstellung geachtet. Auch eine solche Handlungsweise gehört daher zu der Auswertung von Geschäftsunterlagen, auch wenn hier nur Teilauswertungen vorlagen. Auch die Auswertung der Handelsregister- und Insolvenzgerichtsunterlagen muss hierzu gezählt werden, da sie auch Teil der Geschäftsunterlagen darstellen. Weiterhin gehören auch die Auswertung der Bilanzen und „Betriebswirtschaftliche Auswertungen (BWA)" zu den Geschäftsunterlagen weil man sich darüber gleichfalls ein Bild von der Geschäftstätigkeit und/oder problematischen Verhaltensweisen machen kann. Alle diese Auswertungen kamen in den Verfahren vor, sodass man feststellen muss, dass in insgesamt 93 % der Verfahren es zu derartigen Auswertungen gekommen ist. Die anderen Verfahren betrafen größtenteils entweder bereits sehr früh festgestellte Doppelverfolgungen, Fälle, in denen keine Insolvenzunterlagen vorhanden waren (fehlende Antragstellung oder Verlust bei den Registergerichten) und auch keine weiteren Geschäftsunterlagen greifbar waren (zumeist in sog. Firmenbestatterverfahren).

Wenn daher im Erstbericht noch davon ausgegangen wurde, dass nur in 20,2 % der Verfahren die Staatsanwaltschaft Geschäftsunterlagen ausgewertet hat, so liegt nun eine signifikante Veränderung vor (vgl. I: 104f.). Andererseits kann die damalige Bewertung der Ermittlungshandlungen zur heutigen Auffassung unterschiedlich gewesen sein, sodass die Differenz tatsächlich nicht ganz so hoch sein dürfte.

Auch die im Erstbericht vorgenommene Untergliederung, ob Feststellungen zur Zahlungsunfähigkeit und/oder Überschuldung getroffen wurden, muss für die Replikationsuntersuchung so beantwortet werden, dass nicht nur in 19,7 % der Verfahren wie in der Erstuntersuchung eine solche Feststellung erfolgte, sondern in 72,5 % der Verfahren. In den restlichen Verfahren konzentrierte man sich auf die Verfolgung von Straftaten nach § 266a StGB, sodass eine Aussage zur Zahlungsunfähigkeit und Überschuldung nicht präzisiert wurde (Verfahrenskonzentration durch § 154 StPO) oder aber es waren Verfahren, die sehr schnell von der Staatsanwaltschaft nach § 153 oder § 153a StPO eingestellt wurden und hier oftmals nur „floskelhaft" erwähnt wurde, dass die Insolvenzantragstellung etc. kurz nach dem „Eintritt der Zahlungsunfähigkeit" erfolgte. Festzuhalten ist jedoch, dass Aussagen zur Zahlungsunfähigkeit in fast allen Verfahren, bei denen für den Ausgang des Verfahrens die Insolvenzdelikte eine Rolle spielten, getroffen wurden. Die Feststellung einer Überschuldung wurde dagegen weniger häufig getroffen, da hier oftmals der Streitpunkt hinsichtlich „stiller Reserven" nicht aufgegriffen wurde oder werden sollte.

Tabelle 21: Beteiligung von Buchprüfern und/oder sonstigen Fachkräften

Beteiligung	1992		2006	
	Abs.	%	Abs.	%.
Buchprüfer	10	2,6	s.u.	-
Wirtschaftsreferent	11	2,9	s.u.	-

Wirtschaftsfachkraft	-	-	217	27,3
Sonstige	11	2,9	s.o.	-
Gesamtverfahren	381	100,0	795	100,0

Vgl. I: 105; Rundungsdifferenzen; aufgrund anderer Bezeichnungen erfolgte die Einführung von neuen Kategorien.

Auch die Beteiligung von Buchprüfern oder Wirtschaftsfachkräften hat sich wesentlich erhöht. Die Frage bleibt jedoch in einer solchen Untersuchung, ob AR-Verfahren überhaupt in eine Untersuchung von Ermittlungsverfahren gehören. Dieser Streitpunkt wurde in der vorliegenden Untersuchung pragmatisch dergestalt gelöst, dass vorhandene Unterlagen von Wirtschaftsfachkräften in der Ermittlungsakte auch gezählt wurden. Es ergibt sich dadurch eine wesentliche Steigerung der Beteiligung von Wirtschaftsfachkräften gegenüber der Erstuntersuchung. In den Akten war jedoch nicht immer eindeutig festzustellen, ob es sich um sog. Buchprüfer oder Wirtschaftsreferenten handelte, da oftmals angeführt wurde „durch Wirtschaftsfachkraft". Aus diesem Grunde wurde diese Kategorie neu aufgenommen und alle derartigen Angaben für die Replikationsuntersuchung darunter gefasst (vgl. Tabelle 21). Insoweit müssen diese Ausführungen bei der Interpretation der Zahlen in der Tabelle 21 berücksichtigt werden.

Gleichfalls war in der Erstuntersuchung ein Abschnitt den Ermittlungshilfen der Staatsanwaltschaften gewidmet. Es stellte sich bei der Replikationsuntersuchung jedoch heraus, dass solche nicht mehr verwendet werden. Es werden zwar Hinweisblätter für die Beantwortung der Fragen verwendet, so z.B. gegenüber den Sozialversicherungsträgern; diese sind jedoch eher als eine „erweiterte Briefform" anzusehen als eine ursprünglich so bezeichnete Ermittlungshilfe. Gleichfalls ist noch anzumerken, dass aufgrund moderner IT-Systeme zwischenzeitlich die ermittlungsunterstützenden Erläuterungen in Anschreiben erfolgen, sodass auf Ermittlungshilfen in kopierter Form völlig verzichtet werden kann.

4.2.3.1 Die staatsanwaltschaftliche Ermittlungstätigkeit im Vergleich

Der Vergleich der Ermittlungshandlungen zwischen den alten und neuen Bundesländern erbrachte nur sehr geringe Abweichungen. So ist zwar der Anteil der reinen Eigenermittlungen in den neuen Bundesländern um über 5 % höher, was jedoch keine signifikanten Unterschiede bedeutet. Auffällig ist auch, dass die generellen Ermittlungsaufträge über 5 % geringer sind, jedoch ist dies gleichfalls kein signifikanter Unterschied. Andererseits dürften sich diese Unterschiede jedoch speziell auf die Zahlen in der Polizeilichen Kriminalstatistik auswirken (vgl. die Angaben im Kapitel 3). Auch wird trotz der fehlenden Signifikanz deutlich, dass diese Vorgehensweise einen noch zu eruierenden Hintergrund haben muss, der letztendlich auf eine unterschiedliche Qualität der polizeilichen Ermittlungstätigkeit zurückzuführen sein könnte. Deutlich wird dies auch, wenn man sich noch den Zahlen der Tabelle 23 zuwendet, wo besonders der Gesichtspunkt der Beschuldigtenvernehmung zu berücksichtigen ist. Insgesamt könnte man daher aufgrund der Zahlen sagen, dass sie ein Warnsignal hinsichtlich der Qualifikation der Polizeikräfte darstellen. Dies würde noch verstärkt, wenn man die Ergebnisse aus dem Freistaat Sachsen aus den Angaben für die neuen Bundesländer heraus rechnen würde, da die Unterschiede dann noch wesentlich deutlicher ausfallen würden. Diese Auffälligkeit muss jedoch einer späteren Feinanalyse vorbehalten bleiben.

Insgesamt ist jedoch festzuhalten, dass der Vergleich zwischen den alten und neuen Bundesländern nicht zu Ergebnissen geführt hat, die sich durch eine erhebliche andere Rechtsanwendung unterscheiden. Gerade dieser Gesichtspunkt war in den Vorüberlegungen des Forschungsprojektes zur Überprüfung der Rechtsumsetzung mit maßgeblich, sodass man hierzu feststellen kann, dass die Strafverfolgung und Rechtsanwendung im Bereich der Insolvenzkriminalität bei den Ermittlungshandlungen keine Unterschiede aufzeigten. Dafür dürfte sicherlich auch die Abstimmung zwischen den Staatsanwaltschaften verantwortlich sein, die sich für die einheitliche Rechtsanwendung als sinnvoll darstellt (vgl. Tabelle 23 und 24).

Tabelle 22: Ermittlungstätigkeit der Staatsanwaltschaft im Vergleich

Ermittlungstätigkeit	Alte Bundesländer		Neue Bundesländer		Gesamt	
	Abs.	%	Abs.	%	Abs.	%
Reine Eigenermittlungen	201	41,3	175	47,4	376	43,9
Genereller Ermittlungsauftrag an die Polizei / Abschlussverfügung	75	15,4	36	9,8	111	13,0
Spezielle Ermittlungsaufträge an die Polizei (neben Eigenermittlungen)	167	34,3	144	39,0	311	36,3
Nur ergänzende Ermittlungen	36	7,4	12	3,3	48	5,6
Ermittlungsauftrag an andere Stellen	8	1,6	2	0,5	10	1,2
Sonstiges	-		-		-	-
Gesamt	487	100,0	369	100,0	856	100,0

Rundungsdifferenzen

Tabelle 23: Ermittlungshandlungen der Staatsanwaltschaft im Einzelnen und im Vergleich

Vornahme von	Neue Bundesländer		Alte Bundesländer		Gesamt	
	Abs.	%	Abs.	%	Abs.	%
Vernehmung von Beschuldigten	98	6,7	96	5,7	194	6,1
Vernehmung von Geschädigten	15	1,0	4	0,2	19	0,6
Rückfragen bei Geschädigten	2	0,1	3	0,2	5	0,2
Vernehmung anderer Zeugen	10	0,7	7	0,4	17	0,5
Durchsuchung bei Beschuldigten	23	1,6	34	2,0	57	1,8
Durchsuchung bei Dritten	1	0,1	3	0,2	4	0,1
Sicherstellung	3	0,2	4	0,2	7	0,2
Einholung von Gutachten	8	0,5	13	0,8	21	0,7
Beiziehen von Akten u. ä.	256	17,4	242	14,3	498	15,7
Gerichtsvollzieherauskunft	205	13,9	285	16,8	490	15,5
Schuldnerverzeichnis	92	6,2	97	5,7	189	6,0
Rückfragen bei Insolvenzverwaltern	32	2,2	44	2,6	76	2,4
Auskunft der Krankenkasse (KK)	256	17,4	236	13,9	492	15,5
Bankauskunft	41	2,8	52	3,1	93	2,9
Handelsregisterauskunft	112	7,6	165	9,7	277	8,7
Insolvenzakte/-gutachten	304	20,6	394	23,2	698	22,0
Sonstiges	15	1,0	18	1,1	33	1,0
Gesamt	**1.473**	**100,0**	**1.697**	**100,0**	**3.170**	**100,0**

Rundungsdifferenzen

Tabelle 24: Auswertung von Unterlagen durch die Staatsanwaltschaft im Vergleich

Auswertung von	Neue Bundesländer		Alte Bundesländer		Gesamt	
	Abs.	%	Abs.	%	Abs.	%
Handelsregisterakten	112	10,9	165	13,4	277	12,3
Gerichtsvollzieherunterlagen	217	21,2	273	22,2	490	21,8
Vollstreckungsunterlagen	73	7,1	116	9,4	189	8,4
Bericht des Insolvenzverwalters	312	30,5	386	31,4	698	31,0
IHK-Unterlagen	2	0,2	3	0,2	5	0,2
Gewerberegisterakten	43	4,2	46	3,7	89	4,0
Finanzamtunterlagen (Auskunft)	8	0,8	3	0,2	11	0,5
Unterlagen der KK (Auskunft)	256	25,0	236	19,2	492	21,9
Gesamt	1.023	100,0	1.228	100,0	2.251	100,0

Rundungsdifferenzen

Hinsichtlich der Auswertung von Geschäftsunterlagen etc. kann auf die bereits gemachten Ausführungen verwiesen werden. Auch die Beteiligung der Fachkräfte ergab keine wesentlich andere Verfahrensweise in den einzelnen Bundesländern, sodass die Darstellung ohne weitere Kommentierung bleiben kann.

Tabelle 25: Beteiligung von Wirtschaftsfachkräften im Vergleich

Beteiligung	Neue Bundesländer		Alte Bundesländer		Gesamt	
	Abs.	%	Abs.	%	Abs.	%
Wirtschaftsfachkraft	106	100,0	111	100,0	217	100,0
Gesamt	106	100,0	111	100,0	795	100,0

Rundungsdifferenzen; aufgrund anderer Bezeichnungen erfolgte die Einführung von neuen Kategorien.

4.2.4 Ermittlungsrichterliche Beteiligung

Eine ermittlungsrichterliche Vernehmung wurde in der Replikationsuntersuchung lediglich „angedroht", wenn ein Beschuldigter einer staatsanwaltschaftlichen persönlichen Vernehmung nicht Folge leisten wollte.

Ermittlungsrichterliche Vernehmungen gab es jedoch in den wenigen Fällen, in denen eine Untersuchungshaft beantragt wurde, wobei es sich hier zumeist um Verfahren einer schweren Insolvenzkriminalität handelte, bei denen insbesondere auch noch umfangreiche Betrugs- und/oder Untreuefälle im Raum standen. Im Bereich der leichten und mittleren Insolvenzkriminalität kam die Untersuchungshaft nicht vor, jedoch gab es in ganz wenigen Fällen (17) die Beantragung eines Haftbefehls, da der Aufenthalt des Beschuldigten nicht festgestellt werden konnte. Diesbezüglich kam es auch in zwei Fällen zu einer Verhaftung im Rahmen von Verkehrs- oder Grenzkontrollen, die dann auch zu einer kurzzeitigen Untersuchungshaft führten. Diese wurde jedoch, da die Beschuldigten einen neuen Wohnsitz nachweisen konnten, dann unverzüglich wieder aufgehoben und spielte auch im Fortgang des Verfahrens keine Rolle mehr.

Auch in der Erstuntersuchung waren solche „Haftbefehlsfälle" nur sehr gering in der Stichprobe vertreten (vier Verfahren; vgl. I: 107ff.), sodass hier gleichfalls keine Veränderung sichtbar wurde. In der vorliegenden Replikationsuntersuchung sind jedoch mehr Verfahren der schweren Insolvenzkriminalität enthalten (auch aufgrund der höheren Verfahrenszahl), sodass zwar die Fallzahlen gestiegen sind, jedoch prozentual betrachtet sie gleichfalls keine besonderen Betrachtung bedürfen.

4.2.5 Der Abschluss des Ermittlungsverfahrens

4.2.5.1 Der staatsanwaltschaftliche Verfahrensabschluss

Die Verfahrenserledigung hat eine deutliche Veränderung erbracht. So werden wesentlich weniger Verfahren nach § 170 II StPO eingestellt als in der Erstuntersuchung. Auffällig ist auch, dass die Einstellungen nach §§ 153,

153a StPO stark zugenommen haben, wobei insbesondere die Einstellung nach § 153 StPO eine wesentlich häufigere Anwendung erfuhr. Der Hintergrund dafür dürfte sein, so auch die Aussagen aus der Staatsanwältebefragung, dass Einstellungen nach § 153 StPO keine Beschwerden nach sich ziehen, jedoch eine Einstellung nach § 170 II StPO ausführlicher begründet und damit „angreifbarer" wird, insbesondere wenn angenommen wird, mit einer Strafanzeige zivilrechtliche Ansprüche besser durchsetzen zu können. Insoweit ist diese Veränderung auch auf die Änderung in der zivilrechtlichen Rechtsprechung zurückzuführen.

Tabelle 26: Verfahrenseinstellung*

Einstellung des Verfahrens nach stopp	1992		2006	
	Abs.	%	Abs.	%
§ 170 II	203	65,5	232	35,0
§ 153	30	9,7	179	27,0
§ 153a	33	10,6	130	19,6
§ 154	38	12,3	67	10,1
§ 205	6	1,9	5	0,8
Abtrennung	-	-	18	2,7
noch nicht abgeschlossen	-	-	31	4,7
Gesamt	310	100,0	662	100,0

Vgl. I: 109; Rundungsdifferenzen *) Auf Zahl der Beschuldigten bezogen.

Hinsichtlich der Höhe der Auflage und der Schadenswiedergutmachung etc. wurde kein Vergleich zwischen den Zahlen der Erstuntersuchung und den Angaben in der Replikationsuntersuchung vorgenommen, da eine solche Vorgehensweise keine weiteren Erkenntnisse bringen würde und sich die Höhe der Auflagen auch z.B. aus den Preissteigerungen oder Gehaltsveränderungen ergibt als dass dies mit einer Sanktionsänderung zusammenhinge.

Tabelle 27: Beschwerde gegen die Verfahrenseinstellung

Beschwerde	1992		2006	
	Abs.	%	Abs.	%
ohne Erfolg	12	3,8	5	0,8
mit Erfolg	1	0,3	18	2,7
Einstellung	310	100,0	662	100,0

Vgl. I: 111; Rundungsdifferenzen

Bemerkenswert bei den Ergebnissen der Tabelle 27 ist, dass ein Verfahren nach der Einlegung einer Beschwerde gegen die Einstellung dann auf dem Strafbefehlswege erledigt wurde und aufgrund eines Einspruchs gegen diesen Strafbefehl es dann zu einer Einstellung nach 153a II StPO durch das Amtsgericht kam. In den weiteren erfolgreichen Beschwerden wurden die Ermittlungen dann vom Staatsanwalt ohne weitere Bemühungen wieder aufgenommen und die Verfahren nach § 153 StPO eingestellt. Insoweit kam es nicht zu einer tatsächlichen Änderung der Sanktionspraxis.

Tabelle 28: Strafbefehl und Anklage*

Erledigung durch	1992**		Alte Bundesländer		Neue Bundesländer	
	Abs.	%	Abs.	%	Abs.	%
Strafbefehl beantragt	82	54,3	163	67,9	149	61,6
Anklage vor Einzelrichter	34	22,5	67	27,9	84	34,7
Anklage vor Schöffengericht	27	17,9	4	1,7	6	2,5
Anklage vor erweitertem Schöffengericht	1	0,7	-	-	-	-
Anklage vor Strafkammer / Wirtschaftsstrafkammer	7	4,6	6	2,5	3	1,2
Gesamt	151	100,0	240	100,0	242	100,0

*) Auf Anzahl der Beschuldigten bezogen; **) die Zahlen in der Erstuntersuchung beziehen sich nicht auf Angeklagte

Wie die Tabelle 28 ausweist, ist die Erledigung eines Verfahrens im Strafbefehlswege die häufigste Erledigungsart bei einer Sanktionsbeendigung des

Verfahrens. Sie wird in den alten wie in den neuen Bundesländern am häufigsten angewandt. Es zeigt sich jedoch in einem Vergleich, dass die Anklage vor dem Einzelrichter in den neuen Bundesländern häufiger vorkommt als in den alten. Der Rückgang der Schöffengerichtsanklagen kann darin begründet liegen, dass nun auch die Einzelrichter wesentlich höhere Strafen aussprechen können und somit eine Anklage vor dem Schöffengericht nicht mehr notwendig ist.

Wie die Tabelle 29 wiedergibt, ist die Bestrafungshöhe leicht angestiegen. Andererseits müsste man für eine abschließende Beurteilung auch noch die Tagessatzhöhe berücksichtigen, da beide auch in einer Abhängigkeit gesehen werden können. Dass der Schwerpunkt bei bis zu 90 Tagessätzen liegt, begründet sich auch aus den Folgen bei einer höheren Bestrafung. Erwähnenswert ist noch, dass eine einschlägige Vorverurteilung für eine höhere Sanktion besonders ausschlaggebend ist.

Tabelle 29: Anzahl der Tagessätze/Freiheitsstrafe bei Strafbefehl*

Tagessätze	1992		2006	
	Abs.	%	Abs.	%
1 – 30	14	17,1	48	15,4
31 bis 60	37	45,1	67	21,5
61 bis 90	16	19,5	108	34,4
91 bis 120	6	7,3	45	14,5
121 bis 150	2	2,4	6	1,9
151 bis 240	5	6,1	19	6,1
Mehr als 240	2	2,4	13	4,2
Freiheitsstrafe bis 6 Monate			3	1,0
Freiheitsstrafe bis 12 Monate			3	1,0
- darunter Fälle mit einer zusätzlichen Geldstrafe			2	0,6
0 Gesamt	82	100,0	312	100,0

vgl. I: 113, Rundungsdifferenzen; *) Bezogen auf Verfahrensabschluss

4.2.5.2 Einspruch gegen Strafbefehl und Einspruchsverfahren

In der Tabelle 30 wurden nur die Einsprüche gezählt, die nicht wieder vor der Durchführung einer Hauptverhandlung zurückgenommen wurden. Diese hängen oftmals mit einer Fristwahrung zusammen oder sind auch durch die Gebührenordnung der Rechtsanwälte bedingt.

Tabelle 30: Einspruch gegen Strafbefehl

Einspruch	1992		2006	
	Abs.	%	Abs.	%
Ja	30	36,6	146	46,8
Zahl der Strafbefehlserledigungen	82	100,0	312	100,0

Dass die Zahl der Einsprüche gestiegen ist, hängt schwerpunktmäßig mit der Tagessatzhöhe zusammen. Da die Staatsanwaltschaft bei einer Nichtäußerung des Beschuldigten im Ermittlungsverfahren von einem Regeltagessatz von 30 € ausgeht – wie die Aktenauswertung ergab –, richtete sich der Einspruch speziell auf diese Sanktionshöhe. Die Reduzierung der Zahl der Tagessätze war daher oftmals zweitrangig. Deshalb wurde auch oftmals der Einspruch auf die Höhe des Tagessatzes beschränkt.

Tabelle 31: Einstellung aufgrund des Einspruchs (auch in Hauptverhandlung)

Einspruch	1992		2006	
	Abs.	%	Abs.	%
Ja	4	13,3	28	19,2
Strafbefehlserledigungen	82	100,0	312	100,0

Die Replikationsuntersuchung erbrachte auch eine höhere Zahl der Einstellungen nach einem Einspruch, wobei insbesondere auf die Einstellungsvorschrift des § 153a II StPO zurückgegriffen wurde. Eine Hauptverhandlung nach einem Einspruch fand nur vor dem Einzelrichter statt. In der Erstuntersuchung wurden 34,6 % der Einsprüche noch vor dem Schöffengericht verhandelt. Der Grund dürfte in der neuen Zuständigkeit der Einzelrichter liegen.

Tabelle 32 : Einstellung und Einstellungsvorschrift

Einstellungsvorschrift nach StPO	1992		2006	
	Abs.	%	Abs.	%
153	-	0,0	12	42,9
153 a	4	100,0	16	57,1
	4	100,0	28	100,0

Wie bereits ausgeführt, kam es in der Mehrzahl der Fälle in der Einspruchsverhandlung zu einer Reduzierung der Höhe des Tagessatzes. Ein Vergleich mit der Erstuntersuchung ist in diesem Falle nicht möglich, da dazu keine Informationen vorliegen.

4.2.5.3 Erledigung im gerichtlichen Verfahren

4.2.5.3.1 Zwischenverfahren

Das Hauptverfahren wurde bis auf zwei Fälle von den Gerichten immer eröffnet. In einem Fall kam es zu einer Einstellung im Zwischenverfahren. Auch wenn erhebliche Einwände gegen die Eröffnung des gerichtlichen Verfahrens erhoben wurden, hatten diese keinen Einfluss auf die Eröffnung, sondern die Einwände wurden zum Gegenstand der Hauptverhandlung.

4.2.5.3.2 Ergebnis der Hauptverhandlung

In der Replikationsuntersuchung zeigte sich, dass die Zahl der Verurteilungen gegenüber den Einstellungen in der Hauptverhandlung gesunken ist. Andererseits darf nicht vergessen werden, dass bereits durch die Staatsanwaltschaften Verfahren häufig eingestellt werden, sodass vor die Gerichtsinstanz erwartungsgemäß nur die Verfahren kommen, die auch eine Bestrafung sinnvoll erachten lassen. Grundsätzlich kann jedoch hier nur eine phänomenologische Analyse noch weitere Anhaltspunkte geben.

Tabelle 33: Ergebnis der Hauptverhandlung (einschließlich des Einspruchverfahrens)

Ergebnis	1992		2006	
	Abs.	%	Abs.	%
Freispruch	4	4,7	6	3,5
Verurteilung	40	47,1	114	67,1
Verurteilung mit Strafvorbehalt	-	-	17	10,0
Einstellung	40	47,1	27	15,9
- Einstellung nach § 153 II StPO			11	6,5
- Einstellung nach § 153a II StPO			15	8,8
- Einstellung nach § 154 StPO			1	0,6
HV noch nicht abgeschlossen / Einstellung nach § 205 StPO	1	1,2	6	3,5
Anklagen	**85**	**100,0**	**170**	**100,0**

vgl. I: 118; Teilfreisprüche und Teileinstellung sind nicht ausgewiesen; Einstellung nicht differenziert

Tabelle 34: Art der verhängten Strafe

Strafe	1992		2006	
	Abs.	%	Abs.	%
Geldstrafe	26	56,5	78	59,9
Freiheitsstrafe zur Bewährung	11	23,9	23	17,2
Freiheitsstrafe zur Bewährung mit Geldstrafe	5	10,9	3	2,3
Freiheitsstrafe ohne Bewährung	1	2,2	8	6,1
Freiheitsstrafe ohne Bewährung mit Geldstrafe	1	2,2	2	1,5
Verwarnung mit Strafvorbehalt	2	4,3	17	13,0
Verurteilungen	**46**	**100,0**	**131**	**100,0**

vgl. I: 114; Zahlen differieren zu vorhergehenden Tabellen

Die Verurteilungsstruktur zeigt, dass die Geldstrafe leicht zugenommen hat. Dagegen nahmen die Verurteilungen zu einer Freiheitsstrafe auf Bewährung ab. Dies muss jedoch im Verhältnis zu den Verwarnungen mit Strafvorbehalt gesehen werden, die als weitere Sanktionsmöglichkeit nun einen höheren Anteil hat. Auch die Zahl der Freiheitsstrafen ohne Bewährung ist zur Erstuntersuchung gestiegen. Aufgrund der kleinen Fallzahlen sind diese jedoch auch eher „Zufallsfunde" in der Aktenauswahl. Andererseits geben die Zahlen ein leicht höheres Sanktionsniveau wieder als dies die Rechtspflegestatistik ausweist. Insoweit liegt – wenn überhaupt – ein leichtes Übergewicht in der Untersuchung bei den Verfahren, die eine höhere Sanktionsschwere enthalten.

Tabelle 35: Anzahl der Tagessätze*

Tagessätze	1992		Alte Bundesländer		Neue Bundesländer	
	Abs.	%	Abs.	%	Abs.	%
1 – 30	4	15,4	2	2,7	-	
31 bis 60	9	34,6	9	11,5	2	
61 bis 90	6	23,1	28	35,9	5	
91 bis 120	4	15,4	17	21,8	6	
121 bis 150	-	0,0	9	11,5	6	
151 bis 240	3	11,5	12	15,4	3	
Mehr als 240	-	0,0	1	1,3		
Gesamtzahl	**26**	**100,0**	**78**		**27**	

*) Bezogen auf die Anzahl der Angeklagten

Tabelle 36: Länge der Freiheitsstrafe*

Monate	1992		2006	
	Abs.	%	Abs.	%
Bis 3	1	5,6	2	5,6
4 bis 6	4	22,2	7	19,4
7 bis 12	7	38,9	15	41,7
13 bis 18	1	5,6	3	8,3

19 bis 24	4	22,2	1	2,8
25 bis 36	1	5,6	2	5,6
37 bis 60	-	-	-	-
Mehr als 60	-	-	6	16,7
Freiheitsstrafen	**18**	**100,0**	**36**	**100,0**

*) Bezogen auf die Anzahl der Angeklagten

Die Zahl der Tagessätze zeigt demgegenüber wieder das bekannte Bild, dass der Schwerpunkt bis zu einer Tagessatzzahl von 90 Tagessätzen liegt. Hier dürften wiederum die Folgen bei einer höheren Verurteilung mit berücksichtigt worden sein.

Bei der Länge der Freiheitsstrafe ist auch zu beachten, dass zwei Verfahren in der Untersuchung enthalten waren, in denen die ausgeworfene Strafe wesentlich höher war als die Höchststrafen nach der Rechtspflegestatistik (vgl. Abschnitt 3 dieses Berichtes). Der Grund dürfte darin liegen, dass die Verurteilung schwerpunktmäßig nach den §§ 263 und 266 StGB erfolgte und somit in der Rechtspflegestatistik nicht bei den Insolvenzdelikten zu finden war.

4.2.5.4 Rechtsmittelverfahren

Insgesamt kam es nur in wenigen Fällen zu einer Berufung oder Revision. Überraschend oft kam es jedoch zu einer Einstellung des Verfahrens, auch noch nach § 153 II StPO. So kam es in einem Verfahren, in dem der Angeklagte zu einer Geldstrafe von 150 Tagessätzen (im Strafbefehlswege) verurteilt wurde, in der Berufungsinstanz (nach der Einspruchsverhandlung) zu einer Einstellung nach § 153a II StPO mit einer Geldbuße von 250 €.

Alles im allen war jedoch der Anteil von Rechtsmittelverfahren mit 1,6 % so gering, dass sich weitere Spezifizierungen an dieser Stelle nicht als sinnvoll darstellen.

4.2.6 Zur Ermittlungsdauer

Wenn im Nachfolgenden die Dauer der Ermittlungen dargestellt wird, so sind diese Werte mit Vorsicht zu interpretieren. Es können auf die Verfahrensdauer sehr vielfältige Aspekte einen Einfluss haben, die nichts mit der Arbeitsweise oder –qualität der Dienststellen zu tun haben. So können sich z.b. bei einer „einfachen" Beschuldigtenvernehmung folgende Szenarien abspielen:

1. Der Beschuldigte kommt und sagt aus.
2. Der Beschuldigte teilt umgehend mit, dass er nicht vor der Polizei aussagt und einen Rechtsanwalt beauftragt.
3. Der Beschuldigte teilt mit, dass er aussagen will, aber der Termin verschoben werden muss. Dies kann häufiger geschehen.
4. Die Ladung zur Vernehmung kommt mit dem Vermerk „Empfänger unbekannt!" zurück. Es müssen erst längere Recherchen hinsichtlich des neuen Wohnsitzes des Beschuldigten geführt werden. Danach können sich wieder die Situationen wie unter 1 bis 3 geschildert abspielen.
5. Der neue Wohnsitz des Beschuldigten, der von ihm mitgeteilt oder der ermittelt wurde, liegt in einem anderen Bundesland. Die Akte wird dorthin versandt. Es können dort nun wieder die Situationen wie unter 1 bis 3 geschildert eintreten.
6. Die Akte geht an die Staatsanwaltschaft zurück, die darüber entscheidet, ob der Beschuldigte von der Polizei vernommen werden soll. Danach geht die Akte wieder an die Polizei. Auch hier können wiederum zahlreiche Variationen auftreten.
7. Es können bei mehreren Beschuldigten im Verfahren jeweils die genannten Fälle auftreten, was „nur" eine Beschuldigtenvernehmung sehr zeitaufwändig gestalten kann.

Wie diese Fallschilderungen ausdrücken, versteckt sich hinter der reinen Zeitangabe ein sehr vielfältiges Arbeitsprogramm, weshalb diese Zeitangabe auch nur sehr bedingt Auskunft hinsichtlich der tatsächlichen Ermittlungssituation gibt, denn die schnellste polizeiliche Erledigung kann bedeuten, dass der Beschuldigte umgehend mitteilt, dass er nicht vor der Polizei aussagt und die Akte an die Staatsanwaltschaft zurückgesandt wird. Innerhalb von 30 Tagen ist alles erledigt, aber das Verfahren hat keinen inhaltlichen, sondern nur einen rechtlichen Fortschritt genommen. In einem anderen Fall kann die Polizei über die verschiedensten Maßnahmen den neuen Wohnsitz des Beschuldigten herausfinden und so maßgeblich dazu beitragen, dass das Verfahren zielgerecht abgeschlossen werden kann. Es sind jedoch für die Ermittlungsmaßnahmen mehr als ein halbes Jahr notwendig gewesen. Ein Rückschluss aus den Tabellenangaben, dass die Ermittlungszeit in diesem Fall zu hoch wäre, ist deshalb unzulässig. Nur eine Prüfung der „Wegezeiten", der Ermittlungsüberlegungen und der Umsetzung in Verbindung mit dem Zeitfaktor würden eine solche Aussage zulassen.

Auch für die Dauer des staatsanwaltschaftlichen Ermittlungsverfahrens gilt dieser Vorsichtshinweis, wie schon beim polizeilichen Ermittlungsverfahren. Auch hier sind viele Zeitfaktoren nicht von den Staatsanwälten zu beeinflussen, so z.B. wenn die Krankenkassen erst nach mehrmaligen Aufforderungen Angaben zur Beitragsabführung machen. Oftmals ist nach Auskunft der Krankenkassen auch eine erst durchzuführende Betriebsprüfung notwendig, was leicht eine Ermittlungsdauerverlängerung von 6 Monaten bedeuten kann. Hierauf hat der Staatsanwalt keinen Einfluss, es sei denn, er verzichtet auf diesen Gesichtspunkt und führt die Ermittlungen anderweitig weiter.

Trotzdem können natürlich die Angaben – insbesondere hinsichtlich der langen Ermittlungszeiträumen – Hinweise darauf geben, dass Problempunkte vorliegen, die aufzugreifen notwendig sind, um solche Verfahren nicht zu „Problemverfahren" werden zu lassen.

Bedauerlicherweise konnten mit dem Auswertungsprogramm keine Teilermittlungszeiten erfasst werden, sodass diese Überprüfung noch einer phänomenologischen Feinanalyse unterliegt. An dieser Stelle können somit nur die Gesamtermittlungsdauern verglichen werden.

Wie die Tabelle 37 ausweist, stieg die Verfahrensdauer im Vergleich zur Erstuntersuchung erheblich an. Über die Umstände kann an dieser Stelle nur spekuliert werden, jedoch ergaben erste phänomenologische Analysen, dass insbesondere die Auskunftsproblematik, z.B. durch die Sozialversicherungsträger, zu erheblichen Verfahrensverzögerungen führt. Weiterhin zeigte sich, dass kurzfristige Beschuldigtenvernehmungen durch die Polizei scheinbar nur noch in Ausnahmefällen möglich sind, sodass auch hierin eine Ursache für die Verlängerung der Ermittlungsdauern liegen könnte. Besonders zu erwähnen ist noch, dass bestimmte Staatsanwaltschaften durch überlange Ermittlungsdauern aufgefallen sind. Der Grund könnte natürlich auch in der Verfahrensauswahl liegen, d. h. dass von einer Staatsanwaltschaft eine tatsächliche Zufallsauswahl vorgenommen wurde und von der anderen Staatsanwaltschaft gerade die Verfahren ausgewählt wurden, die sehr schnell erledigt worden waren. Insoweit sind derartige Aussagen nur mit Vorsicht zu machen und bedürften einer Nachprüfung.

Tabelle 37: Gesamtermittlungsdauer im Vergleich

Gesamtdauer*	1992		2006	
	Abs.	%	Abs.	%
1 – 10 Tage	33	8,7	36	4,5
11 – 21 Tage	15	3,9	-	-
22 – 30 Tage	13	3,4	14	1,8
31 – 40 Tage	18	4,7	-	-
41 – 50 Tage	14	3,7	55	6,9
51 – 60 Tage	12	3,2	24	3,0
61 – 90 Tage	27	7,1	87	10,9
91 – 120 Tage	29	7,6	12	1,5
121 – 180 Tage	38	10,0	156	19,6
181 – 240 Tage	29	7,6	22	2,8
241 – 300 Tage	26	6,8	18	2,3
301 – 365 Tage	17	4,5	43	5,4
1 – 2 Jahre	68	17,9	162	20,4
mehr als 2 Jahre	36	9,4	142	17,9
noch nicht abgeschlossen	6	1,6	24	3,0
Gesamt	**381**	**100,0**	**795**	**100,0**

vgl. I: 125; *) Es wurde die Einteilung der Erstuntersuchung übernommen, obwohl diese für die Replikationsuntersuchung nur bedingt sinnvoll ist.

Eine Darstellung der „Normsanktionsdauer" ist im Rahmen der Replikationsstudie unterblieben, da diese keinen nachvollziehbaren Sinn ergibt. Welchen Zeitpunkt nimmt man dafür an? Nimmt man den Zeitpunkt der ersten nicht erstellten Bilanz oder die Feststellung der Zahlungsunfähigkeit oder der Überschuldung des Unternehmens? Oder wenn beide Fälle vorliegen, jedoch die Ermittlungen sich auf die letzte nicht erstellte Bilanz beziehen und im Rahmen der Ermittlungen von einer bereits länger zurückliegenden Überschuldung die Rede ist, diese aber nicht weiter aufgeklärt wird. Da andererseits aber die Nichterstellung einer Bilanz innerhalb eines bestimmten Zeitraums nur im Falle einer Insolvenz zur Straftat wird, ist hier also dann nicht der Insolvenztermin als Normverletzungstermin anzunehmen? Noch ein anderer Fall: Jemand ärgert sich über einen Unternehmer, der vor längerer Zeit insolvent wurde und erstattet daher Anzeige wegen Insolvenzdelikten, da er sich nicht vorstellen kann, dass dieser Unternehmer bereits wieder mehrere „Nobel-PKWs" fährt.[20] Nach Prüfung der Anzeige stellt man fest, dass bereits gegen den Unternehmer vor Jahren Ermittlungen liefen, die abgeschlossen sind. Welche Aussagekraft hat in solchen Fällen, die ja dann gerade durch ihre sehr lange Zeitspanne in der Auswertung besonders auffallen, eine Normsanktionsdauer? Was ist auch mit den Fällen, die nach §§ 170 II, 153, 153a StPO eingestellt wurden? Diese wenigen Fragen sollen das Problem kurz beleuchten, warum keine Aussagen zur Normsanktionsdauer hier gemacht werden, da sie letztendlich aussagelos blieben.

4.2.7 Zu den Tatbestandsstrukturen

Die Untersuchung der Tatbestandsstrukturen der Verfahren erbrachte, dass diese im Ermittlungsverfahren oftmals nur sehr pauschal genannt wurden. So wurde z.B. ausgeführt, „... aufgrund der Erkenntnisse aus dem Insolvenzgutachten ergeben sich Anhaltspunkte für das Vorliegen von Insolvenz- oder Bankrottdelikten". Daher soll in diesem Bericht nur ein allgemeiner Überblick gegeben werden und anhand einer deliktsbezogenen Feinanalyse auch

---

[20] Solche Fälle konnten in der Aktenanalyse festgestellt werden.

insbesondere danach unterschieden werden, welche Verfahren dann nur noch Ermittlungen wegen Formaldelikten oder nach § 266a StGB beinhalteten. Dies muss dann gleichfalls noch auf die Sanktionsschwere bezogen werden, da natürlich Verurteilungen nach § 266a StGB nicht unbedingt mit Insolvenzdelikten gleichgesetzt werden können. Hierfür sind jedoch umfangreiche phänomenologische Auswertungen notwendig, da diese sich nicht mit einem quantitativ ausgerichteten Auswertungsprogramm vornehmen lassen. Die Auswertungen in der Erstuntersuchung sind aus diesem Grunde auch nur von sehr bedingter Aussagekraft.

Tabelle 38: Ermittlungen wegen welcher Delikte

Tatbestände nach	1992		2006	
	Abs.	%	Abs.	%
§ 283 StGB	243	44,7	701	30,3
§ 283 b StGB	40	7,4	399	17,2
§ 283 c StGB	17	3,1	7	0,3
§ 283 d StGB	3	0,5	1	0,0
§§ 64, 84 GmbHG	196	36,0	630	27,2
HGB-Tatbeständen	17	3,1	18	0,8
RVO-Delikten	9	1,7	-	-
§ 266a StGB	-	-	481	20,8
Sonstige	3	0,6	78	3,4
Gesamtnennung	**544**	**100,0**	**2.315**	**100,0**

Die Werte der Tabelle 38 dürfen nicht zu einer falschen Interpretation führen. Auch hier ist wichtig zu beachten, dass die Zahl der Deliktsnennungen wesentlich gestiegen ist, sodass die Prozentangaben nicht ein tatsächliches Bild abgeben. Man könnte sonst annehmen, dass die Ermittlungen wegen § 283 StGB wesentlich zurückgegangen sind. Andererseits muss man vielmehr sagen, dass nun in fast jedem Verfahren auch wegen § 283 StGB Ermittlungen geführt werden. Auffällig ist auch die Zahl der Ermittlungsverfahren unter Einschluss von § 266a StGB, wenn man sie mit den RVO-Delikten vergleicht. Hier fällt der sehr große Unterschied zur Erstuntersuchung besonders auf. So zeigt diese Grundauswertung, dass es zu erheblichen Unterschieden hinsichtlich der Tatbestände in den letzten 15 Jahren, also seit der Erstuntersuchung, gekommen ist.

4.2.8 Geschädigte, Schadenssummen und Forderungsausfall

Zum Geschädigten werden in diesem Bericht keine Angaben gemacht, da diese im Gegensatz zur Erstuntersuchung nicht mehr ein besonderer Ermittlungsschwerpunkt gewesen sind. Dies ergibt sich bereits aus den Angaben zu den Ermittlungshandlungen, wo dieser Punkt nur noch in 2,4 % der Verfahren auftaucht. Insoweit hätte eine weitere Differenzierung aufgrund der geringen Fallzahlen keinerlei Aussagewert.

Gleichfalls werden zum Schaden keine Angaben gemacht, da hier das Problem besteht, dass man im Gegensatz zu Betrugsverfahren keinen deliktischen Schaden z.B. bei den § 84 GmbHG, §§ 283 V, 283b StGB festmachen kann. Schadensangaben werden von den Staatsanwaltschaften auch nur sehr spezifisch zu den Fällen des § 266a StGB gemacht, da diese für die Anklageerhebung bzw. Strafbefehlserledigung notwendige Voraussetzung sind. Trotzdem bleibt auch hier ein kriminologischer „Problempunkt" zurück, da oftmals die höchstrichterliche Rechtsprechung zu diesem Tatbestand nicht berücksichtigt wird, sodass Fälle zur Anklage und Aburteilung kommen, bei denen der Tatbestand nicht erfüllt ist.[21]

Weiterhin ist es nicht so, dass der Forderungsausfall als Schaden angenommen werden kann. Auch das Insolvenzgutachten gibt dazu nur bedingt Auskunft, da hier nur die Tabelle der angemeldeten Forderungen und die

---

[21] Es muss an dieser Stelle der Hinweis genügen, dass eigentlich alle Zahlungen des Beschuldigten auf die strafrechtlich geschützten Arbeitnehmeranteile zu den Sozialversicherungsbeiträgen anzurechnen sind. Dieser Umstand findet jedoch nur bei wenigen Staatsanwälten eine Berücksichtigung, sodass die Frage im Raum steht, ob hier überhaupt ein Delikt vorliegt. Der Tatbestand des § 266a StGB eignet sich auch zu einem schnellen Ermittlungsabschluss (unter Einstellung der Insolvenzdelikte nach § 154 StPO), sodass der angesprochene Gesichtspunkt nicht weiter berücksichtigt wird. Anzumerken ist, dass auch die Verteidiger der Beschuldigten oftmals diesen Gesichtspunkt während des Verfahrens nicht ansprechen, sodass dann auch keine Einwände gegen eine Ab-/Verurteilung deswegen erfolgen. Spezielle Auswertungen dazu müssen einer Feinanalyse vorbehalten bleiben.

Anerkennung der Forderung durch den Insolvenzverwalter einbezogen werden müsste. Bei Insolvenzen, die „mangels Masse" nicht eröffnet werden, fehlen dazu oftmals jedoch detailliertere Angaben, sodass hier sehr viele Fälle „ohne Angaben" bleiben müssen. So konnten auch in der Erststudie z.b. bei 295 Fällen (von 381) keine Angaben dazu gemacht werden. Weiterhin beziehen sich auch die Staatsanwälte nur in einem äußerst geringen Prozentanteil der Verfahren auf den Forderungsausfall, sodass er zwar innerhalb einer phänomenologischen Auswertung berücksichtigt werden könnte, jedoch nicht von einem gravierenden Einfluss sein dürfte (vgl. dazu auch die Aussagen in der Staatsanwältebefragung).

4.2.9 Weitere Angaben zum Insolvenzverfahren

Wie die Tabelle 39 wiedergibt, stieg die Zahl der Eigenanträge; die Zahl der Fremdanträge nahm dramatisch zu. Gleichfalls fällt auf, dass insbesondere Fremdanträge durch die Sozialversicherungsträger erfolgten. Gerade der letztere Gesichtspunkt wäre noch besonders zu hinterfragen, da diese Fremdanträge auch oftmals wegen Zahlungsrückständen von wenigen hundert Euro erfolgten. Weiterhin ist zu beachten, dass zu jedem Fremdantrag nach der gesetzlichen Vorschrift auch ein Eigenantrag vorliegen müsste, da nur dann die Vorschriften des GmbH-Gesetzes erfüllt sind. Für die vorliegende Auswertung können diese Angaben nur als eine zusätzliche Information dienen, sodass sie an dieser Stelle nicht weiter kommentiert werden.

Tabelle 39: Entstehung des Konkurs-/Insolvenzverfahrens (Mehrfachnennungen)

Antragsart	1992		2006	
	Abs.	%	Abs.	%
Eigenantrag	118	33,3	314	52,5
Fremdantrag	52	14,7	283	47,3
- darunter:				
- durch KK	50	14,1	171	28,6
- durch Finanzverwaltung	2	0,6	28	4,7

Sonstiges	34	9,6	-	-
Ohne Kenntnis	150	42,4	1	0,2
Gesamt	**354**	**100,0**	**598**	**100,0**

Mehrfachangaben; siehe die Abkürzungsangaben zu Beginn des Kapitels.

Erwähnt werden soll jedoch noch, dass es vielfach zu mehreren Insolvenzantragsstellungen kam, wovon welche dann wegen Erledigung (Zahlung) zurückgenommen wurden. Diese zivilrechtlichen Taktiken können jedoch hier – wie bereits erwähnt – nicht weiter verfolgt werden.

Ein leichter Schwerpunkt der Ermittlungen liegt jedoch bei den Insolvenzverfahren, die mangels Masse nicht eröffnet wurden. Dies ist jedoch bereits in der Tatsache begründet, dass natürlich die Verdachtsmomente für eine Insolvenzstraftat größer sind, wenn das Vermögen des Unternehmens nicht einmal mehr für die Aufbringung der Verfahrenskosten reicht.

Tabelle 40: Ausgang des Konkurs-/Insolvenzverfahrens (Mehrfachnennungen)

Verfahren wurde	1992		2006	
	Abs.	%	Abs.	%
Eröffnet	52	13,5	251	39,1
Mangels Masse abgewiesen	171	44,9	383	59,7
Antrag zurückgenommen / zurückgewiesen	8	2,1	8	1,2
Sonstiges (wie § 204 KO)	1	0,3	-	-
Keine Angaben	149	39,1	-	-
Gesamt	**381**	**100,0**	**642**	**100,0**

Es kam auch vor, dass ein Verfahren nach der Gutachtenerstellung dann doch mangels Masse eingestellt werden musste. Diese Differenzierung konnte hier nicht mehr ausgewiesen werden.

Bezüglich der Tabellen 41 und 42 ist auf die Ausführungen zu verweisen, die bereits im Abschnitt des staatsanwaltschaftlichen Ermittlungsverfahrens getätigt wurden. Es zeigte sich, dass es hinsichtlich der Berücksichtigung des Insolvenzgutachtens zu einer der wesentlichen Änderungen gegenüber der Erstuntersuchung gekommen ist. Die Aussage eines Staatsanwaltes, „dass ohne Insolvenzgutachten die Staatsanwaltschaften bei den Insolvenzdelikten hilflos wären", spricht dies noch einmal deutlich aus. Gleichfalls zeigt sich auch, dass es keinen Unterschied bei der Berücksichtigung zwischen den alten und neuen Bundesländern gibt.

Tabelle 41: Konkurs-/Insolvenzgutachten in der Akte

Liegt Gutachten vor?	1992*		2006	
	Abs.	%	Abs.	%
Ja	38	10,0	623	78,4
Nein	341	90,0	172	21,6
Gesamt	381	100,0	795	100,0

*) 1992: Bei 17 Verfahren Hinweis auf Konkursgutachten, das nicht in der Akte war.

Der Vergleich zwischen den alten und neuen Bundesländern zeigt keinen (Ermittlungs-)Unterschied, sodass eine weitere Bewertung entfallen kann.

Tabelle 42: Konkurs-/Insolvenzgutachten in der Akte im Vergleich

	Alte Bundesländer	Neue Bundesländer
Anteil der Verfahren mit Insolvenzgutachten in der Akte	77,6	80,5

4.2.10 Angaben zu den Unternehmen

Die Auswertung der Rechtsform des Unternehmens zeigte, dass insbesondere der Anteil der GmbH an den Verfahren wegen Insolvenzdelikten stark gestiegen ist. Jedoch sind diese Angaben nur aufgrund der Aussagen der Staatsanwältebefragung genau zu beurteilen, da darin nun auch ein besonderes Augenmerk auf diese Rechtsform zum Tragen kommen könnte. Andererseits dürfte – unter Berücksichtigung der Zahlen für die Einzelfirma – doch zum Ausdruck kommen, dass die GmbH in den letzten Jahren häufiger im Zusammenhang mit Insolvenzdelikten steht, wobei hier insbesondere natürlich die Formulierung der GmbHG-Straftatbestände ihre Auswirkungen zeigen dürften (sog. Fahrlässigkeitstat).

Der Vergleich zwischen den alten und neuen Bundesländern zeigt keinen besonderen Unterschied auf. Die Abweichungen sind eher statistische „Zufälligkeiten" als dass hier strukturelle Unterschiede vermutet werden können.

Tabelle 43: Rechtsform des Unternehmens

Rechtsform	1992		2006*	
	Abs.	%	Abs.	%
Einzelfirma	47	12,3	106	13,8
e.K.	-	0,0	6	0,8
GbR	-	0,0	4	0,5
OHG	2	0,5	3	0,4
KG	13	3,4	4	0,5
GmbH	266	69,8	605	78,0
GmbH / AG & Co. KG**	16	4,2	22	2,8
AG	1	0,3	14	1,8
Freie Berufe	1	0,3	2	0,3
Limited/ausländische Rechtsformen***	-	-	3	0,4
Sonstige****	1	0,3	6	0,8
k.A.	34	8,9	0	0,0
Gesamt	**381**	**100,0**	**775**	**100,0**

*) Bei Firmenverflechtungen oder Geschäftsführer mehrerer insolventer Gesellschaften wurden alle Firmen, die in den Ermittlungsverfahren eine Rolle gespielt haben, einbezogen.
**) Wenn Verfahren getrennt gegen Geschäftsführer der GmbH und KG geführt wurden, sind diese hier nicht enthalten, da dann oftmals für die Untersuchung nur ein Verfahren zur Auswertung vorgelegen hat.
***) Z.B. niederländische BV
****) Z.B. Verein, Genossenschaften
Rundungsdifferenzen

Tabelle 44: Rechtsformen im Vergleich

Rechtsform	Alte Bundesländer		Neue Bundesländer	
	Abs.	%	Abs.	%
Einzelfirma	53	12,0	53	16,5
e.K.	4	0,9	2	0,6
GbR	-	0,0	4	1,2
OHG	3	0,7	-	0,0
KG	2	0,5	2	0,6
GmbH	355	80,1	250	77,6
GmbH / AG & Co. KG	12	2,7	10	3,1
AG	10	2,3	4	1,2
Freie Berufe	2	0,5	-	0,0
Limited/ausländische Rechtsformen	1	0,2	2	0,6
Sonstige	1	0,2	5	1,6
Gesamt	**443**	**100,0**	**332**	**100,0**

Anmerkungen siehe Tabelle 58

Auch die Branchenangaben sind nicht erheblich unterschiedlich. Wie in der Erstuntersuchung fällt auch der Baubereich besonders ins Gewicht. Zu den Angaben zur Lebensdauer oder der Beschäftigtenanzahl waren nur wenige Aussagen vorhanden (vgl. auch die Erstuntersuchung), sodass erstmals auf die Auswertung an dieser Stelle verzichtet wurde und dies einer Feinanalyse der Insolvenzgutachten vorbehalten bleiben soll.

4.2.11 Angaben zu den Beschuldigten

Wie sich aufgrund zahlreicher kriminologischer Untersuchungen gezeigt hat, geben bestimmte Angaben zum Beschuldigten keinerlei Hinweise auf die „Tatumstände". So gibt der noch in der Erstuntersuchung angeführte Familienstand keine Auskünfte hinsichtlich der Insolvenzdelikte. Er gibt wohl nur das Bild der am Wirtschaftsleben teilnehmenden Personen wieder; selbst wenn die Angabe „verwitwet" häufiger in einer Untersuchung auftritt als in der Grundgesamtheit, so kann daraus nicht geschlossen werden, dass z.B.

verwitwete Geschäftsführer häufiger Insolvenzdelikte begehen als ledige. Um diese Problematik nicht weiter zu vertiefen, unterbleiben daher Ausführungen und Vergleiche mit der Erstuntersuchung.

Angeführt wird jedoch der Anteil der beschuldigten Männer und Frauen aus dem Bereich der Insolvenzkriminalität, da aus der Geschlechtsvariablen z.B. so genannte „Strohmannsituationen" abgeleitet werden könnten (im Zusammenhang mit einem phänomenologischen Bezug).

Wie die Tabelle 45 wiedergibt, betrug der Anteil der männlichen Beschuldigten im Durchschnitt 82,1 % und der weiblichen 17,9 %. Die Zahlen aus den einzelnen Bundesländern schwanken auch nur gering um diesen Durchschnittswert, lediglich Hamburg weist einen größeren Anteil von weiblichen Beschuldigten auf, wogegen Thüringen mit 10,1 % den geringsten Anteil hat.

Auch die Nationalität der Beschuldigten kann eine Bedeutung dahingehend haben, ob eventuell Strukturen erkennbar wären, die Hinweise auf einen großen Einfluss z.B. im Bereich der organisierten Insolvenzkriminalität aufzeigen würden bzw. bestimmte Nationalitäten – aufgrund welcher Hintergründe auch immer – häufiger in den Ermittlungsverfahren anzutreffen sind. Weiterhin könnte auch die Notwendigkeit sichtbar werden, gegenüber anderen Nationalitäten andere Ermittlungspraxen anwenden zu müssen.

Tabelle 45: Geschlecht der Beschuldigten

Land	Gesamt	männlich		Weiblich	
		N	%	N	%
BW	128	104	81,3	24	18,7
BY	126	104	82,5	22	17,5
Berlin	36	31	86,1	5	15,9
Brandenburg	82	66	80,5	16	19,5
Hamburg	34	26	76,5	8	23,5
Hessen	102	82	80,4	20	19,6
MeckPom	99	85	85,9	14	14,1
NRW	186	151	81,2	35	18,8
Sachsen	126	99	78,6	27	21,4
Sachsen-A	77	62	80,5	15	19,5
SH	19	16	84,2	3	15,8
Thüringen	99	89	89,9	10	10,1
Gesamt	1.114	915	82,1	199	17,9

Abkürzungen siehe Tabelle 1

Tabelle 46: Nationalität des Beschuldigten

Nationalität	1992		2006	
	Abs.	%	Abs.	%
Deutsche	344	94,2	776	89,5
Türkische	5	1,4	24	2,8
Holländische	3	0,8	10	1,2
Ex-jugoslawische	1	0,3	10	1,2
Italienische	-	0,0	3	0,3
Sonstige	12*	3,9	44*	5,1
Beschuldigte mit Nationalitätenangabe	365	100,0	867	100,0
		74,8		77,8
k.A.	119	25,2	247	22,2
Gesamtbeschuldigte	484	100,0	1.114	100,0

*) darunter französische, schweizerische, ungarische, österreichische, portugiesische, spanische, griechische, britische, polnische, slowakische, tschechische, russische, syrische; iranische; indische; marokkanische, tunesische, afghanische, chinesische Staatsbürgerschaft

Wie die Tabelle 46 ausweist, hat sich die Zugehörigkeit zu den verschiedenen Nationalitäten nur sehr geringfügig verändert. Zwar nahm der Anteil der Beschuldigten mit deutscher Nationalität geringfügig ab und die der türkischen zu, was sich sicherlich auch aus den veränderten Lebenssituationen in der Bundesrepublik Deutschland ergibt. Es zeigt sich jedoch insgesamt, dass die Nationalität innerhalb der Insolvenzkriminalität keinerlei Rolle spielt, die fremde Nationalität eher eine „Einzelerscheinung" ist und somit auch keine weiteren Analysen dazu notwendig sind.

Auch die Vorstrafenbelastung der Beschuldigten ist kriminologisch wieder von Interesse, wobei insbesondere die einschlägigen Vorstrafen darüber Auskunft geben können, ob Beschuldigte häufiger durch bestimmte Deliktsstrukturen auffällig werden. Andererseits ist jedoch auch zu beachten, dass diese Angaben nur zum Teil das Bild wiedergeben, das den Strafverfolgungsorganen bekannt ist. Der Grund liegt darin, dass in den Tabellen natürlich nicht die Fälle enthalten sind, in denen bereits wegen Insolvenzdelikten Verfahren gegen den Beschuldigten geführt wurden und nach § 170 II StGB aber insbesondere nach §§ 153, 153a StPO eingestellt wurden. Speziell in den letzteren Fällen ist also der Beschuldigte ein bereits für die Strafverfolgungsorgane „Bekannter" – in den hier vorgestellten Tabellen erscheint er jedoch als „nicht vorbelastet". Bedauerlicherweise können die Auswertungen jedoch nicht die „Voreinstellungen" der Beschuldigten mit berücksichtigen, da diese Angaben oftmals nicht in den Ermittlungsakten enthalten sind und die Unterlagen der Staatsanwaltschaft dazu nicht ausgewertet werden können. Aufgrund von Einzelfällen, in denen in den Ermittlungsakten solche Auskünfte enthalten waren, lässt sich jedoch sagen, dass zu den in den folgenden Tabellen ausgewiesenen „nicht belasteten" Personen häufig bereits Vorverfahren liefen. Insoweit erklären sich dann auch die Aussagen der Staatsanwälte, dass ihnen zahlreiche Beschuldigte bereits zum wiederholten Male wegen Insolvenzdelikten auffielen, aufgrund der Vorstrafenangaben die Personen jedoch nach der Aktenlage als „Ersttäter" in der Untersuchung erschienen. Insoweit sind also diese Angaben nur bedingt als „harte Fakten" zu werten und die Tabelle weist auch nur aus, ob Vorstrafen „angeführt" waren.

Tabelle 47: Vorstrafen angeführt?

Vorstrafen	1992		2006	
	Abs.	%	Abs.	%
Ja	77	16,3	189	17,0
Nein	395	83,7	925	83,0
Gesamt	472	100,0	1.114	100,0

Tabelle 48: Einschlägige Vorstrafe?

Vorstrafen	1992		2006	
	Abs.	%	Abs.	%
Ja	12	15,6	92	48,7
Nein	65	84,4	97	51,3
Gesamt	77	100,0	189	100,0

Die Tabelle 47 zeigt, dass die ausgewiesenen Vorstrafen in den Ermittlungsakten nur leicht angestiegen sind. Insoweit kann trotz der getätigten Einwände ausgeführt werden, dass eine Zunahme der Vorstrafenbelastung der Beschuldigten in der Insolvenzkriminalität nicht vorliegt. Wie jedoch die Tabelle 48 hinsichtlich dem Vorliegen von „einschlägigen Vorstrafen" wiedergibt, ist es zu einem erheblichen Anstieg dieser Vorbelastungen gekommen, sodass man sagen kann, dass die Wiederholungsintensität in der Insolvenzkriminalität gegenüber der Erstuntersuchung wesentlich gestiegen ist, d. h. dass die Beschuldigten, zu denen in der Replikationsuntersuchung eine Vorbelastung angegeben war, wesentlich häufiger bereits zu einer Geld- oder Freiheitsstrafe wegen Insolvenzdelikten verurteilt gewesen waren als in der Erstuntersuchung.

Zusätzlich kann noch ausgeführt werden, dass bei den männlichen Beschuldigten die Vorstrafenquote bei 18,8 % lag und diese bei den weiblichen Beschuldigten nur 8,5 % betrug. Warum dieser Unterschied besteht, kann an dieser Stelle nicht aufgeklärt werden.

Tabelle 49: Vorstrafenangaben im Vergleich

Vorstrafen	Gesamt		Alte Bundesländer		Neue Bundesländer	
	Abs.	%	Abs.	%	Abs.	%
Ja	189	17,0	88	13,9	101	20,9
Nein	925	83,0	543	86,1	382	79,1
Gesamt	1.114	100,0	631	100,0	483	100,0

Tabelle 50: Einschlägige Vorstrafenbelastung im Vergleich

Einschlägige Vorstrafen	Gesamt		Alte Bundesländer		Neue Bundesländer	
	Abs.	%	Abs.	%	Abs.	%
Ja	92	48,7	40	45,5	52	51,5
Nein	97	51,3	48	54,5	49	48,5
Gesamt	189	100,0	88	100,0	101	100,0

Vergleicht man die Ergebnisse aus den alten und neuen Bundesländern, so fällt der geringfügig höhere Anteil der mit Vorstrafen belasteten Beschuldigten in den neuen Bundesländern ebenso wie auch die höhere einschlägige Vorbelastung auf. Man könnte nun davon ausgehen, dass aufgrund der wirtschaftlichen Situation in den neuen Bundesländern es auch zu einer höheren „Insolvenzbelastung" der unternehmerisch Tätigen kommt und somit letztendlich auch zu einer höheren „Strafvorbelastung". Anderseits muss im Vorgriff auf die Ausführungen der Staatsanwältebefragung und zu der Strafhöhe (siehe dort) auf den Umstand hingewiesen werden, dass in den neuen Bundesländern oftmals keine Einstellungen z.B. nach § 153a StPO vorgenommen werden, da die Beschuldigten nicht über die finanziellen Mittel verfügen, diese schnell zu begleichen. Welche Auswirkungen diese Erledigungsstrategie jedoch auf den weiteren Lebensweg der ehemaligen Beschuldigten haben kann, zeigen die beiden o.a. Tabellen, da hierin auch ein Grund für die höhere einschlägige Vorstrafenbelastung liegen kann. Insoweit stellt sich eine solche Erledigungsstrategie letztendlich nicht als „Einzelfallentscheidung", sondern womöglich als weitreichende Lebenswegbelastung heraus.

Hinsichtlich der Frage, ob noch andere Verfahren gegen die Beschuldigten geführt werden, ist hier die Einschränkung vorzunehmen, dass bei einigen Staatsanwaltschaften die Verfahren „aufgeteilt" werden. Liegt z.B. ein Verstoß gegen § 266a StGB und ein Insolvenzdelikt vor, so werden diese in getrennten Verfahren bearbeitet. Dies kann sogar noch zu einem weiteren Verfahren führen, wenn z.b. noch der Fall eines Gründungsschwindels oder Gläubigerbegünstigung zu einem weiteren Verfahren abgetrennt wird. Insoweit gibt auch die Verfahrenserledigung durch eine Einstellung nach § 154 StPO dafür Hinweise (vgl. dazu diesen Abschnitt). Ohne an dieser Stelle auf die praktischen Ermittlungsprobleme durch eine solche Handhabung eingehen zu können, sollte darauf verwiesen werden. Es handelt sich nämlich dann bei den ausgewiesenen weiteren Verfahren nicht um einen eher als „Insolvenzintensivtäter" anzusehenden Beschuldigten, sondern um Fälle, in denen eine Insolvenz in mehreren Verfahren „abgearbeitet" wird. Ein Extremfall stellte z.B. ein Ermittlungsverfahren mit drei Beschuldigten dar, das letztendlich in sechs Verfahren „endete".

Tabelle 51: Andere Verfahren gegen Beschuldigte

Verfahren	1992		2006	
	Abs.	%	Abs.	%
Ja	111	23,5	374	33,6
Nicht ersichtlich	361	76,5	740	66,4
Gesamt	472	100,0	1.114	100,0

4.2.12 Rechtsanwaltliche Vertretung des Beschuldigten im Ermittlungsverfahren

In der Tabelle 52 wird für die Untersuchung nur die anwaltliche Vertretung angeführt, die im Ermittlungsverfahren bestand. Oftmals kam es vor, dass ein Angeklagter sich dann im gerichtlichen Verfahren vertreten ließ. Insgesamt ist festzustellen, dass die Zahl der Vertretungen gestiegen ist, wobei es natürlich auch immer wieder zu Mandatsniederlegungen kam. Interessant in diesem Zusammenhang ist, dass es einige Fälle gab, in denen die Beschuldigten aus ihrer Unschuldsüberzeugung heraus auf einen Rechtsbeistand verzichteten. In den neuen Bundesländern stellte sich eine geringere Vertretungshäufigkeit heraus, was wohl auch mit den finanziellen Mitteln eines insolventen Unternehmers zusammenhängt.

Tabelle 52: Im Verfahren durch einen Rechtsanwalt vertreten

Rechtsanwalt	1992		2006	
	Abs.	%	Abs.	%
Ja	149	31,6	494	43,2
Nein	320	67,8	650	56,8
k.A.	3	0,6	-	-
Gesamt	472	100,0	1.144	100,0

4.3 Fazit

Ohne an dieser Stelle nochmals alle die in diesem Kapital ausgeführten Ergebnisse zusammenzufassen, sollen einige spezielle Punkte nochmals hervorgehoben werden.

Einmal die Tatsache, dass sich zur Erstuntersuchung die Entstehung der Verfahren nur dahingehend verändert hat, dass der Anteil der Anzeigen gegenüber der Erstuntersuchung gestiegen ist. In den alten Bundesländern erfolgen solche Anzeigen eher durch im Geschäftsbetrieb Geschädigte und in den neuen Bundesländern durch die Beschäftigten bei Nichtzahlung der Löhne.

Der Anlass für die polizeilichen Ermittlungen hat sich gegenüber der Erstuntersuchung nicht wesentlich verändert. Es wurde jedoch deutlich, dass Ermittlungshandlungen nach eigener Kenntniserlangung sehr zurückgegangen sind. Hinsichtlich der Ermittlungshandlungen zeigte sich, dass die Beschuldigtenvernehmungen bzw. die Vorladung zu einer solchen wesentlich gestiegen sind, dagegen bei den Durchsuchungen und Sicherstellungen es einen spürbaren Rückgang gegeben hat.

Bei den staatsanwaltschaftlichen Maßnahmen im Ermittlungsverfahren fiel auf, dass insbesondere der Anteil der speziellen Ermittlungsaufträge an die Polizei gestiegen und demgegenüber die reinen Eigenermittlungen gesunken sind. Dabei ist zu beachten, das sich die Mehrzahl der speziellen Ermittlungsaufträge auf die Beschuldigtenvernehmungen bezogen. Gleichfalls zeigte sich, dass die Vernehmung der Beschuldigten durch die Staatsanwaltschaft selbst gegenüber der Erstuntersuchung sehr stark zugenommen hat (insbesondere auch in Form der schriftlichen Beschuldigtenvernehmung), aber auch die Beiziehung von Akten – insbesondere solcher des Insolvenzgerichtes – sehr stark angestiegen ist. Gleichfalls veränderte sich neben der Zusammenarbeit mit den Krankenkassen auch der Auswertung des Schuldnerverzeichnisses bzw. des Handelsregisters sowie insbesondere der Insolvenzgutachten, die es in der Erstuntersuchung so noch nicht gegeben hat.

Letztendlich ist noch zu erwähnen, dass in den neuen Bundesländern die Staatsanwaltschaften in einem größeren Umfang reine Eigenermittlungen vornehmen als dies in den alten Bundesländern der Fall ist.

Bei der staatsanwaltschaftlichen Erledigung des Verfahrens zeigte sich, dass der Anteil der Einstellung nach § 170 II StPO gegenüber der Erstuntersuchung überaus stark zurückgegangen ist. Demgegenüber stiegen stark die Einstellungen des Verfahrens nach § 153 StPO aber auch die nach § 153a StPO an. Ein Grund dafür liegt – so die Aussagen der Staatsanwälte – in der Verhinderung der Beschwerdemöglichkeit durch die Anzeigenerstatter, die bei einer Einstellung nach § 170 II StPO immer der Fall sein könnte und auch verstärkt wahrgenommen wird. Angestiegen ist auch die Zahl der Verfahren, die mit einem Strafbefehl erliegt wurden, wobei weiter auffällig war, dass in den neuen Bundesländern es zu deutlich mehr Anklagen vor dem Einzelrichter gekommen ist. Letztendlich ging die Zahl der Anklagen vor dem Schöffengericht gegenüber der Voruntersuchung deutlich zurück, wie auch Strafkammeranklagen noch seltener geworden sind.

Bei der Strafhöhe zeigte sich, dass immer noch die überwiegende Zahl der Verfahren mit einer Geldstrafe mit bis zu 90 Tagessätzen abgeschlossen wurde. Jedoch kam es gegenüber der Erstuntersuchung zu einem leichten Anstieg des Bereichs „91 bis 120 Tagessätzen". Kam es zu einer Anklage, so wurden weniger Verfahren dann vom Gericht eingestellt, vielmehr kam es mit einem wesentlich höheren Anteil gegenüber der Erstuntersuchung zu einer Verurteilung. Dabei war wiederum der größte Anteil die Verurteilung zu einer Geldstrafe – wie in der Erstuntersuchung –, jedoch nahmen die Fälle, in denen eine Freiheitsstrafe ohne Bewährung ausgesprochen wurde, prozentual zu (wobei die geringe tatsächliche Zahl von 8 Verurteilungen insgesamt als sehr gering zu bezeichnen ist, da dies in nur 0,02 % aller untersuchten Verfahren der Fall war!).

Hinsichtlich der Höhe der Geldstrafe war festzustellen, dass es keine Veränderung zur Erstuntersuchung gab. Der Hauptanteil der Fälle wurde mit einer Verurteilung von bis zu 120 Tagessätzen abgeschlossen.

Bei der Verfahrensdauer zeigte sich, dass der Anteil der Verfahren, die länger als ein Jahr dauern, von 28,9 % in der Erstuntersuchung auf 41,3 % gestiegen ist. Hier zeigte sich eine wesentliche Verschlechterung der Handlungsaktivitäten der Ermittlungsorgane. Bei einem Anstieg der Verfahren, die länger als 1 Jahr Ermittlungsarbeit benötigten, um fast 43 % kann man sogar von einem dramatischen Zunahme der längerdauernden Verfahren sprechen.

Abschließend sei noch auf die Umstände hingewiesen, dass der Anteil der GmbH an den Ermittlungsverfahren gegenüber der Erstuntersuchung nun auf 78 % gestiegen ist. „Limited-Rechtsformen" o.ä. waren dagegen nicht nennenswert in den Ermittlungsverfahren anzutreffen. Weiter zeigte sich, dass der Anteil der einschlägig vorbestraften Beschuldigten sprunghaft auf 48,7 % der insgesamt vorbestraften Beschuldigten angestiegen ist. Hier könnte sich eine Tendenz bemerkbar machen, die man zukünftig weiter beobachten sollte. Abschließend sei auch noch erwähnt, dass gegenüber der Erstuntersuchung mehr Beschuldigte sich durch einen Rechtsbeistand unterstützen ließen, was sicherlich mit Erkenntnissen aus anderen straf- und zivilrechtlichen Bereichen einhergeht.

5 Staatsanwältebefragung

Die Ergebnisse der Staatsanwältebefragung beziehen sich in diesem Kapitel schwerpunktmäßig auf die Zusammenarbeit mit der Polizei, erkannte Ermittlungsdefizite und Problemfelder, die in einem engen Zusammenhang mit den polizeilichen Ermittlungen stehen.[22] Die Bereiche, die in diesem Zusammenhang angesprochen wurden, sind:

- Das Vorhandensein von spezifischem Wissen für Ermittlungen im Wirtschaftsstrafbereich, die sich von den übrigen Kriminalitätsfeldern unterscheiden.
- Die Frage hinsichtlich anforderungsgerechter Qualifikation bei den ermittelnden Polizeidienststellen.
- Die Frage, wie „gute Polizeiarbeit" definiert wird. Ist sie z.B. zeitsparend bei den Ermittlungen und wodurch zeichnet sich beispielsweise die Qualitätsbewertung bei Ermittlungen aus?

In den einzelnen Interviews wurden daneben auch zahlreiche Detailinformationen zu der Ermittlungssituation in bestimmten Ländern gegeben. Gerade diese Gesichtspunkte müssten noch durch Interviews im Polizeibereich ergänzt werden, damit diese Aussagen nicht eher zusammenhangslos in einer „Aufreihung" stehen bleiben.

Wie sich aus der o.a. Aufstellung ergibt, betreffen die Diskussionspunkte nicht nur Fragen der Verbesserung von Organisationsabläufen, sondern sie berühren tief greifend den Handlungsablauf bei den polizeilichen Ermittlungsdienststellen und ihrer Organisation.

---

[22] Es sei an dieser Stelle nochmals darauf hingewiesen, dass für die abschließende Auswertung der Interviews mit den Staatsanwälten vorab noch eine Befragung der Polizeidienststellen notwendig ist. Nur auf dieser Grundlage können dann auch die Antworten, die bisher dazu vorliegen, relativiert dargestellt werden aber auch noch weitere Aufklärung aufgrund Hinweise aus der Polizeibefragung erfolgen. Insoweit sollten die hier vorliegenden Ergebnisse als ein erster Überblick über die Problemschilderungen durch die Staatsanwälte betrachtet werden und noch nicht als ein abschließendes Ergebnis innerhalb des Forschungsprojektes.

5.1 Zur Methode

Die Staatsanwältebefragung konnte nicht in Form einer schriftlichen Befragung durchgeführt werden, da ansonsten die Situation eingetreten wäre, dass die Ergebnisse dieses Untersuchungsteils bereits „vorgegeben" worden wären. Weiterhin bestand die Absicht, dass nur Staatsanwälte aus den Behörden in die Befragung einbezogen werden sollten, von denen auch Verfahren ausgewertet wurden, da somit die Gelegenheit bestand, bestimmte „Auffälligkeiten" aus der Aktenanalyse zu hinterfragen oder die Staatsanwälte mit den Ergebnissen der Aktenanalyse zu konfrontieren. Somit wurde der Weg des Experteninterviews gewählt, wobei für die Befragung ein Ablaufschema erstellt wurde, jedoch die Möglichkeit bestand, zusätzliche Fragen aufzunehmen, Zusatzfragen zu stellen oder auch Spezifizierungen vorzunehmen.

Insgesamt wurden 23 Staatsanwaltschaften um ein Interview gebeten. Es stellte sich schnell heraus, dass von den Staatsanwaltschaften, die ihre Bereitschaft erklärten, die Möglichkeit hinterfragt wurde, ob mehrere Staatsanwältinnen oder Staatsanwälte am Interview teilnehmen könnten. Bei einigen wenigen wurde darum gebeten, dass nur eine Person Auskunft geben müsste. Beide Angebote wurden akzeptiert, wobei Einzelinterviews auch deshalb gewünscht waren, weil bei diesen Staatsanwaltschaften oftmals Jüngere bzw. Berufsneulinge tätig waren, deren „Unerfahrenheit" nicht problematisiert werden sollte oder andererseits auch unterschiedliche Auffassungen nicht zu stark zum Tragen kommen sollten. Gerade der letztere Punkt wurde jedoch oftmals dadurch aufgehoben, dass eine sog. „Mindermeinung" in einem weiteren Interview geäußert wurde, sodass somit eine breite Antwortpalette entstand.

Insgesamt ist festzuhalten, dass die Staatsanwaltschaften sehr aufgeschlossen waren[23] und nur einige wenige bisher keine Resonanz auf die Anfrage gaben. Bei diesen Staatsanwaltschaften muss von einem Desinteresse

---

[23] Zu erwähnen ist, dass zum augenblicklichen Zeitpunkt noch einige Interviews nicht in die Ergebnisse des vorläufigen Forschungsberichtes eingearbeitet werden konnten, da diese erst noch stattfinden. Wenn auch die Abgleichung mit den Angaben der Polizeidienststellen vorliegt, könnte die Situation eintreten, dass dann länderbezogene Aussagen getätigt werden können, da die Zahl der in die Darstellung eingegangenen Interviews der Staatsanwälte dann so groß ist, dass Rückschlüsse bei bestimmten Bundesländern nicht mehr möglich sind.

ausgegangen werden, dessen Hintergründe jedoch nicht nachvollziehbar sind (vgl. Übersicht XIII). Angemerkt werden muss auch, dass die Ausführungen zum Bereich der Effizienz der bestehenden Straftatbestände im Bereich der Insolvenzkriminalität einer Sonderauswertung vorbehalten bleiben müssen.

Den befragten Staatsanwältinnen und -anwälten wurde zugesichert, dass ihre Angaben anonym behandelt werden. Diese Anonymität würde jedoch aufgehoben, wenn bei den folgenden Ausführungen z.B. jeweils in Klammer erscheinen würde, dass dies die Antwort der Staatsanwaltschaft in X-Stadt und die gegenteilige Aussage derjenigen aus Y-Stadt wäre. Da oftmals die Zahl der Insolvenzstraftaten bearbeitenden Dezernenten sehr klein und damit bekannt ist, könnten somit die Antworten sofort einer bestimmten Person zugeordnet werden. Obwohl auch zahlreiche Befragte ausführten, dass sie gerne zu den gemachten Aussagen stehen, da sie die Probleme gleichfalls als sehr notwendig „bewusst" gemacht wissen wollten, wird in den folgenden Ausführungen die Anonymität gewahrt und die Aussagen werden ohne Zusatz der Staatsanwaltschaft ausgeführt. Insoweit ist dies auch die Begründung des Darstellungsstils, indem Pro- und Kontra-Meinungen bzw. die Aussagen aufgeführt und nur insgesamt dann als Ergebnis bewertet werden. Es erfolgt also keine Darstellung, dass z.B. in den neuen Bundesländern eine bestimmte Ansicht vertreten wird und in den alten Bundesländern jedoch eine andere. Gleichfalls kann somit kein Bundesländervergleich vorgenommen werden, weil ein solcher den Charakter einer anonymen Darstellung durchbrechen würde.

Übersicht XIII: Umfang und Antwortverhalten bei der Staatsanwältebefragung

Staatsanwaltschaft	Interview durchgeführt	Interview nicht zu Stande gekommen	Anzahl der Interviews
Berlin	X		1
Chemnitz	X		2
Düsseldorf	X		5
Gera	X		5

Frankfurt/Main	X		1
Halle	X		1
Hamburg	X		1
Heilbronn	X		1
Leipzig	X		2
Lübeck	-	A*	-
Kassel	X		1
Köln	X		1
Mannheim	X		1
Marburg		X	-
Mühlhausen	X		3
München I	X		8
Münster	X		1
Nürnberg	X		2
Potsdam	X		2
Rostock	X		1
Schwerin	X		1
Stuttgart	X		3
Wuppertal	X		3

*) Eine zugesagte schriftliche Beantwortung ging erst lange Zeit nach Abschluss des Forschungsberichtes zu. Die kurzen Ausführungen enthielten jedoch keine nicht schon bekannten Tatsachen.

Die Durchführung der Interviews mit den Staatsanwälten orientierte sich an einem Leitfaden, der folgende Punkte beinhaltete:

- Anzahl der bearbeiteten Verfahren
- Wo liegt der Unterschied zwischen leichter und schwerer Insolvenzkriminalität?
- Durch welche Besonderheiten zeichnet sich die „schwere Insolvenzkriminalität" aus?
- Wird grundsätzlich ein Ermittlungsverfahren nach der Auswertung des Insolvenzgutachtens eingeleitet?
- Wie gehen Sie nach einer Mizi-Mitteilung in der Regel vor?
- Gibt es Unterschiede zwischen GmbH und Einzelfirma?
- Wie wird § 97 InsO (Verwertungsverbot) berücksichtigt?
- Wie stellt sich die Zusammenarbeit mit dem Insolvenzverwalter dar?

- Gibt es Erfahrungen mit nicht-deutschen Rechtsformen (z.B. Ltd.) und wenn ja, welche?
- Ist der § 266a StGB in der vorliegenden Form sinnvoll (nur AN-Anteile geschützt)?
- Sind nach Ihrer Ansicht alle Tatbestände des § 283 StGB noch zeitgemäß?
- Gibt es Wünsche für neue Tatbestände?
- Wo liegen die größten Probleme bei der Insolvenzkriminalität?
- Neue Formen der Insolvenzkriminalität?
- Besondere Probleme der Bearbeitung bei der StA?
- Zusammenarbeit mit der Polizei – Probleme und Defizite, aber auch Aspekte guter Zusammenarbeit?
- Welche zukünftigen Probleme sehen Sie?
- Was wurde noch nicht angesprochen, wäre aber nach Ihrer Ansicht wichtig?

Daneben wurden selbstverständlich Hinweise oder Anregungen, die im Laufe der Interviews gegeben wurden, aufgegriffen. Diese konnten dann auch spezielle Fragestellungen und Problemsituationen an der betreffenden Behörde berühren, die in die folgenden Ausführungen nicht immer aufgenommen werden konnten, jedoch für eine weitere Feinanalyse wichtig sind.

5.2 Allgemeine Situationsbeschreibung

Die Insolvenzkriminalität wird nicht in eigenen Dezernaten bearbeitet, wenn auch einzelne Dezernenten oftmals ihren Schwerpunkt in der Bearbeitung der Delikte aus dem Insolvenzbereich haben. Dazu kommt oftmals die gesamte Palette der Wirtschaftskriminalität, wobei als neuer Schwerpunkt die Verfahren wegen illegaler Beschäftigung kommen, die gleichfalls einen großen Arbeitsanfall darstellen. Insoweit kann es geschehen, dass in einer Abteilung, die Wirtschaftskriminalität bearbeitet, pro Jahr bis zu 2.500 Verfahren neu bearbeitet werden müssen.

Im Rahmen der Insolvenzkriminalität ist noch zu beachten, dass diese Verfahren zuerst als AR-Verfahren geführt werden, bevor es zur tatsächlichen Einleitung eines Ermittlungsverfahrens kommt. Diese AR-Verfahren stellen jedoch bereits einen weiteren großen Arbeitsanfall dar, wobei einige Staatsanwaltschaften diese Aufarbeitung, also die Durchsicht der Insolvenzakte, des Insolvenzgutachtens bis hin zu Anfragen an die Sozialversicherungsträger, ob Beiträge der Arbeitnehmer nicht oder nicht rechtzeitig abgeführt wurden, durch sog. Wirtschaftsreferenten (Buchprüfungskräfte) vornehmen lassen. Dies ist jedoch davon abhängig, wie eine Staatsanwaltschaft personell ausgestattet ist. Müssen diese Arbeiten gleichfalls noch durch die Ermittlungen führenden Staatsanwälte erfolgen, so ist die Arbeitsbelastung dieser Dezernenten leicht vorstellbar.

Innerhalb der Interviews wurde dazu weiter geschildert, dass aufgrund der Vielzahl von Insolvenzen es bereits im Vorfeld zu bestimmten „Sortiereffekten" kommt. So werden bei einigen Staatsanwaltschaften nur die Insolvenzakten bei Fällen von Kapitalgesellschaften ausgewertet. Insolvenzen von Einzelfirmen werden nur bei weiteren Hinweisen in eine solche Prüfung aufgenommen, so wenn z.B. Anzeigen durch Gläubiger erfolgen oder eine Insolvenz mit „Außenwirkung" vorliegt.

Bei anderen Staatsanwaltschaften wird ein besonderes Augenmerk auf die Fälle gelegt, in denen das Insolvenzverfahren mangels Masse nicht eröffnet wurde. Weiterhin wurde darauf verwiesen, dass Hinweise im Insolvenzgutachten wichtig für die Einleitung eines Ermittlungsverfahrens sind.

5.3 Organisatorische Grundlagen der Ermittlungstätigkeit

Wie die Staatsanwälte ausführten, findet eine Unterscheidung zwischen einer leichten und schweren Insolvenzkriminalität nicht statt. Es wird nur hinsichtlich kleinen, mittleren und großen Verfahren differenziert. Die Übergänge sind dabei „fließend" und werden vom Ermittlungsaufwand und der Straferwartung bestimmt.

Der Ermittlungsablauf wird bei den Staatsanwaltschaften oftmals durch Leitfäden unterstützt. So werden z.b. bei Strafanzeigen folgende Vorgehensweisen genannt:

- Anspruchsgrundlage prüfen (Rechnungen etc.)
- Zahlungs- und Lieferbedingungen sowie Fälligkeit der Forderung prüfen. Dabei sollten die Auskünfte von den Geschädigten selbst vorliegen und nicht nur von ihren Rechtsbeiständen.

Bei Mitteilungen (Mizi-Mitteilung) der Insolvenzabteilung der Amtsgerichte wurden genannt:

- Insolvenzakte auswerten (Kopien oftmals als Sonderheft anlegen)
- Bei Fremdantrag können die Angaben gleich verwertet werden
- Beschlussunterlagen
- Gläubigerlisten
- Spezieller Hinweis zum Vorhandensein von Buchführungsunterlagen
- Eintreten der Krisensituation durch den Insolvenzgutachter
- Auszug aus dem Handelsregister
- Anfrage beim Registergericht, ob dort Bilanzen vorliegen
- Aussagegenehmigung für den Gerichtsvollzieher einholen
- Danach Einholung der Gerichtsvollzieherprotokolle und eventuell vorliegender M-Akten.

Danach sind als weitere Ermittlungsschritte genannt worden:

- Nachfrage nach den Geschäftsunterlagen (wo aufbewahrt)
- Einsicht in die Geschäftsunterlagen (eventuell gleich beim Insolvenzverwalter) und Anfertigung von Kopien
- Überprüfung des Sitzes des Unternehmens
- Personalienüberprüfung der verantwortlichen Geschäftsführer
- Gewerbeunterlagen
- Nachfragen bei den beteiligten Sozialversicherungsträgern.

Dazu kommen noch in jedem Einzelfall die Auswertung von vorliegenden Buchhaltungsunterlagen, Vernehmung von Zeugen (wie Gläubiger, Bankmitarbeiter, Steuerberater etc.) und die Vorbereitung der Beschuldigtenvernehmung.

Diese Zusammenstellung, die einen idealtypischen Ermittlungsablauf wiedergibt, kann natürlich im Einzelfall sehr unterschiedlich ausfallen, insbesondere wenn z.B. ein Verfahren mangels Masse nicht eröffnet wird und in diesem Fall dann erst der Lagerort der Geschäftsunterlagen festgestellt werden muss, um diese nach den notwendigen Beschlüssen in das Verfahren einbringen zu können.

Von manchen Staatsanwaltschaften wurde auch erwähnt, dass man sich zur Vereinfachung der Ermittlungstätigkeit zuerst auf eine Schuldsaldoabfrage bei den Sozialversicherungsträgern beschränkt, um somit gleich abschätzen zu können, ob hier ein größerer Ermittlungsaufwand notwendig sein dürfte. Gleichfalls könnte dies mit einer BaFin-Abfrage einhergehen, um zu prüfen, ob überhaupt noch eine Leistungsfähigkeit des Unternehmers vorgelegen hat.

Erwähnenswert in diesem Zusammenhang ist auch noch der Hinweis, dass nicht nur die Insolvenzabweisung eine besondere Aufmerksamkeit dann bei der Prüfung bewirkt, ob ein Insolvenzdelikt vorliegt, sondern auch der Fall, wenn der Insolvenzantrag als ein sog. „Fremdantrag" erfolgte. Wenn hier insbesondere ein Sozialversicherungsträger oder das Finanzamt als Antragsteller auftreten, dann wird der Fall besonders geprüft.

5.4 Ersatzermittlungshandlungen durch die Staatsanwaltschaften

Diese Maßnahmen sollen gesondert aufgeführt werden, da sie spezielle Auswirkungen auf das statistische Erscheinungsbild der Insolvenzkriminalität, z.B. in der Polizeilichen Kriminalstatistik, haben. Von den Staatsanwaltschaften wurde angeführt, dass eine Beschuldigtenvernehmung über eine Polizeidienststelle bis zu drei Monate dauern kann. Dazu kommt, dass bestimmte Nachfragen nicht beachtet werden und sich der mit der Vernehmung beauftragte Polizeibeamte nur an den Vorgaben orientiert. Insbesondere wird in diesem Zusammenhang nochmals auf den bereits erwähnten Wandel zu den früheren Ermittlungssituationen hingewiesen (so z.B. gleicher Ansprechpartner, spezielles Team, persönliche Kenntnis etc.). Heute kann man sich nicht mehr darauf verlassen, dass die Vernehmung im Bereich der Insolvenzkriminalität immer von einem bestimmten Polizeivollzugsbediensteten oder wenigstens einer bestimmten Gruppe von Ermittlungsbeamten vorgenommen wird. Darunter leidet dann auch die sog. „Vernehmungsqualität", die oftmals heutzutage so unterschiedlich ist, dass sie zu tatsächlichen Ermittlungserschwernissen führt.

Aus diesem Grunde wird von den Staatsanwaltschaften auf eine schriftliche Anhörung des Beschuldigten zurückgegriffen, die dazu führt, dass diese Ermittlungshandlung oftmals innerhalb von 3 Wochen erledigt ist und die Fragen so gestellt werden, dass die Antworten dann für das Verfahren auch sinnvolle Informationen liefern.

Kritisch wird dazu jedoch angemerkt, dass aufgrund solcher Ermittlungsänderungen natürlich Vorgänge bei der Polizei fehlen und es somit zu einer weiteren Personaleinsparung kommen kann, was die weiteren Ermittlungen im Bereich der Wirtschaftskriminalität zusätzlich erschweren würden. Insoweit entstehe durch solche „Ermittlungshilfen" auch eine nicht gewünschte Rückkopplung, die wiederum zu einer Qualitätsverschlechterung und zu Zusammenarbeitsproblemen zwischen Staatsanwaltschaft und Polizei führen würde.

5.5 Anforderungen an die Qualifikationen der ermittelnden Polizeidienststellen

Die Forderungen an die Polizeidienststellen lassen sich auf den einfachen Nenner bringen, dass ohne wirtschaftliche Sachkompetenz eigentlich keine Ermittlungen in diesem Kriminalitätsbereich geführt werden können. Es ist zwar richtig, dass aufgrund von sog. „Ermittlungshilfen" die Sammlung von Unterlagen zur Beurteilung des Falles herangezogen werden können, es würde sich jedoch zeigen, dass bei geringen Abweichungen von den „theoretischen Leitlinien" es oftmals zu Maßnahmen im Ermittlungsverfahren durch die Polizeidienststellen kommt, die nicht sachgerecht sind.

Die Problematik der „wirtschaftlichen Sachkompetenz" wird nicht so sehr in der Kenntnis der wirtschaftlichen Grundlagen gesehen. D. h. die Grundkenntnisse des Wirtschaftslebens sind zwar von ihren „Definitionen" (so die spezielle Bezeichnung in einem Interview) her bekannt, d.h. es stellen die Rechtsformen und ihre Grundlagen, die Anmeldungen zum Handelsregister, die Grundsätze der Buchhaltung oder Merkmale von Krisensituationen bzw. die Fristen z.B. für die Bilanzerstellung keine besonderen Problempunkte dar. Wenn jedoch durch eine vertragliche Ausgestaltung Vermögenswerte aus einem Unternehmen herausgezogen werden, so stoßen diese Kenntnisse oftmals an ihre Grenzen. Selbstkritisch wird in diesem Zusammenhang auch erwähnt, dass die Neubesetzung von Dezernaten im Bereich der Wirtschaftskriminalität häufig nur noch mit Berufsanfängern erfolgt, insbesondere auch aufgrund einer oftmals nicht besonderen Wertschätzung, da die Arbeit als „schreibtischzentrierte Ermittlungstätigkeit" eingestuft wird. Diesen fehlt dann ebenfalls das angeführte zivilrechtliche Hintergrundwissen, mit dem erst viele Vertragsgestaltungen oder buchhaltungstechnische Vermögensbewegungen zu verstehen sind. In diesem Zusammenhang wurde von einem Dezernatsleiter einer Schwerpunktstaatsanwaltschaft angeregt, dass man auch für die Staatsanwälte im Bereich der Wirtschaftskriminalität erst eine zehnjährige Tätigkeit als Wirtschaftsjurist fordern müsste, weil man dann erst die wahren Straftäter von den eher „ordnungswidrig" handelnden Unternehmern unterscheiden könne.

Dazu kommt, dass wegen den oftmals sehr schnell erfolgenden rechtlichen Veränderungen es zu einer laufenden Fortbildung kommen müsste, die jedoch im augenblicklichen Polizeialltag nicht durchführbar erscheint. Weiterhin wurde angeführt, dass in diesem Zusammenhang ein besonderes Problem darin liegt, dass der Staatsanwalt oftmals keinen bestimmten Ansprechpartner für seine speziellen Ermittlungsanweisungen hat, sondern eine Zuordnung bei den Polizeidienststellen nach Arbeitsanfall geschieht. Insoweit kann es sein, dass ein sehr gut eingearbeiteter Polizeibeamter plötzlich für durchzuführende Ermittlungen nicht mehr zur Verfügung steht und eine

Vernehmung dann von Ermittlungskräften durchgeführt wird, die nicht über ausreichende Sachkenntnisse verfügen. Da dieser Umstand oftmals nicht vorher dem Staatsanwalt bekannt wird, erfährt er erst dann davon, wenn ihm kein besonders hilfreiches Ermittlungsergebnis vorgelegt wird.

Diese eigene Prioritätensetzung durch die Polizeibehörden wird als weiteres, sehr kontraproduktives Zusammenarbeitsverhältnis angesehen. In diesem Zusammenhang wurde auch ein Kommunikationsproblem angesprochen. Statt direkt mit dem ermittelnden Staatsanwalt bei Problemsituationen zu sprechen, werde nach „Schema F" gearbeitet oder die Ermittlungen so vorgenommen, wie man sich eine ordnungsgemäße Erledigung vorstellt. Sollte dies nicht möglich sein, werden Ausführungen aktenkundig gemacht, die sich dann oftmals als nicht förderlich für das Ermittlungsergebnis im weiteren Gang der Ermittlungen herausstellen. So wenn dann – wie in den Interviews angeführt wurde – z.B. vom Verteidiger ein derartiger Hinweis aufgegriffen und dieser dann in der Gerichtsverhandlung als divergierende Einschätzung der Ermittlungsorgane vorgestellt wird. Dies führt dann dazu, dass man sich mit einer Einschätzung beschäftigen muss, die fehlerhaft ist und oftmals – wenn der ermittelnde Staatsanwalt nicht die Sitzungsvertretung hat – dazu, dass es zu einem Abschluss des Verfahrens kommt, der nicht als sachgerecht angesehen werden kann.

Ein besonderer Ermittlungsschwerpunkt, bei dem die Probleme mit der wirtschaftlichen Sachkenntnis zu Tage kommen, ist der Bereich der Durchsuchung bei Insolvenzkriminalität. Oftmals können diese Maßnahmen nicht ohne die Mitwirkung des Staatsanwaltes geschehen und dies nicht deshalb, dass aufgrund eines Verteidigerbeistandes zu viele Rechtsprobleme geklärt werden müssten. Es zeigt sich vielmehr, dass die Polizeikräfte oftmals Durchsuchungsmaßnahmen wie bei der „Allgemeinen Kriminalität" vornehmen und nicht gezielt wirtschaftliche Unterlagen erkennen. Beispielhaft wurde angeführt, dass zwar die Kleiderschränke, Videosammlungen oder Buchregale durchsucht werden, in einer Schublade abgelegte Vertragsunterlagen jedoch übersehen werden. So käme es oft bei diesen Durchsuchungen zu Feststellungen von anderen Delikten, wie z.B. des unberechtigten Waffenbesitzes. Relevante Unterlagen zum auslösenden Fall der Durchsuchungen bleiben jedoch zurück oder werden erst gar nicht aufgefunden und stehen dann oftmals den Ermittlungsbehörden auf Dauer nicht mehr zur Verfügung.

Abschließend wurde auch noch auf den Umstand abgehoben, dass es sich gezeigt hat, dass ein nicht zu häufiger Wechsel der Einsatzkräfte der Polizei auch zu einer qualitativen Verbesserung der Tätigkeit der selbigen führt und es dann auch zu einer spürbaren Entlastung der Staatsanwälte kommt. Dazu kommt noch in den Flächenstaaten, dass oftmals z.B. besondere „Prüfgruppen" räumlich sehr weit entfernt sind und somit bei einer Zusammenarbeit zusätzlicher Zeitbedarf entsteht. Weiterhin begreift die Polizeiführung den gesamten Polizeivollzugsdienst als „Personalpool" und greift deshalb bei Sondereinsätzen auf alle Mitarbeiterinnen und Mitarbeiter zurück, was jedoch die Ermittlungsarbeit der Staatsanwaltschaft sehr beeinträchtigt. Daneben kommt es aufgrund solcher Schwerpunktsetzungen auch zu sehr langen Wartezeiten, wenn z.B. Computeranalysen im Bereich der Insolvenzkriminalität erst durchgeführt werden können, wenn Kinderpornographiefälle erledigt sind. Dies führt oftmals zu überlangen Gutachtertätigkeiten, sodass diese nicht mehr im Bereich der Wirtschaftskriminalität genutzt werden können und somit vorliegende Informationsquellen oftmals nicht für das Ermittlungsverfahren herangezogen oder genutzt werden können.

Als Quintessenz der Aussagen wird oftmals die Forderung erhoben, dass die Polizeibehörden der Ermittlungstätigkeit im Bereich der Wirtschaftskriminalität wieder mehr Bedeutung zumessen, den Personalabbau stoppen und die Fortbildung qualitativ verbessern müssten.

5.5.1 WESP-Ermittlungen

Im Zusammenhang mit den Insolvenzdelikten gibt es – wie bereits ausführlich erwähnt – die speziellen Ermittlungsgruppen zu einer besseren Verfolgung der Insolvenzdelikte. Im Rahmen der Staatsanwältebefragung in diesem Projekt wurden bisher jedoch nur Interviews mit den im Freistaat Sachsen eingeführten speziellen Ermittlungsgruppen geführt, wobei dazu noch anmerken ist, dass im Freistaat Sachsen jede Staatsanwaltschaft die Zusammenarbeit mit den Polizeidienststellen unterschiedlich organisiert. So werden an einer Staatsanwaltschaft die Polizeiermittlungskräfte direkt am Ort der Staatsanwaltschaft eingesetzt, sodass die Möglichkeit einer sofortigen und direkten Absprache hinsichtlich der Ermittlungsdurchführung besteht. Erwähnt wird, dass man sich mit den nicht am Ort befindlichen Ermittlungskräften der Polizei jeweils mindestens ein Mal im Vierteljahr zu einer ausführlichen Problembesprechung trifft und somit auch eine bessere Möglichkeit der gegenseitigen Absprache besteht, da man persönlich bekannt ist. Ein solcher Problemaustausch wird auch mit Vertretern der Sozialversicherungsträger geführt.

Bei den anderen Staatsanwaltschaften wurde zwar gleichfalls genannt, dass eine gleichfalls sehr intensive Zusammenarbeit gepflegt wird. Da jedoch bei diesen sich der Sitz der polizeilichen Ermittlungskräfte nicht am Ort der Staatsanwaltschaft befindet kommt es eher zu einem „formalisierter Informationsaustausch". Dabei wurden z.B. regelmäßige Treffen nicht als ein wichtiges Zusammenarbeitskriterium genannt. Die Staatsanwälte betonten jedoch, dass insbesondere die Möglichkeit der fallbezogen sehr kurzfristigen Problembesprechung zu einer qualitativen Verbesserung der Ermittlungstätigkeit führe.

5.6 Ermittlungsabschluss

Bezüglich des Ermittlungsabschlusses wurde insbesondere auf vier Punkte hingewiesen:

- Die Möglichkeit, in größeren Verfahren die Ermittlungen auf einen bestimmten Umfang zu begrenzen, da mit dem Verteidiger des Beschuldigten eine Absprache dahingehend getroffen werden kann. Bei kleineren „Formalverstößen" gibt es dagegen bei den Staatsanwaltschaften eher ein „listenmäßiges Vorgehen".
- Die Problematik, dass zahlreiche Anzeigen nur wegen einer als möglich eingeschätzten Durchgriffshaftung im Zivilverfahren auf den Geschäftsführer erfolgen. Dabei wird oftmals bei einer Einstellung des

Verfahrens die Möglichkeit der Beschwerde genutzt, ohne dass weitere sinnvolle Fakten vorgetragen werden. Einhergehend damit ist auch, dass solche Anzeigen oftmals auch genutzt werden – so der Anschein –, um weitere Erkenntnisse über die wirtschaftliche Situation des Schuldners herauszufinden, um damit weitere zivilrechtliche Strategien aufzubauen.

- Die Begrenzung der Bestrafung des Beschuldigten auf bestimmte Strafvorschriften wird auch dadurch bestimmt, dass z.B. die Verurteilung wegen § 64 GmbHG kein Verbot der weiteren Ausübung der Geschäftsführertätigkeit nach sich zieht, eine Verurteilung nach §§ 283, 283b StGB aber auf alle Fälle. Insoweit wird oftmals dieser Umstand auch als Sanktionsschwere eingesetzt und ein Vergleich der Höhe der Tagessätze ist nur unter Berücksichtigung dieser Tatsache vorzunehmen.
- Eine Einstellung nach § 153a StPO würde in der letzten Zeit deshalb problematischer – insbesondere in den neuen Bundesländern –, da die Beschuldigten oftmals nicht mehr über ausreichende Geldmittel verfügen, um eine solche Verfahrenserledigung in einem hinreichenden Zeitraum abschließen zu können. Aus diesem Grunde müsste daher häufiger auf Freiheitsstrafen zurückgegriffen werden. Auf die Folgeauswirkungen wird dabei weniger eingegangen, da bei diesen Entscheidungen das laufende Verfahren im Vordergrund steht und man schlechterdings nicht berücksichtigen will, dass jemand ja „bald wieder" straffällig wird.

5.7 Ausblick

Hinsichtlich der Problematik mit den neuen auch in der Bundesrepublik Deutschland anwendbaren EU-Rechtsformen gaben die Aussagen der Staatsanwälte ein eher einhelliges Bild ab, in dem sie auf eine bisher nur geringe Erfahrung mit Insolvenzdelikten solcher Gesellschaften (Rechtsformen) hinwiesen. Oftmals wurde dazu noch erwähnt, dass die Insolvenzdelikte nach § 154 StPO behandelt werden können, da es zu zahlreichen Betrugsanzeigen kommt, die dann nicht von der Problematik der Gültigkeit der Insolvenzordnungen oder Buchführungsunterlagen berührt werden.

Speziell wurde noch zu diesem Gesichtspunkt ausgeführt, dass man auch bei einer „Ltd." die Kaufmannseigenschaft in jedem Fall annehmen kann. Die Probleme bestehen jedoch hinsichtlich der Buchhaltungspflicht und der gültigen Bilanzierungsrichtlinien. Gleichfalls bleibt die Frage, in welchem Zeitraum diese Unternehmen verpflichtet sind, einen Insolvenzantrag zu stellen. Bisher fehlen jedoch dahingehend Erfahrungen, ob sich solche „Unternehmen" auf Vorschriften stützen könnten, die in den „Heimatländern" angewandt werden. Insbesondere wenn dort unterschiedliche Insolvenzabwicklungen und Registerbehörden in einen solchen Vorgang einbezogen sind.

Probleme werden sich – so die Aussagen – jedoch in der Zukunft durch die Internationalisierung der Geschäftstätigkeit und der Gesellschaften sicherlich ergeben. Insbesondere wird es einer sehr kritischen Prüfung in den nächsten Jahren unterliegen, welche Insolvenzvorschriften für die nichtdeutschen Rechtsformen anwendbar sind und welche strafrechtlichen Konsequenzen sich daraus ergeben.

Hinsichtlich des Bereiches der „Firmenbestatter" wird die Problematik der nun oftmals eingesetzten nicht-deutschen und hier keinen Wohnsitz unterhaltenden Personen angeführt, wo sich die europäische Zusammenarbeit im Bereich der Strafverfolgung immer noch als sehr schwierig darstellt. Weiterhin kommt es nun immer wieder zur Verwendung von gefälschten Ausweispapieren, die die Feststellung der Beschuldigten damit fast unmöglich machen. Wenn dazu noch eine Sitzverlegung der Gesellschaft ins Ausland erfolgt, so sind die Ermittlungen zumeist nicht zu einem erfolgreichen Abschluss zu bringen und diese Straftaten können nicht weiter aufgeklärt werden.

Erwähnt wird in diesem Zusammenhang auch noch ein innerdeutsches Problem; die falsche Beratungstätigkeit durch z.B. steuerberatende Berufe ist bisher nicht abschließend geklärt. Insbesondere wird von vielen Staatsanwaltschaften angeführt, dass im Verfahren oftmals die fehlerhafte Beratung – speziell nur auf eine angeführte Haftungsbeschränkung ausgerichtet – dann zu strafrechtlichen Problemen führt, die es z.B. bei einem Einzelunternehmen gar nicht gegeben hätte. Da das Kreditgewerbe heute zumeist kleinen oder mittleren Kapitalgesellschaften nur bei einer persönlichen Bürgschaft durch den oder die Gesellschafter Fremdmittel zur Verfügung stellt, sei eine Haftungsbeschränkung nur noch eingeschränkt wirksam. Da es noch weitere zivilrechtliche Einschränkungsmöglichkeiten der Haftung bei Einzelunternehmen gibt, sei daher sicherlich die Beratungstätigkeit auf den Prüfstand zu stellen.

Abschließend sei noch erwähnt, dass die Staatsanwälte die Problematik auf sich zukommen sehen, dass aufgrund weiterer Personaleinsparungen nur mehr die offensichtliche Insolvenzkriminalität verfolgt werden kann. Dass es nicht dazu kommt, darin sehen sie einen wichtigen Gesichtspunkt, der in einer gemeinsamen Anstrengung zwischen Staatsanwaltschaft und Polizeibehörden gelöst werden müsse, wobei sie insbesondere die Bereitstellung qualifizierten Personals durch die Polizeidienststellen als ein wichtiges und notwendigerweise schnell umzusetzendes Kriterium zur Problemlösung sehen. Insoweit würden von Ihnen auch alle Anstrengungen gegen einen weiteren Personalabbau im Bereich der Wirtschaftskriminalitätsbekämpfung unterstützt.

6 Anmerkungen zur Staatsanwältebefragung aus polizeilicher Sicht

Wie bereits im Vorwort vermerkt, war eine Untersuchung der Ermittlungssituation bei den Polizeibehörden nicht Gegenstand des Forschungsauftrages. Es hat sich jedoch bei der Durchführung des Projektes gezeigt, dass es doch notwendig wäre, die Hinweise und Kritiken gegenüber der Arbeit der Polizei mit dieser zu diskutieren, um die Aussagen nicht unkommentiert zu lassen. Aufgrund der fehlenden Forschungsmittel konnte dies bedauerlicherweise nur in einem kleinen Umfang durchgeführt werden, d.h. das Thema konnte in Form von Gruppendiskussionen auf einer Tagung zum Thema „Wirtschaftskriminalität" mit Polizeibeamtinnen und -beamten aus den Ländern Brandenburg, Sachsen und Sachsen-Anhalt sowie auf einem Fortbildungsseminar in Baden-Württemberg diskutiert werden. Die Methode der Gruppendiskussion lässt natürlich keine Differenzierung der Aussagen auf die Bundesländersituation zu noch lassen sich Detailprobleme oder bestimmte Vorbehalte gegenüber der polizeilichen Arbeitsweise tiefergehend aufarbeiten. Insoweit stellen die Ergebnisse aus diesen Diskussionen eine Kommentierung bzw. kritische Anmerkung zur Staatsanwältebefragung dar, die interessante Aspekte aufzeigen, aber auch eine Nachuntersuchung sinnvoll erscheinen lassen.

6.1 Ermittlungsprobleme bei der Polizei – Kommentierung der Einschätzungen der Staatsanwaltschaften

„Von den Staatsanwaltschaften wurde angeführt, dass eine Beschuldigtenvernehmung über eine Polizeidienststelle bis zu drei Monate dauern kann. Dazu kommt, dass bestimmte Nachfragen nicht beachtet werden und sich der mit der Vernehmung beauftragte Polizeibeamte nur an den Vorgaben orientiert. Insbesondere wird in diesem Zusammenhang nochmals auf den bereits erwähnten Wandel zu den früheren Ermittlungssituationen hingewiesen (so z.B. gleicher Ansprechpartner, spezielles Team, persönliche Kenntnis etc.).

Heute kann man sich nicht mehr darauf verlassen, dass die Vernehmung im Bereich der Insolvenzkriminalität immer von einem bestimmten Polizeivollzugsbediensteten oder wenigstens einer bestimmten Gruppe von Ermittlungsbeamten vorgenommen wird."

Von Seiten der Polizeibeamtinnen und -beamten wurde eingeräumt, dass aufgrund der oftmals bestehenden Unterbesetzung der Dienststellen es zu längeren Bearbeitungszeiten kommen kann. Insbesondere käme es auch oftmals vor, dass Beamte für Soko-Aufgaben abgezogen werden, sodass es dann zu einem Bearbeitungsstau kommt. Andererseits wurde auch angeführt, dass hinsichtlich der eigenen Kenntnisse des bearbeitenden Polizisten von den Staatsanwälten gar nicht Gebrauch gemacht wird bzw. diese auch nicht „gewollt" seien und in diesem Zusammenhang der Vorwurf, dass man sich nur an den Vorgaben orientiere, auch auf die Rückmeldungen der Staatsanwälte zurückzuführen sei, da diese sich in der Vergangenheit oftmals darüber beklagt haben, wenn über die Vorgaben hinaus noch Punkte in der Vernehmung angesprochen oder Ermittlungshandlungen durchgeführt wurden. Insoweit läge die Ursache in der oftmals durch die in der Zwischenzeit durch die Staatsanwaltschaften selbst formalisierten Verfahrensweise und hat dadurch aber auch wiederum eine Rückwirkung auf die Beurteilung der Wichtigkeit der Ermittlungen in Insolvenzsachen bei den Vorgesetzten der polizeilichen Ermittlungsbeamten.

In diesem Zusammenhang wurde gerade von den beteiligten Polizeibeamtinnen und -beamten auch Kritik an dem WESP-Verfahren angemeldet. Insbesondere bei den Staatsanwaltschaften, bei denen sich dieses Verfahren zu einem reinen „Formalverfahren" degeneriert hat und es regelmäßig nur zu einer Abarbeitung einer Checkliste kommt, geht die Eigeninitiative der polizeilichen Ermittler zurück, da diese aus Erfahrung nicht gewünscht und Hinweise zum Verfahren oftmals verboten worden sind. Dabei wurde auch angeführt, dass gerade bei derartigen Verfahren es darauf ankommt, dass die Staatsanwälte ansprechbar und auch an Kommunikation interessiert sind, da es ansonsten nur noch zu einer Bearbeitung im „Bußgeldsinne" kommen kann.

6.2 Anforderungsqualifikationen

Laut Aussage der Staatsanwaltschaften zeigt sich die „wirtschaftliche Sachkompetenz" durch Grundkenntnisse des Wirtschaftslebens. Ausgehend von ihren „Definitionen" (so die spezielle Bezeichnung in einem Interview) stellen die Rechtsformen und ihre Grundlagen, die Anmeldungen zum Handelsregister, die Grundsätze der Buchhaltung oder Merkmale von Krisensituationen bzw. die Fristen z.b. für die Bilanzerstellung keine besonderen Problempunkte dar. Wenn jedoch mit den „Definitionen" im Wirtschaftsleben gearbeitet wird, dass z.b. durch eine vertragliche Ausgestaltung Vermögenswerte aus einem Unternehmen herausgezogen wurden, dann stoßen die Kenntnisse über das Wirtschaftsleben bei den Polizeibeamten oftmals an ihre Grenzen.

Hierzu wird angemerkt, dass aufgrund der zurückgehenden Fallzahlen – siehe die „Eigenbearbeitung" durch die Staatsanwaltschaften – auch die Notwendigkeit von Fortbildung immer weniger von Seiten der Dienstvorgesetzten gesehen wird. Es werden daher oftmals andere Schwerpunkte in der Fortbildung gesetzt, wie z.b. sexueller Missbrauch oder Internetkriminalität. Dadurch fehlt es insbesondere bei den jüngeren Beamten an Nachwuchspotential, sodass abzusehen sei, dass die Probleme noch evidenter werden dürften. Hier sei es aber auch notwendig, dass die Staatsanwaltschaften ihre Forderungen an die Polizeileitung stellen, damit auch eine Rückmeldung erfolgt, wie wichtig diese Ermittlungsaufgaben sind.

Unterstützt wurde die Aussage der Staatsanwaltschaften dahingehend, dass es einfach ein „Sicherheitsaspekt" sei, wenn ein Staatsanwalt bei einer Durchsuchung „vor Ort" ist. Dies insbesondere auch aus dem Gesichtspunkt heraus, dass aufgrund eines oftmals vorhanden Verteidigerbeistandes viele Rechtsprobleme geklärt werden müssten, bei denen die Polizeibeamten doch die Detailkenntnisse fehlen bzw. sie auch oftmals nicht als ein „kompetentes Gegenüber" angesehen werden und man sich vielfältig mit „Drohungen" von Dienstaufsichtsbeschwerden, Beschwerden beim zuständigen Staatsanwalt etc. auseinandersetzen müssten, die die Ermittlungsmaßnahmen wesentlich erschweren oder sogar verhindern könnten. Gleichfalls könnte damit auch vermieden werden, dass zu viele Unterlagen mitgenommen werden, da man sich vor Ort abstimmen könne. Ansonsten könnte es eben geschehen, dass nicht so ermittlungssichere Beamte lieber mehr Unterlagen zur eigenen Absicherung mitnehmen als notwendig gewesen wäre.

6.3 Ausblick

Letztendlich wurde als Quintessenz der vielfältigen Aussagen immer wieder darauf verwiesen, dass die Wichtigkeit des vorhandenen Fachwissens der speziell ausgebildeten Beamtinnen und Beamten besser gewürdigt werden sollte, da es immer wieder dazu kommt, dass Fachwissen verloren geht, weil sich die Ermittler für einen beruflichen Aufstieg auf Dienstposten in anderen Ermittlungsbereichen bewerben müssten. Weiterhin sei auch die Problematik, die die Befragten auf sich zukommen sehen, anzusprechen, dass aufgrund weiterer Personaleinsparungen wohl nur mehr Teile der Insolvenzkriminalität verfolgt werden können. Dies dürfte noch mehr dazu führen, dass Verfahren, bei denen leicht nachweisbare Verstöße vorliegen „kompetent", d.h. mit einer Strafe, erledigt werden und ermittlungsschwierige Fälle oftmals dann nur noch eingestellt werden könnten, da das notwendige Personal fehlt und es aus vielfältigen Gründen – z.B. Erfolgsnachweis und Personalerhaltung – zum Ausweis von bestimmten Fallbearbeitungszahlen kommen muss und somit die „Statistik" vor der „Gleichheit vor dem Gesetz" steht bzw. weiter um sich greift.

7 Insolvenzverwalterbefragung

Im Rahmen des vorliegenden Projektes wurde auch eine Insolvenzverwalterbefragung durchgeführt, da von diesem Personenkreis eine große Sachkenntnis zu erwarten sein durfte. Diese umfasst nicht nur zivilrechtliche Probleme, sondern aufgrund der Zusammenarbeit mit den Strafverfolgungsorganen auch die Beurteilungsfähigkeit der Qualität der Ermittlungsarbeit aus „Außensicht". Sicherlich ist eine solche Beurteilung nicht „vorurteilsfrei", da z.B. in den Ermittlungen auch eine Behinderung der optimalen zeit- und ressourcensparenden Abwicklung einer Insolvenz gesehen werden könnte.

Andererseits kann davon ausgegangen werden, dass diesem Personenkreis sicherlich in der Zwischenzeit bekannt ist, dass gerade das von ihnen erstellte Insolvenzgutachten einen maßgeblichen Einfluss auf die Annahme eines „Tatverdachtes" hat und es somit oftmals Auslöser eines ersten „Tatverdachtes" ist.

Auch um die Frage zu klären, wie die Insolvenzverwalter ihren Einfluss auf die „Verdachtsschöpfung" durch die Strafverfolgungsorgane beurteilen und wie ihre Einschätzung der Ermittlungsarbeit ist, wurde daher eine Insolvenzverwalterbefragung durchgeführt. Bei der methodischen Planung dieses Untersuchungsteils wurde von der Annahme ausgegangen, dass aufgrund der zeitlichen Belastung dieser Berufsgruppe sich die Durchführung von Interviews nur innerhalb eines großen „Zeitfensters" abwickeln lassen dürfte.

Aus diesem Grunde wurde zuerst eine Onlinebefragung durchgeführt, da davon auszugehen war, dass dieses Medium von dieser Berufsgruppe beruflich regelmäßig genutzt wird. Es wurden deshalb ca. 200 Insolvenzverwalter per Email über den Projekthintergrund informiert und auf die Möglichkeit hingewiesen, den ausgearbeiteten Fragebogen zur Beantwortung herunterladen zu können. Bedauerlicherweise blieb diese Vorgehensweise jedoch ohne Resonanz.

Deshalb wurde ein anderer Weg gewählt, der zuvor verworfen wurde, weil man wegen der zeitlichen Belastung der Insolvenzverwalter nur mit einem sehr geringen Rücklauf rechnete. Es wurde ein computergestützter Fragebogen per Post auf CD versandt, der sowohl per Email oder als Ausdruck per Postversand zurückgesandt werden konnte. Bei dieser zweiten Aktion mit 100 angeschriebenen Insolvenzverwalterbüros kam es zu einer unerwartet hohen „Rücksendung" der Befragungsunterlagen aufgrund „unbekannt verzogener" Insolvenzverwalter (N = 16).

Beantwortet haben diesen Fragebogen 12 Insolvenzverwalter, was einer Rücklaufquote von gleichfalls 12 % entspricht. Zieht man die nicht erreichbaren Insolvenzverwalter von der Gesamtsumme der angeschriebenen Befragten ab, so ergibt sich eine Rücklaufquote von 14,3 %, die gleichfalls – wenn man sie mit anderen Umfragen vergleicht – äußerst niedrig ist. Der Grund könnte darin liegen, dass die Insolvenzverwalter nicht bereit sind, ihre Arbeitszeit für eine „kein Honorar bringende" Tätigkeit einzusetzen und/oder der „Sinn" eines Forschungsprojektes zur Insolvenzkriminalität ihnen zweitrangig ist.

Dieser Eindruck stützt sich auch auf die Ergebnisse eines dritten „Anlaufs", der wieder auf die ursprüngliche Methode zurückgriff und den Interviewgedanken aufgriff. So wurden noch mehrere Interviews mit Insolvenzverwaltern durchgeführt, zu denen kurzfristig ein Kontakt hergestellt werden konnte, wobei diese aus verschiedenen Bundesländern stammten. Auf die methodischen Probleme angesprochen, kam einhellig die Aussage, dass solche Aufgaben den „Kosten-Nutzen-Überlegungen" unterliegen und damit oftmals unerledigt „untergehen". In diesem Zusammenhang sei auf ähnliche Erfahrungen in einem anderen Forschungsprojekt des BKA zur Organisierten Kriminalität verwiesen (Wittkämper u.a. 1996).[24]

Die nachfolgenden Ausführungen gehen daher auf die Angaben in den beantworteten Fragebögen und den durchgeführten Interviews zurück. Interessant ist, dass die Aussagen nicht groß differieren, sodass davon ausgegangen werden kann, dass trotz des geringen Rücklaufs ein einheitliches Antwortschema vorliegt, das als quasi repräsentativ angesehen werden kann. Sicherlich können diese Angaben keine Auskunft über die Arbeitsweise der Strafverfolgungsorgane in den einzelnen Ländern (oder z.B. über die WESP-

---

[24] Interessant ist in diesem Zusammenhang, dass zum Abschluss dieses Forschungsberichtes noch zwei ausgefüllte Fragebögen eingetroffen sind, die die hier ausgeführten Angaben weitestgehend bestätigen.

Ermittlungen) geben; dies war jedoch mit dem Projekt auch nicht beabsichtigt, sodass in diesem Zusammenhang die Auskunftsrelevanz vernachlässigt werden kann.

7.1 Grundlegende Ergebnisse der Befragung

Die Insolvenzverwalter, die bei der Befragung geantwortet haben, kommen aus Büros, die eine sehr unterschiedliche Zahl von Insolvenzverfahren pro Jahr bearbeiten; sie reichten von 12 bis 200 Verfahren pro Jahr. Auch bezüglich der Organisationsstruktur der Insolvenzverwalter war von der Einzelkanzlei bis zu sehr großen Rechtsanwaltskanzleien mit bis zu 100 Beschäftigten alles vertreten. Insoweit treffen die Angaben nicht nur auf eine ausgewählte Insolvenzverwalterpopulation zu, sondern dürften auch einen Branchenquerschnitt wiedergeben.

Mehrheitlich bearbeiten die Insolvenzverwalter Fälle der GmbH bzw. GmbH & Co. KG sowie von Einzelfirmen. Einige Insolvenzverwalter gaben gleichzeitig noch an, dass die Vielzahl der Verfahren in der Zwischenzeit Kleinverfahren bezüglich selbstständig arbeitender Personen mit einem geringen Jahresumsatz betreffen oder sie aus dem Bereich des Verbraucherschutzes stammen.

Interessanterweise gaben bei der Frage, „wie häufig strafbare Handlungen in den Verfahren zu erkennen seien", mehrheitlich die Antwort „50 %" an. Die höchste Angabe lag bei 60 %, die niedrigste bei 30 %. Die Nachfrage, bei wie viel Verfahren, bei denen die Insolvenzverwalter eine strafbare Handlung feststellen, es dann auch zu strafrechtlichen Ermittlungen kommt, erbrachte jedoch ein sehr unterschiedliches Bild. Durchschnittlich gaben die Befragten an, dass bei ca. 40 % dieser Feststellungen es auch zu strafrechtlichen Ermittlungen kommt. Die Bandbreite reichte jedoch von 2 % als Minimum bis zu 90 % als Maximum. Da die Insolvenzverwalter, die diese Frage beantworteten, aus unterschiedlichen Bundesländern kamen, könnte dies die Begründung für die Differenz sein. Bedauerlicherweise konnten diese Antworten nicht weiter verifiziert werden.

Weiter wurde noch spezifiziert, dass bei Einzelunternehmen oftmals Delikte des § 266a StGB vorkommen und im Bereich der GmbHs der Schwerpunkt bei der Insolvenzverschleppung liegt.

Schwerpunkte der Insolvenzkriminalität werden insbesondere gesehen bei:

- Betrug
- Untreuehandlungen (insbesondere zum "Unternehmensende" hin)
- Gläubiger- oder Schuldnerbegünstigungen (insbesondere im Familienbereich)
- Verschieben und Verschleiern von Vermögenswerten
- Insolvenzverschleppung, insbesondere dahingehend, dass Firmen oftmals über einen sehr langen Zeitraum „insolvenzreif" sind.

Dazu wurde gleichfalls noch angeführt, dass insbesondere bei den Betrugshandlungen und den Vermögensverschiebungen die Strafverfolgung nicht die notwendig erscheinenden Ermittlungen durchführt.

7.2 Gründe für eine unternehmerische Krise

Als Gründe für eine unternehmerische Krise, die dann auch zu einer Insolvenz führt, wurden zusammenfassend angeführt, dass oftmals fehlendes wirtschaftliches Verständnis und eine gewisse „Beratungsresistenz" oder Umsetzungsdefizite die Auslöser sind. Dazu kommt, dass in einer Krisensituation nicht rechtzeitig ein Gegensteuern erfolgt und es dann oftmals zu untauglichen Versuchen der Krisenbewältigung kommt, was dann wiederum zu einer strafrechtlichen Verantwortung führt, so z.B. wenn aufgrund eines sog. „Löcherstopfens" Beiträge zur Sozialversicherung nicht oder nicht rechtzeitig abgeführt werden.

Gleichfalls wurde angeführt, dass die Buchhaltung für sehr viele Unternehmer in kleinen bis mittleren Unternehmen keine Informationsquelle ist, da sie diese nicht nachvollziehen können und sie nur als notwendiges gesetzliches Übel auffassen. Dies führe dann auch oftmals in der Krise dazu, dass die Kosten für die Buchhaltung als „verzichtbar" angesehen und die weiteren Folgen nicht erkannt werden.

7.3 Zusammenarbeit mit den Ermittlungsbehörden

Die Zusammenarbeit wurde zwar grundsätzlich als „gut" bewertet, jedoch mit der Einschränkung, dass sie oftmals nur „schleppend" verlaufe. Dabei gaben alle Befragten an, dass sie in einem guten wechselseitigen Austausch von Informationen mit den Strafverfolgungsorganen stünden.

Kritisch wurde in diesem Zusammenhang erwähnt, dass die Strafverfolgungsbehörde nicht alle Fälle aufgreife und oftmals auch Ermittlungsergebnisse nicht an die Insolvenzverwalter weitergibt, die darin jedoch auch eine Unterstützung ihrer Arbeit sehen würden.

Als weiterer Problempunkt wurde angeführt, dass sich die Strafverfolgungsbehörden zu Beginn eines Insolvenzverfahrens zu sehr auf die Arbeit der Insolvenzverwalter verlassen und sich wenig eigene Kompetenz zum Erkennen von strafrechtlich relevantem Verhalten aneignen. Dazu kommt, dass die Strafverfolgungsbehörden insgesamt gesehen mit zu wenig sachgerecht ausgebildetem Personal ausgestattet sind und somit wiederum gar nicht anders können, als auf die Ergebnisse der Arbeit der Insolvenzverwalter zurückzugreifen. Auch führten oftmals durchgeführte Durchsuchungen und Beschlagnahmen von Unterlagen nicht zu einem weiterführenden Ermittlungsergebnis, da das Material nicht zeitnah ausgewertet werden kann.

Als besonderes Problem wurde in diesem Zusammenhang angemerkt, dass der Insolvenzverwalter nicht zu sehr die Arbeit der Strafverfolgungsbehörden übernehmen sollte, da dies wiederum zu einer Einschränkung bei der Durchführung des Insolvenzverfahrens führen kann.

Den § 97 InsO sahen die meisten Insolvenzverwalter nicht als Problem an, da er sich ja auf ihre Arbeit bezöge. Wenn die Strafverfolgungsbehörden diese Angaben nutzten, so müssten sie auch sicherstellen, dass sie normkonform verwendet werden. Wenn dies jedoch nicht schon bei den Staatsanwaltschaften geschehe, so müssten die Gerichte hier eben Grundsätze festlegen. Letztendlich müsste daher das Problem des § 97 InsO auf der Ebene der Staatsanwaltschaften geklärt werden, da es – so die Hinweise – zu sehr unterschiedlichen Handhabungen in der Bundesrepublik Deutschland kommt. Rückfragen der Strafverfolgungsbehörden wurden einhellig nicht als Problem gesehen, sie müssten nur detailliert gestellt und dadurch auch schnell „beantwortbar" sein; insbesondere sollten sie nicht „Ermittlungsmaßnahmen" durch den Insolvenzverwalter erwarten. Der letztere Gesichtspunkt wurde so weiter spezifiziert, dass es nicht Aufgabe der Insolvenzverwalter sein könne, dass umfangreiche Auswertungen für die Strafverfolgungsbehörden vorzunehmen. Dies sei nicht Aufgabe des Insolvenzverwalters. Dazu wurde auch der Umstand gezählt, dass die Staatsanwaltschaften mit dem Abschluss des Ermittlungsverfahrens so lange warten, bis das Insolvenzverfahren durch den Insolvenzverwalter „abgearbeitet" ist und sich die strafrechtlichen Entscheidungen dann auf diese Ausführungen stützten. Dies sei oftmals dann der Fall, wenn der Insolvenzverwalter zivilrechtliche Ansprüche z.B. gegen den Geschäftsführer einer GmbH verfolgt.

7.4 Insolvenzgutachten und Ermittlungsorgane

Prinzipiell wurde in der Auswertung des Insolvenzgutachtens durch die Strafverfolgungsbehörden kein Problem gesehen. Es wurde vielfach sogar darauf hingewiesen, dass diesen ja ansonsten keine anderen Informationsquellen zur Erstinformation zur Verfügung stünden. Jedoch wurde einschränkend darauf verwiesen, dass die Ermittlungen nicht auf dem Stand der Ausführungen stehen bleiben dürften, da sonst der Zweck von Ermittlungen eigentlich verfehlt würde. Gerade im letzten Gesichtspunkt wurde jedoch eine besondere Problematik bei den Ermittlungen im Bereich der Insolvenzdelikte gesehen.

Als zutreffend wurde die in der Befragung geäußerte Vermutung gesehen, dass der Insolvenzverwalter aufgrund seiner Formulierungshoheit Möglichkeiten hat, die Ermittlungsorgane auf strafrechtliche Handlungen hinzuweisen oder aber auch bewusst Problempunkte „heruntergespielt". Wörtlich wurde z.B. ausgeführt, dass „bei einem offensichtlich überforderten Geschäftsführer, dem keine kriminelle Energie unterstellt werden kann, ... vorsichtig formuliert" wird. In diesem Zusammenhang wurde auch darauf abgehoben, dass aus diesem Grunde die Insolvenzverwalter die Gutachten mit einem gewissen „Fingerspitzengefühl" erledigen sollten, da es letztendlich nicht ihre Aufgabe sei, Verdächtigungen oder Verharmlosungen im Gutachten zu erzeugen. Sollten offensichtliche Hinweise auf Straftaten vorliegen, so sollten die Insolvenzverwalter lieber auf die Möglichkeiten eines Strafantrages zurückgreifen.

7.5 Ermittlungspraxis und zukünftige Problemeinschätzung

Die oftmals gesehene Reduzierung der Strafverfolgung auf „Formaldelikte" wurde kritisch gesehen. Zwar sei es richtig, dass auch die Vorschriften ihre Gültigkeit hätten, es wurde jedoch auch eine „Überermittlungspraxis" festgestellt. Wenn schon, so wurde vorgeschlagen, sollten solche Fälle eher mit einer Erledigung nach § 153a StPO abgeschlossen werden, anstatt langwierige Ermittlungen aufzubauen, die zu keinem besonderen Ergebnis führen. Sicherlich läge darin auch eine Möglichkeit, so manche Angaben, dass dadurch schneller „statistische Ergebnisse" erzielt werden, man damit aber nicht - immer – die tatsächliche Insolvenzkriminalität verfolgt.

Kritisch wurde ebenfalls angesprochen, dass dem Fachmann erkennbare erhebliche Schädigungen nicht ausermittelt würden und somit strafrechtlich relevantes Verhalten unverfolgt bliebe. Hierbei stellte sich jedoch heraus, dass der Begriff eines „Formaldeliktes" sehr unterschiedlich interpretiert wurde, einmal, ob jemand jahrelang sein Unternehmen „in der Krise" weiterbetreibt und es deshalb zu einer umfangreichen Schädigung von Gläubigern etc. kommt oder zum anderen, ob sich dahinter die Frage verbirgt, ob der Insolvenzantrag 19 oder 21 Tage nach der Feststellung der Krise erfolgte. Insoweit wurde in den Antworten auch die Forderung an den Gesetzgeber angesprochen, zeitgemäßere bzw. problembewusstere Formulierungen in die (Straf-) Gesetzbücher aufzunehmen.

Auch die Antwort auf die Frage, ob man die Notwendigkeit sieht, die Strafvorschriften im Bereich der Insolvenzkriminalität zu verändern, fiel sehr unterschiedlich aus. Eine Hälfte der Befragten antwortete mit einem klaren

„nein", die andere jedoch mit einem „ja". Im letzteren Falle wurde insbesondere darauf hingewiesen, dass – wie in einer Antwort formuliert – die „Schlauen kommen immer noch zu oft durch". Auch wird ein weiteres Problem in den Definitionsmöglichkeiten vieler Begrifflichkeiten gesehen.

Letztendlich wurde noch darauf abgehoben, dass aufgrund mangelnder Personalstärke und Qualifizierung der Ermittlungsbeamten es oftmals vorkommt, dass – wie bereits auch eingangs erwähnt – speziell bei den Betrugshandlungen und den Vermögensverschiebungen die Strafverfolgungsbehörden nicht die notwendigen Ermittlungen durchführen, die dann letztendlich auch zu einer Aburteilung führen.

Zusammenfassend ist somit festzuhalten, dass die Insolvenzverwalter die Problematik der Strafverfolgung bei Insolvenzkriminalität deutlich aufzeichnen können und auch ihre besondere „Stellung" in diesem Verfahren sehen. Es zeigt sich weiter, dass es zu einer sehr differenzierten Auseinandersetzung mit den strafrechtlichen Vorschriften kommt. Im Zusammenhang mit der Fragestellung der vorliegenden Untersuchung wurde deutlich, dass die wirtschaftliche Qualifikation der Ermittlungsorgane und somit deren Sachkompetenz als eher verbesserungsfähig eingestuft wurde. Dies geht auch damit einher, dass auf das fehlende Personal im Besonderen abgehoben wurde und darin auch ein weiteres Problem gesehen wurde, dass sich die Strafverfolgungsorgane deshalb bei den Ermittlungen gerne auf „Formaldelikte" bzw. schnell auszuermittelnde Tatbestände zurückziehen würden. Kritisch wird auch gesehen, dass deshalb „bewusst vorgehende Täter" oftmals mit einem „Erfolg" belohnt werden, d.h. die Taten unverfolgt oder unbestraft bleiben und die eher mit wenig oder gar keiner kriminellen Energie handelnden Unternehmer aufgrund ihrer offensichtlicheren Verstöße zur Verantwortung gezogen werden. Abhilfe könnten letztendlich nur eine verbesserte Sachkenntnis und ein ausreichender Personalbestand bringen.

8 Insolvenzkriminalität in Europa

8.1 Entwicklungen im EU-Bereich[25]

8.1.1 Statistische Erkenntnisse

Auch wenn Insolvenzen in den EU-Ländern keine Seltenheit sind, so ist die Entwicklung in den einzelnen Ländern doch sehr unterschiedlich (vgl. Tabelle 53). Vor allem fällt auf, dass der Schwerpunkt beim Anstieg der Insolvenzen in Deutschland liegt. Zu beachten ist, dass die Insolvenzvoraussetzungen und die in die Statistik der in den einzelnen Ländern eingehenden Fälle sehr unterschiedlich sind. Aufgrund der unterschiedlichen rechtlichen Gegebenheiten in den einzelnen Ländern lassen sich weitergehende Erkenntnisse nur im Rahmen von Einzellandanalysen gewinnen, die auch z.B. die rechtlichen Voraussetzungen und die Verfahrens- und Verfolgungsspezifika mit überprüfen. Zu beachten ist auch, dass die unterschiedlichen zivilrechtlichen Möglichkeiten dazu führen, dass ein Unternehmen nicht unbedingt in die Situation einer Insolvenz kommt, wie es in Deutschland der Fall ist. Insoweit ergeben sich daraus natürlich auch Auswirkungen auf die strafrechtlichen Ermittlungen, die – wie die Tabelle 53 ausweist – deshalb oftmals für verschiedene Länder sehr viel geringere Fallzahlen aufweisen.

An dieser Stelle sei dazu noch angemerkt, dass dieser „andere Weg" der Unternehmenssanierung auch von der Europäischen Kommission für die Zukunft präferiert wird, als dort Überlegungen zu einem so genannten „fresh start" angestellt werden, der eine Unternehmenssanierung unter bestimmten Voraussetzungen ohne eine strafrechtliche Beeinträchtigung vorsieht (vgl. z.B. Europäische Kommission, Generaldirektion Unternehmen, Unterstützung von Unternehmen bei der Überwindung finanzieller Schwierigkeiten, Brüssel 2002; Europäische Kommission, „Umstrukturierung, Konkurs und

---

[25] Die Analyse konnte bisher nicht abgeschlossen werden, da die bürokratischen Hürden für die Informationsgewinnung sich als so forschungshemmend erwiesen, dass eine abschließende Stellungnahme erst im veröffentlichungsreifen Bericht erfolgen kann. Zugesagte Unterstützungen wurden nicht umgesetzt, Zusammenarbeit wurde ohne weitere Information „beendet", die Beantwortung des Schriftverkehrs konnte über 3 Monate dauern bzw. steht bis heute noch aus. Auch kam es vor, dass der Projektnehmer immer wieder an neue Personen oder Institutionen verwiesen wurde, wobei dieser „Prozess" bis heute nicht abgeschlossen werden konnte.

Neubeginn, Brüssel 2003; European Commission, Restructuring, bankruptcy and a fresh start[26]). Die Auseinandersetzung mit den dadurch entstehenden Problematiken wird zwar z. Zt. eher auf der zivilrechtlichen Ebene geführt, sie dürfte jedoch auch zukünftig zentrale Auswirkungen auf die strafrechtlichen Ermittlungen in Europa und speziell der Bundesrepublik Deutschland haben. Dabei ist es interessant, dass dieser Gesichtspunkt – wie die Interviews mit den Staatsanwälten zeigten – bisher überhaupt nie Gegenstand der internen deutschen Diskussion war. Anders dagegen in den EU-Nachbarländern, wo diese Thematik schon auf zahlreichen Konferenzen angesprochen wurde[27].

Tabelle 53: Insolvenzen und Insolvenzentwicklung in ausgewählten EU-Ländern

Land	2001	2002	2003	2004	2005
Belgien	7.062	7.222	7.593	7.836	7.790
Luxemburg	750	695	655	665	668
Niederlande	5.832	6.489	6.386	6.648	6.274
Österreich	8.777*	5.281	5.643	6.328	7.299
Slowakei	-	6.263	-	-	-
Dänemark	2.189	2.469	2.506	2.620	2.423
Frankreich	34.876	37.987	38.296	40.776	42.874
Großbritannien	48.397*	17.094	14.815	12.813	10.344
Norwegen	3.541*	2.603	3.084	2.683	2.293
Spanien	335	629	646	561	549

---

[26] Vgl. www.Europa.eu.int/comm/enterprise/entrepreneurship/support_measures/failure_bankruptcy vom 19. März 2005.
[27] Den Beginn dieser Diskussion stellt dabei das „Seminar of Business Failure", das 2001 in Noordwijk, Niederlande, abgehalten wurde, dar.

| Deutschland | 32.278 | 37.620 | 39.470 | 39.270 | 37.900 |

Quelle: Creditreform, Insolvenzen in Europa, Neuss 2006

*) Es gibt in früheren Veröffentlichungen der Creditreform und anderer Wirtschaftsberatungsorganisationen leicht abweichende Zahlen. Vgl. dazu die in den anderen Tabellen angeführten Zahlen, die sich aus anderen Quellen ergeben. Gründe für die Unterschiede werden nicht genannt bzw. gehen auf eine unterschiedliche Zählweise zurück. „–" bedeutet, dass keine Angaben ausgewiesen wurden. Eine Überprüfung der neuesten Zahlen geben ähnliche Anteile wieder (vgl. Creditreform, Insolvenzen in Europa, Neuss 2009

Ein weiterer zentraler Gesichtspunkt in diesem Zusammenhang betrifft insbesondere den Bereich der Kleinunternehmer, für die die „bürokratischen" Bedingungen „Kleinunternehmen freundlicher" gestaltet werden sollen, jedoch letztendlich dann wieder Auswirkungen auch auf den Bereich der Strafverfolgung haben werden (vgl. Konferenz über die Europäische Charta für Kleinunternehmen, Luxemburg 2005; Commission of the European Communities, Commission staff working paper, Small und medium-sized enterprises, Brüssel 2005).

Aufgrund der Vereinheitlichung des europäischen Rechtsraumes führten erste Schritte bereits dazu, dass die Rechtsformen der Mitgliedsstaaten der EU in jedem Mitgliedsstaat anwendbar sind. Auch eine einheitliche Insolvenzordnung wird in den nächsten Jahren zum Zuge kommen, sodass natürlich diese Gesichtspunkte ihre Auswirkungen auf die Strafverfolgung haben werden. Bedauerlicherweise fehlen zu einer Beurteilung selbst die einfachsten Daten. So gibt es zu den verschiedenen Rechtsformen in der EU[28] nur sehr beschränkt ausführliche Hinweise, so zur Limited (vgl. Krause 2004; UK Limited Company, Ltd, Exposé zur Gründung einer Ltd., Hamburg 2005), zu ungarischen Unternehmensformen (vgl. Schad 1999; Odor 2006) oder zu den niederländischen Rechtsformen (vgl. Declercq 2002) bzw. zur Entwicklung des Unternehmensrechts der Niederländischen Antillen (Lang 2001). Auch die noch gültigen zivilrechtlichen Insolvenzvorschriften sind sehr unterschiedlich, wobei auch dazu die Informationsquellen sehr beschei-

---

[28] Vgl. dazu auch die Zusammenstellung von Eurojuris Deutschland e.V., Kompendium der Gesellschaftsformen Europa & USA, Aschaffenburg 2003. Probleme stellen dabei jedoch die ständigen Veränderungen der rechtlichen Grundlagen dar, die oftmals solche Aufstellungen in Einzelpunkten sehr schnell wieder veralten lassen.

den sind. Es gibt nur sehr wenige Veröffentlichungen, wie die des Deutschen Sparkassenverlages aus dem Jahre 1983 zu Griechenland, Italien, Spanien oder Portugal (vgl. Georgopoulous u.a. 1983) oder zu England, Frankreich und der Schweiz (vgl. Forschungsberichte o.J. <ca. 1980>).

8.2 Strafrechtliche Entwicklungen im EU-Bereich

8.2.1 Strafrechtliche Erkenntnisse für Österreich

Für Österreich liegt zur Insolvenzkriminalität – gegenüber den anderen noch speziell in diesem Abschnitt behandelten Ländern – ein relativ umfangreiches Datenmaterial vor. Tabelle 54 zeichnet den Umfang und die Entwicklung der Insolvenzkriminalität aufgrund der polizeilichen Kriminalstatistik nach. Dabei ist zu beachten, dass in Österreich in der Zwischenzeit mehr als jeder zweite Konkurs mangels Masse abgewiesen wird (52,4 %; vgl. Creditreform, Insolvenzen in Europa, Neuss 2006). Das würde z.B. bedeuten, dass im Jahre 2005 ca. 3.900 Konkurse nicht eröffnet werden konnten (vgl. dazu auch Insolvenzstatistik 2005 aus Österreich unter www.slc-europe.com). Wenn man den im Kapitel 3 des vorliegenden Berichtes gemachten Ausführungen hier folgt, so müsste von fast von gleichen Zahl von Ermittlungsverfahren ausgehen. Dies ist, wie die Tabelle 54 zeigt, jedoch nicht der Fall. Dabei dürften auch die mit der sog. „kleinen Kridareform" vom 1. August 2000 einhergehenden Änderungen des Konkursstrafrechts ihre Auswirkungen haben.

Diese Reform hatte zum Ziel die:

- Entkriminalisierung des „gewöhnlichen" oder „normalen" Unternehmensrisikos;
- Beseitigung von „Auffangfunktionen" von Tatbeständen, sodass man einem Unternehmen z.B. den Vorwurf des zu hohen Anteils von Fremdkapital machen konnte, was ja bei einem Konkurs immer zutreffend gewesen ist;
- Einschränkung der Strafbarkeit auf „grob fahrlässiges Verhalten";

- Reduzierung von Insolvenztatbeständen: z.B. ist die bloße „Konkursverschleppung" nicht mehr strafbar (vgl. ausführlich Brandstetter 2001).

Im Zusammenhang mit einer internen Auswertung der Kridafälle im Vorfeld der Strafrechtsänderung wurde als Ergebnis ausgeführt, dass „der weit überwiegende Teil der Insolvenzen, welche der Staatsanwaltschaft zur Kenntnis gelangten, zu einem Verfolgungsantrag, dieser wiederum fast immer zu einer Verurteilung führte, wobei überwiegend als die Fahrlässigkeit begründender Sorgfaltsverstoß das mangelnde Eigenkapital und die leichtsinnige oder unverhältnismäßige Kreditbenutzung herangezogen wurde." (Nemec 2001: 95) Dieser Umstand wurde insgesamt als übertrieben und „sozial ungerecht" empfunden. Weiterhin stand zur Überprüfung, ob ein wirtschaftlicher Misserfolg grundsätzlich zu pönalisieren sei und nicht eine Konzentration auf wirkliche schwere Verstöße erfolgen sollte (vgl. Fuchs/Keppert 2001). Ziel war somit das Zurückdrängen der Verurteilungen wegen „Fahrlässigkeit". Aufgrund der Reform werden jetzt auch eine strenge Prüfung und genaue Festlegung des Zeitpunktes, wann eine Zahlungsunfähigkeit eingetreten ist, bei der Strafverfolgung verlangt.

Die Gesetzesänderung hatte neben den bereits ausgeführten Inhalten noch ein Hauptziel, das darin bestand, die Zahl der Insolvenzstrafverfahren und der Verurteilungen zu reduzieren. Es sollte eine Konzentration auf die tatsächlich kriminellen Insolvenz- (Krida-) Handlungen erfolgen. Trotzdem wurde kurz nach der Reform bereits darauf hingewiesen, dass die neuen Tatbestände aus praktischer Sicht nicht unbedingt eine rechtlich einwandfreie „saubere Lösung" begründen, da viele Tatbestandsmerkmale nach wie vor unterschiedlichen Interpretationen unterliegen können (vgl. Nemec 2001: 117). Bedauerlicherweise liegen – so auch die Auskunft des Bundesministeriums für Justiz in Wien – keine weiteren Überlegungen dazu vor und es wurde auch bisher keine Implementationsuntersuchung zu den neuen Kridatatbeständen ins Auge gefasst. Insoweit muss als Beschreibung der Strafverfolgung von Insolvenzstraftaten in Österreich im Augenblick die statistische Analyse genügen, da eine weitergehende Analyse nicht durchgeführt wurde bzw. auch aufgrund zahlreicher datenschutzrechtlicher und verwaltungsorganisatorischer Vorgaben nur nach einem langen Planungsvorlauf überhaupt nur durchführbar erscheint.

Tabelle 54: Umfang der Insolvenzkriminalität nach den Tatbeständen des ÖStGB für die Jahre 1995 bis 2005

Jahr / Delikte*	1995	1996	1997	1998	1999	2000	2001	2002
156	144[1]	205	171	221	256	243	165	182
157						7	5	4
158	1.478[2]	1.785	1.662	1.506	1.798	23	9	11
159						983	534	404
160[3]	-	-	-	-	-	0	0	1
162						201	165	144
163							-	-	-

Jahr / Delikte*	2003	2004	2005
156	219	222	212
157	3	5	7
158	16	14	12
159	476	507	499
160[3]	-	1	1
162	133	151	106
163	4	5	5

*) Delikte nach dem österreichischen StGB: § 156: „betrügerische Krida"; § 157: „Schädigung fremder Gläubiger"; § 158: „Begünstigung eines Gläubigers"; § 159: „grob fahrlässige Beeinträchtigung von Gläubigerinteressen"; § 160: „Umtriebe während einer Geschäftsaufsicht"; § 162: „Vollstreckungsvereitelung"; § 163: „Vollstreckungsvereitelung zugunsten eines Anderen"
1) Von 1995 bis 1999 Delikte nach §§ 156/157 ÖStGB zusammen ausgewiesen.
2) Von 1995 bis 1999 Delikte nach §§ 158 - 163 ÖStGB zusammen ausgewiesen.
3) Erst seit 2000 Insolvenzdelikt.
Quelle: Kriminalitätsbericht, Statistik und Analyse, BM.I, Wien für die Jahre 1995 bis 2006

Tabelle 55: Entwicklung der Verurteiltenzahlen seit 1995 (Österreich)

Jahr / Delikte*	1995	1996	1997	1998	1999	2000	2001	2002	2003	2004
156	55	41	53	39	85	83	69	74	85	84
157/8	3	4	7	8	9	8	16	15	13	12
159	1.240	1.406	1.578	1.690	1.723	1.053^1	9^1 40^2	0^1 181^2	148 126^2	173
160	-	-	-	-	-	1	n.a.**	n.a.	-	-
162/3	160	156	126	123	115	71	47	55	48	38

*) Delikte nach österreichischem StGB; **) n.a. = nicht mehr ausgewiesen; vor 2000 kein Insolvenzdelikt.
1) Verurteilungen nach altem Recht
2) Verurteilungen nach neuem Recht
Quelle: Gerichtliche Kriminalstatistik, Wien (Statistik Austria) 1995 bis 2005 (letzter Nachweis)

Tabelle 56: Verurteilungen wegen eines Verstoßes nach § 156 „Betrügerische Krida" ÖStGB für die Jahre 2003 und 2004

Verurteilungen wegen § 156 ÖStGB	Insgesamt	zu Geldstrafen verurteilt	zu Freiheitsstrafen verurteilt	Höchststrafe
2003	83 Personen	12 Personen	71 Personen, davon 5 „ohne Bewährung"	3 Fälle mit Freiheitsstrafe von 3 bis 5 Jahren
2004	86 Personen	6 Personen	80 Personen, davon 9 Personen „ohne Bewährung"	2 Fälle mit Freiheitsstrafe von 3 bis 5 Jahren

Quelle: Gerichtliche Kriminalstatistik, Wien 2003; 2005; 2006

Tabelle 57: Verurteilungen wegen eines Verstoßes nach § 159 ÖStGB „Grob fahrlässige Beeinträchtigung von Gläubigerinteressen" für die Jahre 2001, 2003 und 2004

Verurteilungen wegen § 159 ÖStGB	Insgesamt	zu Geldstrafen verurteilt	zu Freiheitsstrafen verurteilt
2001	190 Personen	20 Personen, davon 17 „bedingt"	162 Personen, davon 2 „ohne Bewährung"
2003	142 Personen	5 Personen	137 Personen (alle mit Bewährungsstrafen)
2004	173 Personen	4 Personen	168 Personen, davon 1 Person „ohne Bewährung"

Quelle: Gerichtliche Kriminalstatistik, Wien 2003; 2005; 2006

Bemerkenswert ist der aus Tabelle 55 ersichtliche starke Anstieg der Delikte nach § 159 ÖStGB bis Ende der 90er Jahre und der dann sehr auffällige Rückgang ab dem Jahr 2000 bzw. 2001, obwohl die Polizei noch in 534 Fällen Ermittlungen aufgrund des Tatbestands des § 159 ÖStGB führte. An dieser Stelle ist nun die Tatsache zu berücksichtigen, dass seit August 2000 in Österreich ein neues Krida-Strafrecht in Kraft ist. In diesem Zusammenhang kam es zu einer Neufassung des § 159 ÖStGB: „Vor der Neufassung des § 159 StGB (Strafgesetzbuch) wurden jährlich etwa 1.700 Unternehmer/innen und Geschäftsführer/innen wegen fahrlässiger Krida verurteilt. Durch die Novelle wurde der Tatbestand der fahrlässigen Krida durch die 'grob fahrlässige Beeinträchtigung von Gläubigerinteressen' abgelöst. Die verspätete Anmeldung der Insolvenz als solche ist strafrechtlich nicht mehr relevant, kann aber nach wie vor ein zivilrechtliches Haftungsrisiko bringen. Weiter sind mangelndes Eigenkapital bzw. unverhältnismäßige Kreditaufnahme als Ursache für die Zahlungsunfähigkeit für sich kein Straftatbestand mehr. Allerdings können sie nach wie vor unter Umständen als 'kridaträchtige Handlungen' eingestuft werden und somit für die Strafbarkeit Bedeutung haben."[29]

Diese Änderung ist auch der Grund für die rückläufigen Fallzahlen, insbesondere wenn man berücksichtigt, dass der Tatzeitpunkt für die Beurteilung eine Rolle spielt (vgl. dazu Brandstetter 2002: 81ff.). Andererseits dürfte auch der Umstand noch von Relevanz sein, dass die Implementierung des neuen Tatbestandes sich im Polizeibereich noch nicht nachhaltig durchgesetzt hat und/oder Auslegungsprobleme bestehen, die sich gleichfalls in diesen statistischen Zahlen niederschlagen können. Eine genauere Analyse kann hier nur eine Vertiefungsuntersuchung zur Änderung des Insolvenzstrafrechts – insbesondere hinsichtlich einer sich abzeichnenden veränderten Strafverfolgung – in Österreich bringen.

Straftatbestände des Insolvenzdeliktbereiches sind nach der Gesetzesänderung vom August 2000 folgende Delikte:

- § 156 ÖStGB: Betrügerische Krida
- § 157 ÖStGB: Schädigung fremder Gläubiger
- § 158 ÖStGB: Begünstigung eines Gläubigers
- § 159 ÖStGB: Grob fahrlässige Beeinträchtigung von Gläubigerinteressen
- § 160 ÖStGB: Umtriebe während der Geschäftsaufsicht, im Ausgleichsverfahren oder im Konkursverfahren
- § 162 ÖStGB: Vollstreckungsvereitelung
- § 114 ÖASVG: Nicht-Abführen von einbehaltenen Dienstnehmerbeiträgen

Interessant ist in diesem Zusammenhang die Einschränkung der Strafbarkeit, die man auch z.B. in der niederländischen Diskussion wiederfindet (vgl. dort). Insoweit stellt sich die Frage, ob die deutschen Regelungen beim Insolvenzstrafrecht sich gerade im Vergleich mit dem österreichischen Weg nicht als eine Spezialsituation in Europa herausstellen könnten.

---

[29] Beitrag ohne Autorenangabe zu finden unter: www.unternehmer-in-not.at/recht_insolvenz4.php vom 20.12.03.

8.2.2 Erkenntnisse für die Benelux-Länder

8.2.2.1 Statistische Ergänzungen

Hinsichtlich der Fallzahlen der Insolvenzen in den einzelnen Ländern liegen noch verschiedene Angaben zum Umfang dieser Ereignisse vor. Im Folgenden werden die Angaben für die Niederlande und Belgien kurz dargestellt.

Die Insolvenzentwicklung in den Niederlanden, auch mit den abgelehnten Insolvenzen, findet sich für die letzten Jahre in Tabelle 58. Für Belgien ergibt sich die aus der Tabelle 59 ersichtliche Entwicklung, wobei hier kein weiterer Hinweis auf „abgelehnte" Insolvenzen zu erhalten war. Für Luxemburg liegen nur die in der Tabelle 53 angeführten Zahlen vor.

Tabelle 58: Insolvenzen in den Niederlanden

Jahr	„Pronounced bankruptcies"*	„Annulled bankruptcies"**
1999	3.840	188
2000	4.498	195
2001	5.834	180
2002	6.771	183

*) „Uitgesproken faillissementen"; **) „Vernietigde faillissementen"
Quelle: Statistics Netherlands (1999-2002)

Tabelle 59: Insolvenzen in Belgien

Jahr	Anzahl der „Faillissementen"
2000	6.767
2001	6.954
2002	7.230
2003	7.628

Quelle: Belgisch Staatsblad

8.2.2.2 Insolvenzdelikte in den Niederlanden

In den einzelnen „Kriminalstatistiken" dieses Landes wurden bisher keine speziellen Angaben dazu gefunden. So werden weder in der niederländischen Kriminalstatistik (erreichbar in Bibliotheken als letzter Jahrgang: „Criminele Statistiek 1976", 's-Gravenhage 1981) noch in der Gerichtsstatistik (zuletzt erreichbar: „Kwartaalbericht rechtsbescherming en veiligheid 1998", Voorburg/Herrlen 1998) Insolvenzdelikte besonders ausgewiesen. Anfragen beim „Centraal Bureau voor Statistiek" (Statistisches Landesamt /„Statistics Netherlands") des Wirtschaftsministeriums und dem „Wetenschappelijk Onderzoek en Documentatie Centrum" des Justizministeriums verliefen für die vorliegende Untersuchung bisher negativ. Auch eine zweite Anfrage über die Botschaft des „Koninkrijk der Nederlanden" in Berlin brachte keine neuen Erkenntnisse. Die Anfrage beim „Centrale Recherche Informatiedienst" ist bis heute nicht beantwortet.

Seit dem 1. Dezember 1998 gibt es in den Niederlanden ein neues Insolvenzrecht, das nicht mehr die Zerschlagung eines Unternehmens in der Krise zum Ziele hat, sondern die Möglichkeiten der Weiterführung unterstützt. In diesem Sinne entspricht es auch den Überlegungen zu einem „fresh start" der EU-Kommission (vgl. ausführlich Declercq 2001). Insoweit lauten auch die ersten Auskünfte zur Strafverfolgung von Insolvenzdelikten, dass diese keine große Rolle in den Niederlanden spielen, soweit nicht Betrug oder verwandte Delikte im Zusammenhang mit einer Unternehmenskrise begangen wurden. Weitere Hinweise zur Reform – jedoch zumeist gleichfalls nur aus dogmatischer Sicht – werden auch in einer Veröffentlichung von Wessels (Wessels 1999) gegeben. Darin wird insbesondere auf die Umstände einer kriminellen Insolvenz abgehoben, dass die Ausgaben „exzessiv" gewesen waren, der Unternehmer Kredit noch in der bereits absehbaren Krise in erheblichem Umfang aufnahm bzw. besorgte und dass gleichfalls in dieser Zeit keine ordnungsgemäße Buchführung mehr geführt wurde. Bei Einzelunternehmen wird auch darauf abgehoben, dass sie in der Krise Waren verschleudern, Sicherheiten schädigen oder den Gläubigern entziehen, unrichtige Aussagen gegenüber den Kreditoren machen und gleichfalls keine ordnungsgemäße Buchführung mehr vornehmen. Dabei wird auf die Buchführung deshalb besonderer Wert gelegt, da sie Auskunft über Haftungen und gegebene Sicherheiten gibt und andererseits jedoch bei einer nicht ordnungsgemäßen Führung auch auf ein „untaugliches Management" („improper management") hinweist (Wessel 1999: 183ff.).

Deutlich wird daraus, dass das niederländische Insolvenzstrafrecht mehr auf die Auswirkungen von Handlungen ausgerichtet ist als das in Deutschland gültige Recht, das eher die formalen Verpflichtungen in den Vordergrund stellt. Gleichfalls darf nicht übersehen werden – und dies wird anhand von einzelnen Fällen auch in der hier vorgestellten Literatur problematisiert –, dass auch das neue niederländische Recht einige definitionsnotwendige Begriffe enthält, die sehr unterschiedlich ausgelegt werden können, wie z.B. die Verschleuderung von Waren. Bedauerlicherweise liegen zur Rechtsanwendung in den Niederlanden keine weiteren empirischen Ausführungen vor.

8.2.2.3 Insolvenzdelikte in Belgien[30]

Für Belgien wurde nach Auskunft der „Deutsch-Belgisch-Luxemburgischen Handelskammer" bzw. der „Botschaft des Königreich Belgien" festgestellt, dass über die Insolvenzkriminalität keine veröffentlichten Spezialnachweise vorliegen. Es wurden nur in der Jahresstatistik für das Jahr 1995 (Quelle: „Statistiques Judiciares, citivté des cours et tribunaux année 1995", o.O. 1998) für die gesamte Deliktsgruppe „Banqueroutes" ingesamt 19 Maßnahmen ausgewiesen. Wenn man diese Angaben hochrechnet, so muss man wohl feststellen, dass die Strafverfolgung der Insolvenzkriminalität auch bei über 7.000 Insolvenzen keine besondere Aufmerksamkeit erfährt.[31]

---

[30] Bei Abfassung des Forschungsberichtes erreicht den Projektleiter eine Mitteilung, dass die belgische Polizei einen Ansprechpartner für Interviews zu dieser Problematik nun benannt hat.
[31] Eine Anfrage bei auf Insolvenzen spezialisierten Anwaltskanzleien zu diesem Problem wurde bis zum Berichtszeitpunkt noch nicht abschließend beantwortet, sodass dazu keine weiteren Erkenntnisse vorliegen.

8.2.2.4 Insolvenzkriminalität in Luxemburg[32]

Für Luxemburg wurde bereits eingangs eine sehr geringe Zahl an Insolvenzen ausgewiesen. Insolvenzkriminalität wird in den vorliegenden Statistiken bzw. statistischen Aussagen nicht ausgewiesen. Es wurde auch festgestellt, dass nur über eine Anfrage bei den einzelnen Polizeidienststellen eine sichere Auskunft möglich ist. Deshalb erfolgte eine Anfrage hinsichtlich der Auskunftsgenehmigung, die jedoch bis zum Berichtszeitpunkt noch nicht abschließend beantwortet war. Eine Anfrage beim Ministerium für Finanzen wurde gleichfalls noch nicht abschließend beantwortet. Deshalb soll noch eine interne Überprüfung vorgenommen werden, da keine veröffentlichten statistischen Zahlen vorliegen.

8.2.2.5 Erkenntnisse hinsichtlich der Slowakischen Republik

Die Insolvenzkriminalität wurde in Zusammenarbeit mit der Polizeiakademie Bratislava ermittelt, da bisher kein statistischer Nachweis besteht. Bisher wurde im Bereich der Slowakischen Republik – nach Auskunft der Polizeiakademie – nur ein Verfahren wegen Insolvenzkriminalität geführt, d.h. die Verfolgung der Insolvenzkriminalität spielt trotz der vorhandenen Insolvenzfälle keine Rolle für die Strafverfolgungsorgane. Anfang November wurde jedoch von der Nationalbank der Slowakischen Republik mitgeteilt, dass sie das interne Zahlenmaterial über den Verbindungsbeamten des BKAs in Bratislava an das BKA übersenden werde, damit diese Unterlagen für den Forschungsbericht verwendet werden können. Ein Eingang konnte jedoch bis zum Zeitpunkt der Abfassung dieses Berichtes nicht festgestellt werden.[33]

Weiterhin konnte erreicht werden, dass die neuen Insolvenztatbestände der Slowakischen Republik in die deutsche Sprache übersetzt wurden, sodass

---

[32] Während der Abfassung des Forschungsberichtes erreicht den Projektleiter eine Mitteilung, dass die luxemburgische Polizei nun drei Ansprechpartner für Interviews zu dieser Problematik benannt hat (die Anfrage datierte vom Juli d.J.).

[33] Es erreichte den Projektleiter jedoch der telefonische Hinweis des Verbindungsbeamten, dass die Zahlen bei ihm eingetroffen wären und er sie umgehend weiterleiten werde.

diese nun zum ersten Mal in Übersetzung vorliegen. Sie sind im Anhang zu diesem Abschnitt abgedruckt.

8.3 Anmerkungen zur zukünftigen Beurteilung der Insolvenzkriminalität in der EU

Ein weiterer Gesichtspunkt der Überlegungen richtete sich auf die Frage, inwieweit die zunehmenden Unternehmensverlagerungen ins Ausland zukünftig zu erheblichen Ermittlungsschwierigkeiten führen könnten. Dazu kommt, dass die „Werbung" für nicht-deutsche Rechtsformen weiter zunehmen werden dürfte. Es sei dabei exkurshaft nur auf Feststellungen in eher als „kritisch" zu bezeichnenden Zeitschriften hingewiesen, die unter Überschriften wie „Schutz vor deutschem Recht" oder „Take it Easy, Die britische Rechtsform bietet deutschen Firmen neue Chancen" die zukünftige Entwicklung deutlich machen (vgl. Die Zeit vom 29.1.2004: 4; vom 12.2.2004: 8; Hinweis auch bei Liebl 2004a). Dazu kommen noch weiterführende Hinweise im Internet, wie solche auf „Legal Insolvency in Netherland Antilles" (www.deloitte.com vom 20.März 2004), die auf Möglichkeiten der Verschleierung und Ausnützung der Insolvenzdelikte hinweisen, deren Grenzen wohl nur durch die Phantasie gesetzt werden. Gleichfalls ist zu überdenken, wie zukünftige Entscheidungen des EU-Gerichtshofes dazu ausfallen könnten, wenn ausländische Rechtsformen nicht nur in der Bundesrepublik Deutschland ihren Geschäftsbetrieb ausüben würden – und sei es auch nur zur Umgehung von deutschen Insolvenzvorschriften. Dies hätte dann auch nachhaltige Auswirkungen auf die Strafverfolgung in der Bundesrepublik Deutschland.

Die – unvollständigen – Untersuchungen im Rahmen der Replikationsuntersuchung haben gezeigt, dass es bereits in den Nachbarländern zu einer oftmals völlig anderen Einschätzung der Insolvenzproblematik kommt und dort häufig kein besonderer Wert auf eine strafrechtliche Kontrolle der Insolvenzen gelegt wird. Dies würde in der Folge bedeuten, dass die Sitzverlagerung ein adäquates Mittel für die Umgehung von strafrechtlichen Ermittlungen gegen ein Unternehmen im Inland wäre. Im Zusammenhang mit der Wahl von verschiedenen Rechtsformen und den wohl absehbaren Problemen mit einer Europäischen Insolvenzordnung kann man sich vorstellen, dass insbesondere auch Bereiche der organisierten Wirtschaftskriminalität diesen Umstand nutzen. Wenn man weiter berücksichtigt, wie auch die Machbarkeitsstudie gezeigt hat, dass bisher fast keinerlei kriminologischen Erkenntnisse über die Insolvenzdelikte in den in die Replikationsuntersuchung einbezogenen Ländern vorliegen, so erscheint die Aufhellung dieses Umstandes als äußerst dringlich.

Diese Dringlichkeit wird noch unterstrichen, wenn man sich die Ergebnisse eines Symposiums des Bundeskriminalamtes vor Augen führt, in dem bereits im Jahre 1992 auf die Notwendigkeit kriminologischer Forschungen in einem „zusammenwachsenden Europa" hingewiesen wurde (vgl. Bundeskriminalamt 1993). In diesem Zusammenhang wird auch die Forderung der EU nach einem einheitlichen Rechtsraum überdeutlich, der natürlich auch für eine strafrechtliche Verantwortung gelten muss.

9 Literaturverzeichnis

Achenbach, Hans (1995): Ahndende Sanktionen gegen Unternehmen und die für sie handelnden Personen im deutschen Recht, in: Schünemann, B. (Hg.), Bausteine des europäischen Strafrechts, Köln: S. 283 - 305

Achenbach, Hans (2002): Zivilrechtsakzessorietät der insolvenzstrafrechtlichen Krisenmerkmale, in: Duttge, Gunnar (Hg.), Gedächtnisschrift für Ellen Schlücher, Köln: S. 257 - 273

Albrecht, Hans-Jörg (2002): Organisierte Wirtschaftskriminalität – Ein fassbarer Tatbestand?, in: Polizei-Führungsakademie (Hg.), Rechtliche und strategische Aspekte der Kontrolle der organisierten Wirtschaftskriminalität, Hilten: S. 123 - 144

Albrecht, Hans-Jörg (2003): Forschungen zur Wirtschaftskriminalität in Europa: Konzepte und empirische Befunde, in: Albrecht, Hans-Jörg/Entorf, Horst (Hg.), Kriminalität, Ökonomie und Europäischer Sozialstaat, Heidelberg, S. 37- 69

Arold, Rudolf (1976): Einstellungen zur Wirtschaftskriminalität, Erlangen-Nürnberg

Arold, Rudolf (1977): Einstellungen zur Wirtschaftskriminalität, in: Kriminologisches Journal 9: S. 48 - 57

Bayerisches LKA (Hg.) (1965): Niederschrift über die 1. Arbeitstagung des Bayerischen Landeskriminalamts für Sachbearbeiter für Wirtschaftsdelikte vom 23. - 25.11.1965 in München, München

Beki, Cem/Zeelenberg, Kees/Montfort, Kees van (1999): An analysis of the crime rate in the Netherlands, in: The British Journal of Criminology 39, Nr. 3, S. 401 -415

Benda, Richard (2002): Organisierte Insolvenz, in: CD Sicherheits-Management 26, Heft 6, S. 10 - 26

Bennhold, M. (1973): Diebstahls- und Wirtschaftskriminalität, Ein Beitrag zur Kritik eines mit politisch-kritischem Anspruch auftretenden Labeling Approach, in: Kriminologisches Journal 5: S. 161 - 180

Bente, Ulrich (1992): Die Strafbarkeit des Arbeitgebers wegen Beitragsvorenthaltung und Veruntreuung von Arbeitsentgelt (§ 266 a StGB), Frankfurt

Berckhauer, Friedhelm H. (1975): Wirtschaftsdelikte in Deutschland, in: Zeitschrift für die gesamte Strafrechtswissenschaft, 87. Jahrgang, S. 788 - 825

Berckhauer, Friedhelm H. (1980): Wirtschaftskriminalität im Strafprozeß, Hannover

Berckhauer, Friedhelm H. (1981): Die Strafverfolgung bei schweren Wirtschaftsdelikten, Freiburg

Berckhauer, Friedhelm/Savelsberg, Joachim J. (1987): Vom Aufbruch zur Resignation – die „Bundesweite Erfassung" wurde in aller Stille zu Grabe getragen, in: Kriminalistik 41: S. 242 - 246

Berg, Andreas (2001): Wirtschaftskriminalität in Deutschland, Osnabrück

Berthel, Ralph (2000): Im Osten etwas Neues?, in: Der Kriminalist, 32. Jg., Nr. 2, S. 78 - 81

Berthel, Ralph (2002): Organisierte Wirtschaftskriminalität, Ein fassbares Phänomen oder Fata Morgana der Kriminalistik?, in: Die Polizei 93, S. 257 - 264

Bertling, Günter (1956): Wirtschaftskriminalität, Wiesbaden

Bertling, Günter (1957): Kaufmännischer Betrug und Steuervergehen, in: Taschenbuch für Kriminalisten, Band 7, Hamburg: S. 51 - 106

Biderman, Albert D./Reiss, Albert J. jr. (1979): Definition and criteria for a selection of prospective federal sources of white-collar crime data, Washington

Biermann, H.-H. (1955), Fragen der Wirtschaftskriminalität, in: Kriminalistik 9: S. 327 - 331

Bietz, H. (1970): Wirtschaftsstrafkammern – erste Erfahrungen mit einer neuen Einrichtung, in: Tiedemann, Klaus (Hg.), Die Verbrechen in der Wirtschaft, Karlsruhe: S. 109 - 122

Blankenburg, Erhard (1978): Die Staatsanwaltschaft im System der Strafverfolgung, in: Zeitschrift für Rechtspolitik, Nr. 11, S. 263 - 268

Boers, Klaus (2001): Wirtschaftskriminologie, in: Monatsschrift für Kriminologie und Strafrechtsreform 84, Heft 5, S. 335 - 356

Bora, Alfons/Liebl, Karlhans/Poerting, Peter/Risch, Hedwig (1992): Polizeiliche Bearbeitung von Insolvenzkriminalität, Wiesbaden

Braithwaite, John (1985): White collar crime, in: Annual Review of Sociology 11: S. 1 - 15

Brandstetter, Wolfgang (2001): Die Reichweite der Kridatatbestände nach der Reform des § 159 StGB, in: Fuchs, Helmut / Keppert, Thomas (Hg.) (2001): Grundfragen des Kridastrafrechts, Wien, S. 35 - 48

Brandstetter, Wolfgang (2002): Aktuelle Fragen des Insolvenzstrafrechts, in: Bundesministerium der Justiz (Hg.), Strafrechtliche Probleme der Gegenwart, Referate des 29. v.d. Vereinigung Österreichischer Richter veranstalt. Forschungsseminars aus Strafrecht und Kriminologie, Wien: S. 77 - 107

Breland, Michael (1974): Präventive Kriminalitätsbekämpfung, Ein lerntheoretisches Konzept der Prävention im sozialen Rechtsstaat, Gießen

Breland, Michael (1975): Lernen und Verlernen von Kriminalität, Opladen

Brenner, Klaus D. (2001): Umfangreiche Ermittlungsverfahren in Wirtschaftsstrafsachen, Ermittlungsansätze, Ermittlungsmöglichkeiten, Ermittlungsbehörden und Ermittlungsberichte, in: Kriminalistik 55, Nr. 8/9, S. 563 - 567

Brettner, H. (1955): Betrüger im Gewand des reisenden Kaufmanns und wie man sich vor ihnen schützt, Bensheim

Brusten, Manfred/Eberwein, Wolf-Dieter/Feltes, Thomas/Gollner, Günter/Henss, Gerhard/Schumann, Karl F. (1977): Konflikte durch Forschung, Eine Untersuchung über rechtliche und bürokratische Behinderungen empirischer Forschung, in: Kriminologisches Journal 9: S. 10 – 23

Büchler, Heinz/Brisach, Carl-Ernst (2009): Wirtschaftskriminalität und Globalisierung – die Polizei vor neuen Herausforderungen, Ein Bericht über die BKA-Herbsttagung 2008, in: Kriminalistik 63, S. 4 - 11

Bundeskriminalamt (BKA) (Hg.) (1956): Bekämpfung von Betrug und Urkundenfälschung, Wiesbaden

Bundeskriminalamt (BKA) (Hg.) (1957): Bekämpfung der Wirtschaftsdelikte, Wiesbaden
Bundeskriminalamt (BKA) (Hg.) (1963): Grundfragen der Wirtschaftskriminalität, Wiesbaden
Bundeskriminalamt (BKA) (Hg.) (1987): Macht sich Kriminalität bezahlt?, Aufspüren und Abschöpfen von Verbrechensgewinnen, Wiesbaden
Bundeskriminalamt (BKA) (Hg.) (1991): Organisierte Kriminalität in einem Europa durchlässiger Grenzen, Wiesbaden
Bundeskriminalamt (BKA) (Hg.) (1993): Polizeibezogene kriminologische Forschung im zusammenwachsenden Europa, Wiesbaden
Bundeskriminalamt (BKA) (Hg.) (2003): Wirtschaftskriminalität und Korruption, Wiesbaden
Bundesministerium der Justiz (Hg.) (1972): Tagungsberichte der Sachverständigenkommission zur Bekämpfung der Wirtschaftskriminalität, Bonn
Bundesministerium der Justiz (Hg.) (1980): Bekämpfung der Wirtschaftskriminalität, Schlußbericht, Bonn
Bundesministerium der Justiz (Hg.) (1984): Anschluß- und Vertiefungsuntersuchungen zur Bundesweiten Erfassung von Wirtschaftsstraftaten nach einheitlichen Gesichtspunkten, Bonn
Bundesrechnungshof (Hg.) (2003): Steuerausfälle bei der Umsatzsteuer durch Steuerbetrug und Steuervermeidung, Vorschläge für den Gesetzgeber, Bericht nach § 99 BHO, Bonn
Bunt, Henk van de/Schoot, Cathelijne van der (2003): Prevention of Organised Crime, A situational approach, Den Haag
Burger-Scheidlin, Maximilian (1996): „Gier frisst Hirn", Wie schütze ich mich und mein Unternehmen vor Wirtschaftskriminalität, in: Berliner Anwaltsblatt 3: S. 71 - 75
Busch, Heiner (2003): Stinkendes Geld, schmutzige Geschäfte, Der polizeiliche Antikapitalismus führt in die Irre, in: Bürgerrechte & Polizei, CILIP 74, Heft 1, S. 6 - 15

Bussmann, Kai-D. (1989): Der Mythos Strafrecht hat Konjunktur, Wirtschaftsstrafrecht und Abolitionismus, in: Kritische Vierteljahresschrift für Gesetzgebung 2: S. 126 - 148

Bussmann, Kai-D. (1991): Die Entdeckung der Informalität, Baden-Baden

Bussmann, Kai-D. (2003): Business Ethics und Wirtschaftsstrafrecht, in: Monatsschrift für Kriminologie und Strafrechtsreform, 86. Jahrgang, S. 89 - 104

Bussmann, Kai-D./Lüdemann, Christian (1989): Diversionschancen der Mächtigen?, in: Kriminologisches Journal 21: S. 54 - 72

Bussmann, Kai-D./Lüdemann, Christian (1995): Klassenjustiz oder Verfahrens-ökonomie?, Pfaffenweiler

Bussmann, Kai-D./Werle, Markus M./Ziegleder, Diana (2006): Wirtschaftskriminalität, Ergebnisse einer weltweiten Studie, in: Forum Kriminalprävention 2, S. 25 - 28

Claessens, Stijn/Klapper, Leora F. (2002): Bankruptcy around the world: Explanations of its relative use, World Bank Research Working Paper No. 2865, New York (Abrufbar unter: econ.worldbank.org)

Dannecker, Gerhard (Hg.) (1993): Die Bekämpfung des Subventionsbetruges im EG-Bereich, Köln

Declercq, Peter J. M. (2002): Netherlands Insolvency Law, The Hague

Dessecker, Axel (1991): Gewinnabschöpfung im Strafrecht und in der Strafrechtspraxis, Freiburg

Deutscher Präventionstag (2001): Entwicklungen in Gesellschaft und Politik – Herausforderungen für die Kriminalprävention, Düsseldorf

Eichler, Hans (1951): Die Redlichkeit im Wirtschaftsleben, Nürnberg

Entorf, Horst (1995): Kriminalität und Ökonomie, Mannheim (hektographisches Manuskript)

Eser, Albin (1998): Zur neuesten Entwicklung des deutschen Wirtschaftsstrafrechts, in: Drittes deutsch-chinesisches Kolloquium über Strafrecht und Kriminologie, Freiburg, S. 53 -66

European Commission, Enterprise Directorate-General (2003): Best project on trestructuring, bankruptcy and a fresh start, Final report of the Expert Group, Brüssel

Ferner, Wolfgang (2006): Insolvenzstrafrecht, Bonn

Feuerstein, Bettina Sophie (2007): Wirtschaftskriminalität bekämpfen, Marburg

Fijnaut, Cyrille (1997): Organisierte Kriminalität in Nordwesteuropa, in: Sieber, Ulrich (Hg.), Internationale Organisierte Kriminalität, Herausforderungen und Lösungen für ein Europa offener Grenzen, Köln, S. 3 - 41

Finklestein, L. (1958): The businessman's moral failure, in: Fortune 58: S. 116 -117

Forschungsberichte (1981): Zivilgerichtsbarkeit, Zwangsvollstreckung und Konkurs in europäischen Ländern, Teil I: England, Frankreich und Schweiz, Stuttgart

Franke, H. Eds (1996): De georganiseerde criminaliteit in Nederland, in: Tijdschrift voor Criminologie 39, Nr. 2, n.p.

Franz, Peter (1995): Vom Überwachungsstaat in die Beliebigkeit der Konsumgesellschaft?, Transformatinsprobleme sozialer Kontrolle im Prozeß der deutschen Vereinigung, in: Soziale Problem 6, Heft 2, S. 257 - 275

Frehsee, Detlev (1991): Zur Abweichung der Angepaßten, in: Kriminologisches Journal 23: S. 25 - 36

Frese, H. (1956): Die Wirtschaftskriminalität im Landgerichtsbezirk Dortmund in den Jahren 1945 - 1948, Bonn

Fuchs, Helmut / Keppert, Thomas (Hg.) (2001): Grundfragen des Kridastrafrechts, Wien

Galen, R. J. van (2000): Het Nederlandse faillissement, Lessen uit het buitenland, in: Justitiele verkenningen, 26. Jg., Nr. 2, S. 55 – 64

Georgopoulous, Dimitri u.a. (1983): Zivilgerichtsbarkeit, Zwangsvollstreckung und Konkurs in europäischen Ländern, Teil II: Griechenland, Italien, Jugoslawien, Portugal, Spanien und Türkei, Stuttgart

Gerken, Lüder (2004): Mehrwertsteuer könnte 2,5 Prozent niedriger sein, Vortrag auf der Stiftung für Ordnungspolitik, Freiburg, in: Badische Zeitung vom 27.3.2004: S. 4

Gessner, Volkmar/Rhode, Barbara/Strate, Gerhard/Ziegert, Klaus A. (1978): Die Praxis der Konkursabwicklung in der Bundesrepublik Deutschland, Köln

Giersch, Herbert (1982): Mehr Freiräume für die Wirtschaft, in: Wirtschaft im Südwesten 10: S. 313 – 315

Görling, Helmut (2008): Wirtschaftskriminalität: Ausufernde Schadenssummen in Deutschland, in: Der Kriminalist 40, S. 345 - 351

Gössweiner-Saiko, Theodor (1962): Die kriminalistische Bedeutung der kaufmännischen Rentabilität, in: Archiv für Kriminologie 129: S. 75 - 84

Graalmann-Scheerer, Kirsten (2005): Die Übermittlung personenbezogener Informationen zu Forschungszwecken, in: NStZ, Heft 8, S. 434 - 441

Gradowski, Marion/Ziegler, Jörg (1997): Geldwäsche, Gewinnabschöpfung, Wiesbaden

Grisch, Daniela (2006): Die strafrechtliche Verjährung der Wirtschaftskriminalität als Ausdruck von Klassenjustiz, Zürich

Grosch, Olaf/Liebl, Karlhans (1994): Computerkriminalität, Pfaffenweiler

Grub, Maximilian (1995): Die insolvenzstrafrechtliche Verantwortlichkeit der Gesellschafter von Personenhandelsgesellschaften, Pfaffenweiler

Günterberg, Brigitte/Wolter, Hans-Jürgen (2002): Gewerbemeldungen, Gründungen und Liquidationen, Insolvenzen, Bericht des Instituts für Mittelstandsforschung, Bonn

Haan, E. (2002): Over emigratie en welvaart, De economische ontwikkelingen van Curacao en Aruba vanaf 1986, in: Justitiele verkenningen, 28. Jg., Nr. 1, S. 27 - 32

Haffke, Bernhard (1991): Symbolische Gesetzgebung? Das Wirtschaftsstrafrecht in der Bundesrepublik Deutschland, in: Kritische Vierteljahresschrift für Gesetzgebung und Rechtswissenschaft 2: S. 165 - 176

Heinz, Wolfgang (1977): Die Bekämpfung der Wirtschaftskriminalität mit strafrechtlichen Mitteln, in: Goltdammers's Archiv für Strafrecht: S. 193 -221; 225 - 229

Heißner, Stefan (2002): Die Bekämpfung von Wirtschaftskriminalität: Gesamtgesellschaftliche und weltwirtschaftliche Herausforderung, in: forum kriminalprävention, Nr. 4, S. 14

Henssen, Peter J. (1976): Weinkriminalität und Weinstrafrecht, Gießen

Herbst, L. (1973): Überlegungen zur Bekämpfung des Subventionsschwindels, in: Bundesministerium der Justiz (Hg.), Tagungsberichte, Band 4, Bonn: Anlage 6

Hetzer, Wolfgang (1999): Wirtschaft und Kriminalität, in: Kriminalistik 53, Heft 9, S. 570 - 578

Hetzer, Wolfgang (1999a): Wirtschaftsform Organisierte Kriminalität, in: Wistra, 18 Jg., Heft 4, S. 126 - 138

Hey, Andreas/Regel, Andreas (1999): „Firmenbestatter" – Das Geschäft mit der Pleite, in: Kriminalistik 53, Heft 4, S. 259 - 262

Hildebrand, F. (1910): Die Hamburger Staatsanwaltschaft und die Deutsche Vacuum Oil Company, Berlin

Hillinger, Jörg (1997): Praktische Fragen bei der Bekämpfung der Wirtschaftskriminalität, Augsburg

Hitzler, Gerhard (2001): Organisierte Wirtschaftskriminalität zum Nachteil der EU, in: Polizei-Führungsakademie (Hg.), Rechtliche und strategische Aspekte der Kontrolle der organisierten Wirtschaftskriminalität, Hilten: S. 97 - 114

Holz, Klaus (1999): Zur Fortbildung von Wirtschaftskriminalisten, in: Kriminalistik 53, Heft 6, S. 407 - 410

Hommelhoff, Peter (2003): Der Wettbewerb der Rechtsordnungen im Europäischen Unternehmensrecht, unter: www.uni-heidelberg.de (vom 20.11.03).

Huls, N. (2000): Naar een economische faillissementsfilosofie, Niet terugmaar vooruit kijken, in: Justitiele verkenningen, 26. Jg., Nr. 2, S. 18 - 27

Jung, Heike (1979): Die Bekämpfung der Wirtschaftskriminalität als Prüfstein des Strafrechtssystems, Berlin

Kachler, Helmut (2002), Die Zusammenarbeit zwischen Polizei und Justiz am Beispiel der WESP Baden-Württemberg, in: Polizei-

Führungsakademie (Hg.), Aktuelle Entwicklungen im Verhältnis Polizei und Justiz, Hilturp, S. unpag.

Kaiser, Günther (1996), Kriminologie, Heidelberg

Karliczek, Karl-Maria (2007): Strukturelle Bedingungen von Wirtschaftskriminalität, Münster

Karstedt, Susanne (1999): Globalisierung und transnationale Kriminalität, Zum Erfolg „archaischer" Strukturen in der illegalen globalen Ökonomie, in: Schmidt, Gerd/Trinczek, Rainer (Hg.), Globalisierung, Ökonomische und soziale Herausforderungen am Ende des zwanzigsten Jahrhunderts, Sonderband 13 der Zeitschrift Soziale Welt, Baden-Baden, S. 259 -272

Kersten, Ulrich (2003): Wirtschaftskriminalität als Strukturkriminalität, in: Bundeskriminalamt (Hg.), Wirtschaftskriminalität und Korruption, Neuwied, S. 31 - 42

Kießner, Ferdinand (1985): Kreditbetrug – § 265b StGB, Freiburg

Knecht, Thomas (2006): Das Persönlichkeitsprofil der Wirtschaftskriminellen, Aus psychiatrischer Sicht, in: Kriminalistik 60, S. 201 - 206

Kramer, Bernhard (1987): Ermittlungen bei Wirtschaftsdelikten, Stuttgart

Krause, Daniel-Marcus (1995): Ordnungsgemäßes Wirtschaften und Erlaubtes Risiko, Grund- und Einzelfragen des Bankrotts (Par. 283 StGB) – zugleich ein Beitrag zur Dogmatik des Konkursstrafrechts, Berlin

Krause, Kathleen (2004): Wahl der Rechtsform, Diplomarbeit an der Fachhochschule der sächsischen Polizei, Rothenburg

Kreß, U. (1983): Motive für die Begehung von Steuerhinterziehung, Köln

Kronzon, Shirit (1999): The effect of formal policies and unformal social learning on perceptions of corporate ethics: action speak louder than codes, Princeton (PhD)

Kube, Edwin (1984): Prävention von Wirtschaftskriminalität, Wiesbaden

Kube, Edwin (2002): Wirtschaftskriminalität, Zu Phänomen und Prävention, in: Kühne, Hans-Heiner (Hg.), Festschrift für Klaus Rolinski, Baden-Baden, S. 391 - 400

Kubica, (2002), Die Bekämpfung von Wirtschaftskriminalität – aktueller Überblick, in: forum kriminalprävention, Heft 4, S. 15

Lampe, Ernst-Joachim (1996): Aktuelle Probleme der Wirtschaftskriminalität, in: Hirsch, Hans Joachim (Hg.), Neue Erscheinungsformen der Kriminalität in ihrer Auswirkung auf das Straf- und Strafprozeßrecht, Bialstock: S. 95 - 116

Landeskriminalamt (LKA) Baden Württemberg (1999): Wirtschaftskriminalität in Baden-Württemberg, Stuttgart

Lang, Markus (2001): Die Entwicklung des Unternehmensrechts der Niederländischen Antillen, Münster

Leßner, Johanna (1984): Betrug als Wirtschaftsdelikt, Pfaffenweiler

Liebel, Hermann J. (2002): Täter-Opfer-Interaktion bei Kapitalanlagebetrug, Replikationsstudie 2000, Wiesbaden

Liebel, Hermann J. / Swanink, Koos J. (2002): Fraud Fighters, Wiesbaden

Lieber, Hasso (1987): Wirtschaftskriminalität und Sanktionen, in: Menne, H. (Hg.), Schwarzbuch Wirtschaftskriminalität, Dortmund: S. 134 - 138

Liebl, Karlhans (1982): Definition, Erfassung, Entwicklung und Schwerpunkte der Wirtschaftskriminalität in der Bundesrepublik Deutschland, in: Kriminologisches Bulletin 8: S. 21 - 45

Liebl, Karlhans (1982a): Umfang und Erscheinungsbild der Wirtschaftskriminalität, in: Taschenbuch für Kriminalisten, Band 32, Hilden: S. 13 - 278

Liebl, Karlhans (1984): Disparität zwischen Politik und Strafverfolgung bei der Bekämpfung der Wirtschaftskriminalität, in: Recht und Politik 20: S. 125 - 139

Liebl, Karlhans (1984a): Die Bundesweite Erfassung von Wirtschaftsstraftaten nach einheitlichen Gesichtspunkten, Ergebnisse und Analysen für die Jahre 1974 bis 1981, Freiburg

Liebl, Karlhans (1984b): Zur organisierten Wirtschaftskriminalität und organisierten Kriminalität, in: Hasler, W. T. (Hg.), Politische Kriminalität und Wirtschaftskriminalität, Diessenhofen: S. 381 - 408

Liebl, Karlhans (1984c): Geplante Konkurse?, Pfaffenweiler

Liebl, Karlhans/Grosch, Olaf (1985): Detailanalyse der Abgrenzungskriterien für eine Anklage vor der Strafkammer, der Wirtschaftsstrafkammer und dem Schöffengericht, Freiburg

Liebl, Karlhans (1986): Kriminologie und praktische Rechtspolitik: Die Einrichtung von Schwerpunktstaatsanwaltschaften zur Bekämpfung der Wirtschaftskriminalität, in: Brusten, M./Häußling, J.M./Malinowski, P. (Hg.), Kriminologie im Spannungsfeld von Kriminalpolitik und Kriminalpraxis, Stuttgart: S. 173 - 192

Liebl, Karlhans (1986a): Bekämpfung der Wirtschaftskriminalität: Höhenflug mit Bauchlandung?, in: Kriminologisches Journal 18: S. 50 - 59

Liebl, Karlhans (Hg.) (1987): Internationale Forschungsergebnisse auf dem Gebiet der Wirtschaftskriminalität, Pfaffenweiler

Liebl, Karlhans (1987a): Schwerpunktstaatsanwaltschaften zur Bekämpfung der Wirtschaftskriminalität, in: wistra 5, S. 13 - 18

Liebl, Karlhans (Hg.) (1987b): Betriebs-Spionage, Ingelheim/Küsnacht

Liebl, Karlhans (1988): Geplante Konkurse?, 2. erweiterte Auflage, Pfaffenweiler

Liebl, Karlhans/Liebl, Hildegard (1993): International bibliography of economic crime, Pfaffenweiler

Liebl, Karlhans (2002): Der Generalist - Ein Garant für die Innere Sicherheit im 21. Jahrhundert?, in: Der Kriminalist 34: S. 306 – 312

Liebl, Karlhang (2004): Polizeiliche Bekämpfung von Insolvenzkriminalität, Machbarkeitsstudie, Pfaffenweiler (hektographisch veröffentlicht)

Liebl, Karlhans (2006): Polizei und Transfergesellschaft, Rothenburg

Liebl, Karlhans/Kühne, Eberhard (2008) (Hg.): Wirtschaftskriminalität und die Rolle der Strafverfolgungsorgane, Rothenburg

Liebl, Karlhans (2010a): Unterschiedliche Sanktionierung?, Ein Vergleich von Wirtschaftsstraftaten mit allgemeinen Straftaten (im Erscheinen)

Liebl, Karlhans (2010b): Lagebericht zur Wirtschaftskriminalität – Informationsgehalt und kriminologische Aussagefähigkeit (im Erscheinen)

Liebl, Karlhans (2011): Kriminalpolitik und Wirtschaftskriminalität: Wirkungsanalyse des kriminalpolitischen Programms „Bekämpfung der Wirtschaftskriminalität", in: Lange, Hans-Jürgen (Hg.), Kriminalpolitik, Opladen 2011 (im Erscheinen)

LKA (Landeskriminalamt) Baden-Württemberg (2003): Wirtschaftskriminalität in Baden-Württemberg, Jahresbericht 2002, Stuttgart

LKA (Landeskriminalamt) Sachsen (2003): Lagebild 2002 – Wirtschaftskriminalität, Computer- und Zahlungskartenkriminalität im Freistaat Sachsen, Dresden

Lohmann, Adrian (2003): Die Zukunft des Europäischen Gesellschaftsrechts und ihr Verhältnis zum Gesellschaftsrecht der Mitgliedstaaten, Seminararbeit im Hauptseminar Europäisches Wirtschaftsrecht, Sommersemester 2003, Institut für Rechtswissenschaft, TU Ilmenau (Zugang über www.hausarbeiten.de am 23.11.03)

Manquet, Christian (2001): Politische Vorgaben und Ziele der Reform des Kridastrafrechts, in: Fuchs, Helmut / Keppert, Thomas (Hg.) (2001): Grundfragen des Kridastrafrechts, Wien, S. 13 - 34

Mason, Karen A. (1999): Middle-Class, White-Collar offenders: Needy women – greedy men?, Diss. Ph.D. University of Tennessee, Knoxville (UMI-Veröffentlichung)

Mehles, Thorsten (2003): Prävention und Bekämpfung von Wirtschaftskriminalität in internationalen Unternehmen, in: forum kriminalprävention, Nr. 3, S. 35 - 36

Meinberg, Volker (1985): Geringfügigkeitseinstellungen von Wirtschaftsstrafsachen, Freiburg

Meinberg, Volker (1987): Bagatellisierung von Wirtschaftskriminalität, in: Liebl, Karlhans (Hg.), Internationale Forschungsergebnisse auf dem Gebiet der Wirtschaftskriminalität, Pfaffenweiler: S. 373 - 395

Meine, Hans Gerd (1982): Das Strafmaß bei der Steuerhinterziehung, in: Monatsschrift für Kriminologie und Strafrechtsreform 65: S. 342 - 352

Meine, Hans Gerd (1986): Das Strafmaß beim Unterstützungsbetrug und beim Investitionszulagenbetrug, in: Monatsschrift für Kriminologie und Strafrechtsreform 69: S. 32 - 40

Mönch, Karl Heinz (1978): Steuerkriminalität und Sanktionswahrscheinlichkeit, Frankfurt

Mommsen, Theodor (Hg.) (1954): Moderne Wirtschaftsdelikte unter besonderer Berücksichtigung der Insolvenzdelikte, Lübeck

Moosmayer, Klaus (2001): Einfluß der Insolvenzordnung 1999 auf das Insolvenzstrafrecht, Herbolzheim

Müller, Harald (1993): Soziologische Entstehungsbedingungen und soziale Kontrolle abweichenden Verhaltens in der Wirtschaftsgesellschaft, Pfaffenweiler

Müller, Heinz J. (Hg.) (1991): Wirtschaftsethik – Wirtschaftsstrafrecht, Paderborn

Müller, Rudolf/Wabnitz, Heinz-Bernd (1993): Wirtschaftskriminalität, Eine Darstellung der typischen Erscheinungsformen mit praktischen Hinweisen zur Bekämpfung, München

Müller, Rudolf/Wabnitz, Heinz-Bernd/Janovsky, Thomas (1997): Wirtschaftskriminalität, München

Münn, L. (1952): Legale und illegale Ost-Westgeschäfte, Essen

Nauth (1978): Die organisierte Weinkriminalität, o.O.

Nemec, Walter (2001): Kridastrafrecht aus der Sicht der Strafverfolgung, in: Fuchs, Helmut / Keppert, Thomas (Hg.) (2001): Grundfragen des Kridastrafrechts, Wien, S. 95 - 118

Neumann, Gerald (2002): Bankrott und Neues Insolvenzrecht, Die objektive Strafbarkeitsbedingungen (283 Abs. 6 StGB) im Lichte der neuen Insolvenzordnung, Dis.jur. Münster

Neumeyer, K. (1891): Historische und dogmatische Darstellung des strafbaren Bankerotts unter besonders eingehender Prüfung der Schuldfrage, München

Niemeijer, E./Jungmann, N. (2000): Problematische schuldsituaties, Van faillissement naar schuldsanering van natuurlijke personen, in: Justitiele verkenningen, 26. Jg., Nr. 2, S. 24 - 31

Nippoldt, R. (1974): Die Strafbarkeit von Umgehungshandlungen, dargestellt am Beispiel der Erschleichung von Agrarsubventionen, Gießen

Odor, Christian (2006): Einführung in den Deliktsbereich der ungarischen Wirtschaftskriminalität, Diplomarbeit an der Hochschule der Sächsischen Polizei (FH), Rothenburg

Opp, Karl-Dieter (1972): Die „alte" und die „neue" Kriminalsoziologie – Eine kritische Analyse einiger Thesen des labeling approach, in: Kriminologisches Journal 4: S. 30 - 38

Opp, Karl-Dieter (1975): Soziologie der Wirtschaftskriminalität, München

Opp, Karl-Dieter (1983): Wirtschaftskriminalität als Prozeß kollektiver Selbstschädigung?, in: Monatsschrift für Kriminologie und Strafrechtsreform 66: S. 1 - 12

Paradise, Paul R. (1999): Trademark counterfeiting, product piracy, and the billion Dollar threat to the U.S. Economy, Westport

Peters, Helge (1995): Wandel von Abweichung und Kontrolle im vereinigten Deutschland, Einleitung, in: Soziale Probleme 6, Heft 2, S. 145 - 152

Philipp, Udo (1998): Die Pleitemeister, Das Geschäft mit dem Konkurs, Berlin

Pieth, Mark (1997): Internationale Harmonisierung von Strafrecht als Antwort auf transnationale Wirtschaftskriminalität, in: Zeitschrift für die gesamte Strafrechtswissenschaft 109: S. 757 - 762

Poerting, Peter (Hg.) (1983): Wirtschaftskriminalität, Teil 1, Wiesbaden

Poerting, Peter (Hg.) (1985): Wirtschaftskriminalität, Teil 2, Wiesbaden

Poerting, Peter (1985a): Polizeiliche Bekämpfung von Wirtschaftskriminalität, Wiesbaden

Pohl, Dirk (1996): Strafbarkeit nach § 283 Abs. 1 Nr. 7 b) StGB auch bei Unvermögen zur Bilanzaufstellung, in: Zeitschrift für Wirtschaft, Steuer, Strafrecht, Heft 1, S. 14 - 16

Polizei-Führungsakademie (Hg.) (1999): Organisierte Kriminalität, Konsequenzen des Unternehmensansatzes, Hiltrup

Polizei-Führungsakademie (Hg.) (2001): Rechtliche und strategische Aspekte der Kontrolle der organisierten Wirtschaftskriminalität, Hiltrup

Polizei-Führungsakademie (Hg.) (2003): Aktuelle Herausforderungen bei der Bekämpfung der Wirtschaftskriminalität, Hiltrup

Polizei-Institut Hiltrup (Hg.) (1971): Moderne Methoden zur Bekämpfung der Wirtschaftskriminalität, Hiltrup

Ratzel, Max-Peter (2001): Strategische und taktische Bekämpfungsansätze der organisierten Wirtschaftskriminalität, in: Polizei-Führungsakademie (Hg.), Rechtliche und strategische Aspekte der Kontrolle der organisierten Wirtschaftskriminalität, Hiltrup, S. 77 - 96

Reed, Gary E. (2000): Corporate deviance and decisions, Moral values in conflict, Boston (Ph.D.)

Regner, Reinhard G. (1998): Fahrlässigkeit bei Konkursdelikten, Sorgfaltspflichten der handelsrechtlichen Buchführung und ihre Bedeutung im Konkursstrafrecht, Hamburg

Reijntjes, J.M. (2002): Bestraffing op de Antillen, Hoge strafmaat, harde strafexecutie, in: Justitiele verkenningen, 28. Jg., Nr. 1, S. 42 - 49

Reiss, Albert J. (1987): Statistische Probleme bei der Messung der Wirtschaftskriminalität, in: Liebl, Karlhans (Hg.), Internationale Forschungsergebnisse auf dem Gebiet der Wirtschaftskriminalität, Pfaffenweiler: S. 466 - 495

Renger, W. (1954): Insolvenzdelikte in Konkurs- und Vergleichsfällen, in: Mommsen, T. (Hg.), Moderne Wirtschaftsdelikte unter besonderer Berücksichtigung der Insolvenzdelikte, Lübeck: S. 76 - 94

Risch, Hedwig (1995): Auswirkungen des EG-Binnenmarktes auf die Kriminalitätsentwicklung und Schlußfolgerungen für die polizeiliche Kriminalitätsbekämpfung, in: Bundeskriminalamt (Hg.), Forum 1995, Wiesbaden: S. 17 - 28

Risch, Hedwig (2000): Kreditvermittlungsbetrug, Wiesbaden

Römer (1971): Die Einrichtung von Schwerpunkt-Staatsanwaltschaften für die Bekämpfung der Wirtschaftskriminalität, in: Polizei-Institut Hiltrup (Hg.), Moderne Methoden zur Bekämpfung der Wirtschaftskriminalität, Hiltrup: S. 68 - 74 (unpag.)

Röpke, W. (1956): Wirtschaftsethik heute, Hamburg

Sack, Fritz (1972): Definition von Kriminalität als politisches Handeln: der labeling approach, in: Kriminologisches Journal 4: S. 3 - 31

Sächsisches Staatsministerium des Inneren (Hg.) (1997): Internationale Fachtagung Wirtschaftskriminalität, Dresden

San, M. van (2002): 'Mijn vader is ook geen engeltje', Curacaose jeugdige delinquenten en hun opvoeders, in: in: Justitiele verkenningen, 28. Jg., Nr. 1, S. 33 - 39

Savelsberg, Joachim J. (1987): Von der Genese zur Implementation von Wirtschaftsstrafrecht, in: Kriminologisches Journal 19: S. 193 - 211

Savelsberg, Joachim J./Brühl, Peter/Lüdemann, Christian (1987): Genese des zweiten Gesetzes zur Bekämpfung der Wirtschaftskriminalität: Erste

Ergebnisse einer empirischen Untersuchung, in: Liebl, Karlhans (Hg.), Internationale Forschungsergebnisse auf dem Gebiet der Wirtschaftskriminalität, Pfaffenweiler: S. 577 - 603

Savelsberg, Joachim J. /Brühl, Peter (1988): Politik und Wirtschaftsstrafrecht, Opladen

Schad, Kristin (1999): Optimale Rechtsform für ein mittelständisches deutsches Unternehmen in Ungarn, Diplom-Arbeit Wirtschaftswissenschaften, FHS Hof

Schäfer, Helmut (1991): Die Interessenverteilung zwischen Konkursverwalter und Staatsanwalt im Konkurs- und Strafverfahren, in: Zeitschrift für Insolvenzrecht, Heft 1, S. 23 - 31

Schäfer, Herbert (Hg.) (1974): Wirtschaftskriminalität, Hamburg

Scherp, Dirk (1999): Der Unternehmensansatz in der OK-Bekämpfung, Konsequenzen und Rechtsprobleme, in: Kriminalistik 53, Heft 10, S. 673 - 678

Schneider, Dieter (2001): Quo vadis Kriminalpolizei?, in: Die Kriminalpolizei, Heft 2: S. 39 - 42

Scherp, Dirk (1999): Rechtliche Problemfelder bei der Umsetzung des Unternehmensansatzes, in: PFA (Hg.), Organisierte Kriminalität, S. 93 - 104

Schöllgen, Werner (1963): Sozialwidrige Trends im Vorfeld der eigentlichen Wirtschaftskriminalität (Grenzmoral), in: Bundeskriminalamt (Hg.): Grundfragen der Wirtschaftskriminalität, Wiesbaden: S. 15 - 28

Schrils, J. (2002): Nèt loke falta, Rapport Adviescommissie Antilliaans medeburgerschap, in: Justitiele verkenningen, 28. Jg., Nr. 1, S. 64 - 69

Schwartz, D. (1977): Wirtschaftskriminalität und labeling approach, Zu Opps Kritik des interaktionistischen Karrieremodells, in: Kriminologisches Journal 9: S. 43 -47

Seckel, Carola (1978): Die Steuerhinterziehung (§ 370 AO 1977), Eine strafrechtliche, kriminologische und kriminalistische Untersuchung unter besonderer Berücksichtigung von Vermögens- und Einnahmesteuerhinterziehung, Lübeck

See, Hans (1990): Kapital-Verbrechen, Die Verwirtschaftung der Moral, Düsseldorf

See, Hans/Spoo, Eckart (Hg.) (1997): Wirtschaftskriminalität – Kriminelle Wirtschaft, Heilbronn

Sieben, Günter/Poerting, Peter (1977): Präventive Bekämpfung von Wirtschaftsdelikten durch Selbstverwaltungsorgane, Selbstschutzeinrichtungen und Verbände der Wirtschaftsteilnehmer, Wiesbaden

Sieber, Ulrich (1983): Gefahr und Abwehr der Computerkriminalität, in: Belke, R./Oehmichen, J. (Hg.), Wirtschaftskriminalität, Bamberg: S. 97 - 133

Skrotzki, F.-A. (1963), Konkursdelikte. Eine kriminologische Untersuchung im Landgerichtsbezirk Hannover in den Jahren 1955 - 1957, Hamburg

Smettan, Jürgen Rüdiger (1992): Kosten, Nutzen und Risiko des Straftäters – zur Wirkung gewinnabschöpfender Sanktionen, in: Monatsschrift für Kriminologie und Strafrechtsreform 75: S. 19 - 31

Statistisches Bundesamt (Hg.) (2004): Insolvenzen in Deutschland 2003, Presseexemplare, Wiesbaden 2004

Suendorf, Ulrike (2001): Geldwäsche, Wiesbaden

Sutherland, Edwin H. (1949): White collar crime, New York

Terstegen, Otto (1958): Unlauterer Wettbewerb durch Steuerhinterziehung, Hannover

Terstegen, Otto (1961): Die sogenannte „Weiße-Kragen-Kriminalität" unter besonderer Berücksichtigung des Entwurfs eines Strafgesetzbuches 1962, in: Bundeskriminalamt (Hg.), Strafrechtspflege und Strafrechtsreform, Wiesbaden: S. 81 - 118

Teufel, Manfred (1972): Betrügerischer Bankrott und Kriminalistik, Hamburg

Teufel, Manfred (1979): Die Steuerkriminalität, in: Das Polizeiblatt für das Land Baden-Württemberg 42: S. 6 - 9: 23 - 25

Teufel, Manfred (1981): Insolvenzkriminalität, Lübeck

Teufel, Manfred (1982): Kriminalaetiologische Betrachtungen über die Insolvenzdelikte, in: Polizeinachrichten 22: S. 105 - 109

Tiedemann, Klaus (1972): Welche strafrechtlichen Mittel empfehlen sich für eine wirksamere Bekämpfung der Wirtschaftskriminalität?, München

Tiedemann, Klaus (1996): Insolvenz-Strafrecht, (2. Aufl.) Berlin

Triltsch, Julia Susan/Hernaiz-Kleine, Daniel (1999): Die Vereinheitlichung von Rechnungslegungs- & Publizitätsvorschriften in Europa und ihre Bedeutung für das Gesellschaftsrecht, Seminar im Wirtschaftsrecht bei Prof. Dr. Timm, Wintersemester 1999, Universität Münster

Uhlenbruck, Wilhelm (1996): Strafrechtliche Aspekte der Insolvenzrechtsreform 1994, in: Zeitschrift für Wirtschaft, Steuer, Strafrecht, Heft 1, S. 1 - 8

Ullrich, W. (1961), Konkursdelikte unter besonderer Berücksichtigung des Landgerichtsbezirks Essen in den Jahren 1945 - 1958, Bonn

Vriesendorp, R. D. (2000): De rechter-commissaris bij insolventies, Onpartijdige rechter of betrokken commissaris, in: Justitiele verkenningen, 26. Jg., Nr. 2, S. 64 - 72

Wassermann, Rudolf (1984): Kritische Überlegungen zur Bekämpfung der Wirtschaftskriminalität, in: Kriminalistik 38, Heft 1, S. 20 - 42

Weber, Christian (1996): Praktische Probleme bei der Verfolgung internationaler Wirtschaftskriminalität, in: Schweizerische Zeitschrift für Strafrecht 114, Nr. 1, S. 263 - 276

Weel, B. J. ter (2000): De economie van het faillissement, 'Creatieve destructie' onder kleine startende bedrijven, in: Justitiele verkenningen, 26. Jg., Nr. 2, S. 73 - 82

Weisel, E. (1982): Ansätze einer Theorie der Verursachung von Unternehmensinsolvenzen, Frankfurt

Wessels, Bob (1999): Business and Bankruptcy Law in the Nethderlands: Selected Essays, The Hague

Weyand, Raimund (2003): Konkursdelikte: Unternehmenszusammenbruch und Strafrecht, Bielefed (6. Auflage, Erstauflage 1990)

Weyand, Raimund (1994): Unternehmenskrise und strafrechtliche Gefahren für den Steuerberater, in: Die Information über Steuer und Wirtschaft, Ausgabe Nr. 18, Freiburg, S. 565 - 568

Wittkämper, Gerhard W./Krevert, Peter/Kohl, Andreas (1996): Europa und die innere Sicherheit, Wiesbaden
Wyss, Eva (1999): Kriminalität als Bestandteil der Wirtschaft, Eine Studie zum Fall Werner K. Rey, Pfaffenweiler
Zirpins, Walter (1942): Kriminalistische Buchprüfung, Berlin
Zirpins, Walter (1948): Wirtschaftskriminalistische Betriebsprüfung, Hannover
Zirpins, Walter (Hg.) (1959): Von Schwindelfirmen und anderen unlauteren (kriminellen) Unternehmen des Wirtschaftslebens, Wiesbaden
Zirpins, Walter/Terstegen, Otto (1963): Wirtschaftskriminalität, Lübeck

Hinweis zu weiteren genannten Quellen:

EU-Dokumente wurden hier nicht nochmals aufgeführt.

Auf LKA Lageberichte „Wirtschaftskriminalität" wird im Text speziell verwiesen und dort bibliographisch aufgeführt.

10 Anlagen

10.1 Übersicht über die EU-Rechtsformen

IHK Region Stuttgart

Europäische Gesellschaftsformen im Überblick

Flagge	Land	Personengesellschaften		Kapitalgesellschaften		sonstige Rechtsformen
		Vergleichbar: OHG	Vergleichbar: KG	Vergl.: GmbH	Vergl.: KGaA	Sonstige
	Belgien	fr: Société en nom collectif (SNC) nl: vennootschap onder firma	fr: Société en commandite simple nl: commanditaire vennootschap	fr: société anonyme (S.A.) nl: naamloze vennootschap (N.V.)	fr: Société privée à responsabilité limitée (S.P.R.L.) nl: besloten vennootschap met beperkte aansprakelijkheid (B.V.B.A.)	fr: Société privée a responsabilité limitée, Ein-Mann- GmbH
	Bulgarien	Sabiratelno druzestvo, sadruzhie (s-ie)	komanditno druzestvo (KD)	aktionerno druzestvo (AD)	druzhestvo s ogranichena otgovornost (OOD)	Komanditno druzhestvo s aktsii (KDA)
	Dänemark	Interessentskab (I/S)	Kommanditselskaber (K/S)	Aktieselskab (A/S) Anpartsselskab (ApS)		
	Deutschland	Offene Handelsgesellschaft (OHG)	Kommanditgesellschaft (KG)	Aktiengesellschaft (AG) GmbH / UG (haftungsbeschränkt)	Kommanditgesellschaft auf Aktien (KGaA)	
	Estland	täisühing (TÜ)	usaldusühing (UÜ)	aktsiaselts (AS) osaühing (OÜ) (40 000 EEK / 2 500 €)		Eesti filiaal, Zweigniederlassung/ Repräsentanz
	Europa			Societas Europea (SE)		Europäische wirtschaftliche Interessenvereinigung /EWIV
	Finnland	avoin yhtiö (AY)	Kommandiittiyhtiö (KY)	julkinen osakeyhtiö (OYJ), zwingend, = öffentl. AG	osakeyhtiö (OY), tatsächliche Bedeutung wie dt. GmbH, dennoch eine Aktiengesellschaft	osuuskunta, Genossenschaft

© Industrie- und Handelskammer Region Stuttgart
Für die Richtigkeit der in dieser Tabelle enthaltenen Angaben können wir trotz sorgfältiger Prüfung keine Gewähr übernehmen.

Flagge	Mitgliedsland	Vergleichbar: OHG	Vergleichbar: KG	Vergleichbar: AG	Vergl.: GmbH	Vergl.: KGaA	Sonstige
	Frankreich	société en nom collectif (SNC)	Société en commandite simple	Société anonyme (SA)	Société privée à Responsabilité Limitée (SARL)	Société en commandite	Coopérative, Genossenschaft; Société en participation (SP); Stille Gesellschaft; Société civil (SC), GbR; Entreprise unipersonnelle a responsabilité limitée, Ein-Mann-GmbH
	Griechenland	omorythmos eteria (O.E.)	eterorythmos eteria (E.E.)	anonimi eteria (A.E.)	Eteria periorismenis efthinis (E.P.E.)		
	Irland	"ordinary" partnership	limited bzw. ltd. partnership	public company limited by shares (plc), culdechta phoibliltheoranta (cpt.)	private company limited by shares (ltd.), theoranta		
	Italien	società in nome collettivo (s.n.c.)	società in accomandita semplice (s.a.s.)	società per azioni (s.p.a.)	società a responsabilità limitata (s.r.l.)	società a accomandita/per azioni (s.u.p.a.)	
	Kroatien	javno trgovacko drustvo (t.d.)	komanditno drustvo (k.d.)	dionicko drustvo (d.d.)	drustvo s organicenom odgovornoscu (d.o.o.)		
	Lettland	Pilna Sabiedriba	Komandītsabiedriba (KS)	Akciju Sabiedriba (AS)	Sabiedriba ar ierobezotu atbildibu (SIA)		Cooperative Society (Genossenschaft)
	Litauen	Tikroji ukine bendrija (TUB)	Komanditine ukine bendrija (KUB)	Akcine bendrove (AB)	Uzdaroji akcine bendrove (UAB)		Pastaviga Parstavnieciba, Zweigstelle mit eigenem Rechtsstatus; individuālais Komersants (IK), Einzelunternehmung

© Industrie- und Handelskammer Region Stuttgart
Für die Richtigkeit der in dieser Tabelle enthaltenen Angaben können wir trotz sorgfältiger Prüfung keine Gewähr übernehmen.

Flagge	Mitgliedsland	Vergleichbar: OHG	Vergleichbar: KG	Vergleichbar: AG	Vergl.: GmbH	Vergl.: KGaA	Sonstige
	Luxemburg	Société en nom collectif (SNC)	Société en commandite simple (SCS)	Société anonyme (SA)	Société à Responsabilité Limitée (SARL)	Société en commandite par actions	Société Coopérative, die Genossenschaft
	Malta	partnership en nom collectif	partnership en commandite	company limited by shares	limited liability company		
	Niederlande	Vennootschap onder firma (VOF)	Commanditaire Vennootschap (CV)	Naamloze Vennootschap (NV)	Besloten Vennootschap (BV)	Commanditaire Vennootschap op Aandelen (CVoA)	
	Österreich	Offene Handelsgesellschaft (OHG)	Kommanditgesellschaft (KG)	Aktiengesellschaft (AG)	Gesellschaft mit beschränkter Haftung (GesmbH)		Genossenschaft (Gen); stille Gesellschaft (st. Ges.)
	Polen	Spółka Jawna (Sp.j.)	Spółka Komandytowa (Sp.k.)	Spółka Akcyjna (S.A.)	Spółka z organiczona odpowiedzialnoscia (Sp. z o.o.)	Spółka Komandytowoakcyjna (S.K.A.)	Spółka partnerska (Sp. p.), die Partnergesellschaft, Oddzial, selbstandige Zweigniederlassung
	Portugal	sociedade em nome colectivo	sociedade em commandita	Sociedade de Anónima	Sociedade por quotas (Lda.)		Sociedade civil, GbR
	Rumänien	Societate in nume colectiv (S.N.C.)	Societate in comandita simpla (S.C.S)	Societate pe actiuni (S.A.)	Societate cu raspundere limitata (S.R.L.)	Societate in comandita pe actiuni (S.C.A.)	
	Schweden	handelsbolag (HB)	kommanditbolag (KB)	publika aktiebolag (AB)	privata aktiebolag (AB)		enskild firma, Einzelfirma; filial, representationskontor, Verkaufsbüro
	Schweiz		Kommanditgesellschaft (KG)	Aktiengesellschaft (AG/SA)	Gesellschaft mit beschränkter Haftung (GmbH)	Kommanditaktiengesellschaft	Einfache Gesellschaft, GbR, Genossenschaft, Genossenschaft
	Serbien & Montenegro	General Partnership (Ortacko drustvo – o.d.)	Limited Partnership (Komanditno drustvo – k.o.)	Joint – stock company (Akcionarsko drustvo – a.d.)	Limited Liability Company (Drustrosa organicenom odgovornoscu – d.o.o.)		

© Industrie- und Handelskammer Region Stuttgart
Für die Richtigkeit der in dieser Tabelle enthaltenen Angaben können wir trotz sorgfältiger Prüfung keine Gewähr übernehmen.

Flagge	Mitgliedsland	Vergleichbar: OHG	Vergleichbar: KG	Vergleichbar: AG	Vergl.: GmbH	Vergl.: KGaA	Sonstige
	Slowakei	Verejna obchodna spoločnost (v o.s.)	Komanditna spoločnost (k.s.)	Akciova spoločnost (a.s.)	Spoločnost s ručenim obmedzenym (s.r.o.)		Štatny podnik, Staatsunternehmen; Polnohospodárske družstvo, Landwirtschaftl. Genossenschaft, Spoločnost podla občianskeho práva, GbR.
	Slowenien	družba z neomejeno odgovornostjo (d.n.o.)	komanditna družba (k.d.)	delniška družba (d.d.)	družba z omejeno odgovornostjo (d.o.o.)	Komanditna delniška družba (k.d.d.)	
	Spanien	Sociedad Regular Colectiva (S.R.C.)	sociedad comanditativa simple (S.C. / S.Com.)	sociedad Anonima (S.A.)	sociedad de Responsabilidad limitada (S.L. / S.R.L.)	Sociedad commanditaria por acciones	Ley de Sociedades de Responsabilidad Limitada (LSL), eine neue Kapitalgesellschaft
	Tschechien	Veřejna obchodní spoločnost (v o.s.)	Komanditní spoločnost (k.s.)	Akciová spoločnost (a.s.)	Spoločnost s ručenim omezenym (s.r.o.)		
	Türkei	Kollektif Sirket (Kol. Srk.), Kollektivgesellschaft	Komandit Sirket (Kom. SrK.)	Anonim Sirket (A.S.)	Limited Sirket (Ltd Si.)	Hisseli Komandit Sirket	kooperatif sirket, Genossenschaft
	Ungarn	Közkereseti társaság (Kkt.)	Betéti társaság (Bt)	Reszvénytársaság (Rt.)	Korlátolt felelősségü társaság (Kft)		Ikari Szövetkezet, Industriegenossenschaften
	Vereinigtes Königreich	partnership	limited partnership (ltd.)	public company limited by shares (plc)	private company limited by shares (ltd.); Wales: ltd. = cyfundedig		Cooperative society (Genossenschaft)

© Industrie- und Handelskammer Region Stuttgart
Für die Richtigkeit der in dieser Tabelle enthaltenen Angaben können wir trotz sorgfältiger Prüfung keine Gewähr übernehmen.

10.2 Auszug aus den Strafvorschriften des Insolvenzrechts von ausgewählten Ländern

Strafvorschriften in Österreich

Alte Fassung des § 159 StGB „Fahrlässige Krida":

§ 159.
(1) Mit Freiheitsstrafe bis zu zwei Jahren ist zu bestrafen, wer als Schuldner mehrerer Gläubiger
1. fahrlässig seine Zahlungsunfähigkeit herbeiführt, insbesondere dadurch, dass er übermäßigen Aufwand treibt, leichtsinnig oder unverhältnismäßig Kredit benutzt oder gewährt, einen Bestandteil seines Vermögens verschleudert oder ein gewagtes Geschäft abschließt, das nicht zum ordnungsgemäßen Betrieb seines Geschäftes gehört oder mit seinen Vermögensverhältnissen in auffallendem Widerspruch steht, oder
2. in Kenntnis oder fahrlässiger Unkenntnis seiner Zahlungsunfähigkeit fahrlässig die Befriedigung seiner Gläubiger oder wenigstens eines von ihnen vereitelt oder schmälert, insbesondere dadurch, dass er eine neue Schuld eingeht, eine Schuld zahlt ein Pfand bestellt oder die Geschäftsaufsicht das Ausgleichsverfahren oder die Eröffnung des Konkurses nicht rechtzeitig beantragt.
(2) Ebenso ist zu bestrafen, wer als Schuldner mehrerer Gläubiger fahrlässig, insbesondere auf die in Abs. 1 Z. 1 bezeichnete Weise, seine wirtschaftliche Lage derart beeinträchtigt, das Zahlungsunfähigkeit eingetreten wäre, wenn nicht von einer oder mehreren Gebietskörperschaften ohne Verpflichtung hierzu
1. unmittelbar oder mittelbar Zuwendungen erbracht,
2 vergleichbare Maßnahmen getroffen oder
3. Zuwendungen oder vergleichbare Maßnahmen anderer veranlasst
worden wären.
(3) Hat der Täter durch die im Abs. 1 mit Strafe bedrohte Handlung die Volkswirtschaft erschüttert oder die wirtschaftliche Existenz vieler Menschen geschädigt oder hat er im Fall des Abs. 2 seine wirtschaftliche Lage derart beeinträchtigt, dass eine dieser Folgen ohne Eingreifen einer Gebietskörperschaft eingetreten wäre, so ist er mit Freiheitsstrafe bis zu drei Jahren zu bestrafen. Ebenso ist der Täter der im Abs. 1 oder 2 mit Strafe bedrohten Handlung zu bestrafen, wenn er seine Geschäftsbücher verfälscht, beiseite geschafft oder vernichtet hat.
(BGBl 1982/205)

Gesetzestexte nach dem Strafrechtsänderungsgesetz 2002:

Betrügerische Krida
§ 156.
(1) Wer einen Bestandteil seines Vermögens verheimlicht, beiseite schafft, veräußert oder beschädigt, eine nicht bestehende Verbindlichkeit vorschützt oder anerkennt oder sonst sein Vermögen wirklich oder zum Schein verringert und dadurch die Befriedigung seiner Gläubiger oder wenigstens eines von ihnen vereitelt oder schmälert, ist mit Freiheitsstrafe von sechs Monaten bis zu fünf Jahren zu bestrafen.
(2) Wer durch die Tat einen 40 000 Euro übersteigenden Schaden herbeiführt, ist mit Freiheitsstrafe von einem bis zu zehn Jahren zu bestrafen.
(BGBl 1200/1130)

Schädigung fremder Gläubiger
§ 157
Ebenso ist zu bestrafen, wer ohne Einverständnis mit dem Schuldner einen Bestandteil des Vermögens des Schuldners verheimlicht, beiseite schafft, veräußert oder beschädigt oder ein nicht bestehendes Recht gegen das Vermögen des Schuldners geltend macht und dadurch die Befriedigung der Gläubiger oder wenigstens eines von ihnen vereitelt oder schmälert.

Begünstigung eines Gläubigers
§ 158
(1) Wer nach Eintritt seiner Zahlungsunfähigkeit einen Gläubiger begünstigt und dadurch die anderen Gläubiger oder wenigstens einen von ihnen benachteiligt ist mit Freiheitsstrafe bis zu zwei Jahren zu bestrafen.
(2) Der Gläubiger, der den Schuldner zur Sicherstellung oder Zahlung einer ihm zustehenden Forderung verleitet oder die Sicherstellung oder Zahlung annimmt, ist nach Abs. 1 nicht zu bestrafen.

Grob fahrlässige Beeinträchtigung von Gläubigerinteressen
§ 159
(1) Wer grob fahrlässig seine Zahlungsunfähigkeit dadurch herbeiführt, dass er krida-trächtig handelt (Abs. 5), ist mit Freiheitsstrafe bis zu einem Jahr zu bestrafen.
(2) Ebenso ist zu bestrafen, wer in Kenntnis oder fahrlässiger Unkenntnis seiner Zahlungsunfähigkeit grob fahrlässig die Befriedigung wenigstens eines seiner Gläubiger dadurch vereitelt oder schmälert, dass er nach Abs. 5 kridaträchtig handelt.
(3) Ebenso ist zu bestrafen, wer grob fahrlässig seine wirtschaftliche Lage durch kridaträchtiges Handeln (Abs. 5) derart beeinträchtigt, dass Zahlungsunfähigkeit eingetreten wäre, wenn nicht von einer oder mehreren Gebietskörperschaften ohne Verpflichtung hierzu unmittelbar oder mittelbar Zuwendungen erbracht, vergleich-

bare Maßnahmen getroffen oder Zuwendungen oder vergleichbare Maßnahmen anderer veranlasst worden wären.
(4) Mit Freiheitsstrafe bis zu zwei Jahren ist zu bestrafen, wer
1. im Fall des Abs. 1 einen 800 000 Euro übersteigenden Befriedigungsausfall – seiner Gläubiger oder wenigstens eines von ihnen bewirkt.
2. im Fall des Abs. 2 einen 800 000 Euro übersteigenden zusätzlichen Befriedigungsausfall seiner Gläubiger oder wenigstens eines von ihnen bewirkt oder
3. durch eine der in den Abs. 1 oder 2 mit Strafe bedrohten Handlungen die wirtschaftliche Existenz vieler Menschen schädigt oder im Fall des Abs. 3 geschädigt hätte.
(5) Kridaträchtig handelt, wer entgegen Grundsätzen ordentlichen Wirtschaftens
1. einen bedeutenden Bestandteil seines Vermögens zerstört, beschädigt, unbrauchbar macht, verschleudert oder verschenkt.
2. durch ein außergewöhnlich gewagtes Geschäft, das nicht zu seinem gewöhnlichen Wirtschaftsbetrieb gehört, durch Spiel oder Wette übermäßig hohe Beträge ausgibt.
3. übermäßigen, mit seinen Vermögensverhältnissen oder seiner wirtschaftlichen Leistungsfähigkeit in auffallendem Widerspruch stehenden Aufwand treibt.
4. Geschäftsbücher oder geschäftliche Aufzeichnungen zu führen unterlässt oder so führt, dass ein zeitnaher Überblick über seine wahre Vermögens-, Finanz- und Ertragslage erheblich erschwert wird, oder sonstige geeignete und erforderliche Kontrollmaßnahmen, die ihm einen solchen Überblick verschaffen, unterlässt oder
5. Jahresabschlüsse, zu deren Erstellung er verpflichtet ist, zu erstellen unterlässt oder auf eine solche Weise oder so spät erstellt, dass ein zeitnaher Überblick über seine wahre Vermögens-, Finanz- und Ertragslage erheblich erschwert wird.

(BGBl I 2000/58 idF BGBl I 2001/130)
Umtriebe während einer Geschäftsaufsicht, im Ausgleichsverfahren oder im Konkursverfahren
§ 160
(1) Mit Freiheitsstrafe bis zu einem Jahr ist zu bestrafen:
1. wer eine nicht zu Recht bestehende Forderung oder eine Forderung in einem nicht zu Recht bestehenden Umfang oder Rang geltend macht, um dadurch einen ihm nicht zustehenden Einfluss im Konkurs- oder Ausgleichsverfahren zu erlangen;
2. ein Gläubiger, der für die Ausübung seines Stimmrechtes in einem bestimmten Sinn oder für das Unterlassen der Ausübung seines Stimmrechts für sich oder einen Dritten einen Vermögensvorteil annimmt oder sich versprechen

lässt, und auch wer einem Gläubiger zu diesem Zweck einen Vermögensvorteil gewährt oder verspricht;
3. ein Gläubiger der für die Zustimmung zu einem Ausgleich im Ausgleichs-Verfahren oder zu einem Zwangsausgleich ohne Zustimmung der übrigen Gläubiger für sich oder einen Dritten einen SonderVorteil annimmt oder sich versprechen lässt, und auch wer einem Gläubiger zu diesem Zweck einen Sondervorteil gewährt oder verspricht.
(2) Ebenso sind eine zur Geschäftsaufsicht bestellte Person, der Ausgleichsverwalter, ein Mitglied des Beirats im Ausgleichsverfahren der Masseverwalter und ein Mitglied des Gläubigerausschusses im Konkurs zu bestrafen, die für sich oder einen Dritten zum Nachteil der Gläubiger einen ihnen nicht gebührenden Vermögensvorteil annehmen oder sich versprechen lassen.

6/2. Allgemeines Sozialversicherungsgesetz (ASVG) (Auszug)

Verstöße gegen die Vorschriften über die Einbehaltung und Einzahlung der Beiträge eines Dienstnehmers durch den Dienstgeber
§ 114
(1) Ein Dienstgeber, der Beiträge eines Dienstnehmers zur Sozialversicherung einbehalten oder von ihm übernommen und dem berechtigten Versicherungsträger vorenthalten hat, ist vom Gericht mit Freiheitsstrafe bis zu zwei Jahren zu bestrafen; neben der Freiheitsstrafe kann eine Geldstrafe bis zu 360 Tagessätzen verhängt werden.
(2) Trifft, die Pflicht zur Einzahlung der Beiträge eines Dienstnehmers zur Sozialversicherung eine juristische Person, eine Personengesellschaft des Handelsrechtes oder eine Erwerbsgesellschaft, so ist Abs. 1 auf alle natürlichen Personen anzuwenden, die dem zur Vertretung befugten Organ angehören. Dieses Organ ist berechtigt, die Verantwortung für die Einzahlung dieser Beiträge einzelnen oder mehreren Organmitgliedern aufzuerlegen: ist dies der Fall, findet Abs. 1 nur auf sie Anwendung.
3) Der nach Abs. 1 oder 2 Verantwortliche ist nicht zu bestrafen, wenn er bis zum Schluss der Verhandlung
1. die ausstehenden Beiträge zur Gänze einzahlt oder
2. sich dem berechtigten Sozialversicherungsträger gegenüber vertraglich zur Nachentrichtung der ausstehenden Beiträge binnen einer bestimmten Zeit verpflichtet.
(4) Die Strafbarkeit lebt wieder auf, wenn der Zahlungsverpflichtete seine nach Abs. 3 Z. 2 eingegangene Verpflichtung nicht einhält.

Strafvorschriften der Insolvenzkriminalität in den Niederlanden

Art. 194 nach Band VII des „Wetboek van Strafrecht":

Art. 194. – 1. Hij die,. in staat van faillissement verklaard of als echtgenoot van een gefailleerde met wie hij in gemeenschap van goerderen is gehuwd, of als bestuurder of commissaris van een rechtspersoon, wettelijk opgeroepen tot het geven van inlichtingen, hetzij zonder geldige reden opzettelijk wegblift, hetzij weigert de vereiste inlichtingen te geven, hetzij opzettelijk verkeerde inlichtingen geeft, wordt gestraft met gevangenisstraf van ten hoogste een jaar of geldboete van de derde categorie.
– 2. Terzake van het feit, bedoeld in het eerste lid, wordt met dezelfde straf gestraft hij, ten aanzien van wie oft en aanzien van wiens echtgenoot met wie hij in gemeenschap van goederen is gehuwd, de schuldsaneringsregeling natuurlijke personen van toepassing is.[34]

Strafvorschriften der Insolvenzkriminalität in der Slowakischen Republik

Die Gesetzestexte der neuen Strafvorschriften zur Insolvenzkriminalität aufgrund der Strafrechtsänderung vom 2005 liegen hier erstmals in deutscher Übersetzung vor.[35]

§ 226
Unberechtigte Bereicherung

(1) Wer zum Nachteil des fremden Vermögens sich oder einen anderen dadurch bereichert, dass er unberechtigt in technische oder Programmausstattung eines PC, Automaten oder eines ähnlichen Gerätes oder einer ähnlichen technischen Einrichtung eingreift, die dem automatisierten Warenverkauf, Geldumtausch oder -Abhebung oder bezahlten Leistungen, Diensten oder Informationen oder anderen Leistungen dienen, und erzielt, dass er die Ware, Dienste oder Informationen ohne geforderte Zahlung oder das Geld unberechtigt gewinnt, und dadurch einen kleinen Schaden am fremden Vermögen zufügt, ist mit Freiheitsstrafe bis zu zwei Jahren zu bestrafen.

(2) Mit Freiheitsstrafe von sechs Monaten bis zu drei Jahren ist der Täter zu bestrafen, wenn er die im Abs. 1 angeführte Tat begeht
a) und dadurch einen größeren Schaden zufügt,

---

[34] Art. 194 is gewijzigd bij de Wetten van 15 dec. 1955. Stb. 552, 3 mei 1971, Stb. 287, 8 april 1976. Stb. 229, 16 juni 1988, Stb. 305, 25 Juni 1998, stb. 446 (i. w.tr. I dec. 1998). [(Nederlandse Wetboeken - Suppl. 337 (September 2002)]
[35] Die Übersetzung wurde von Frau Mizenkova, Bratislava, dankenswerterweise vorgenommen.

b) aus einem besonderen Bewegungsgrund handelt, oder
c) der modus operandi besonders war (besondere Umstände, besondere Art und Weise der Tatbegehung — schwerwiegende Tat).
(3) Mit Freiheitsstrafe von drei bis zu acht Jahren ist der Täter zu bestrafen, wenn er die im Abs. 1 angeführte Tat begeht und dadurch einen erheblichen Schaden zufügt.
(4) Mit Freiheitsstrafe von sieben bis zu zwölf Jahren ist der Täter zu bestrafen, wenn er die im Abs. 1 angeführte Tat begeht
a) und dadurch Schaden von großem Umfang zufügt,
b) als Mitglied einer verbrecherischen Gruppierung, oder
c) in einer Krisensituation.

§ 227
Betrügerische Krida

(1) Wer in Absicht, einem anderen Schaden zuzufügen oder für sich oder für einen anderen den unberechtigten Vorteil zu erwerben, Bankrott der juristischen Person verursacht, in der er als Organvertreter (=statutarisches Organ) oder Prokurist tätig ist, dadurch, dass er Vermögen dieser juristischen Person auch wenn nur zum Teil verwendet
a) um eine andere juristische Person zu gründen oder
b) um Beteiligung an dem Vermögen in einer anderen juristischen Person zu erwerben oder wer so handelt in Absicht. Bankrott der juristischen Person herbeizuführen, in der er als Organvertreter (statutarisches Organ) oder Prokurist tätig ist, ist mit Freiheitsstrafe bis zu drei Jahren zu bestrafen.
(2) Mit Freiheitsstrafe von einem bis zu fünf Jahren ist der Täter zu bestrafen, wenn er die in Abs. 1 angeführte Tat begeht und dadurch einen größeren Schaden zufügt oder für sich oder einen anderen einen größeren Vorteil gewinnt.
(3) Mit Freiheitsstrafe von zwei bis zu acht Jahren ist der Täter zu bestrafen, wenn er die in Abs. 1 angeführte Tat begeht
a) und dadurch einen erheblichen Schaden zufügt oder für sich oder einen anderen einen erheblichen Vorteil gewinnt, oder
b) der modus operandi besonders war (besondere Umstände, besondere Art und Weise der Tatbegehung — schwerwiegende Tat).
(4) Mit Freiheitsstrafe von fünf bis zu zwölf Jahren ist der Täter zu bestrafen, wenn er die in Abs. 1 angeführte Tat begeht
a) und dadurch Schaden von großem Umfang herbeiführt oder für sich oder einen anderen Vorteil von großem Umfang gewinnt, oder
b) dadurch einem anderen Bankrott herbeiführt.

§ 228
Fahrlässige Krida

(1) Wer Bankrott einer juristischen Person herbeiführt und in einem größeren Ausmaß Abfindung ihrer Gläubiger dadurch vereitelt, dass er
   a) ohne entsprechende finanzielle Deckung in ein verlustbringendes Geschäft investiert,
   b) einen vom Gesichtspunkt der Vermögensmöglichkeiten der juristischen Person aus ungünstigen (nachteiligen) Kredit annimmt oder leistet,
   c) zum Nachteil des Gläubigers der juristischen Person auch wenn nur zum Teil das Vermögen dieser juristischen Person vernichtet, beschädigt, schenkt, verschweigt (unterschlägt) oder anders beseitigt,
   d) den größeren Teil des Unternehmen-Einkommens der juristischen Person für seinen eigenen Verbrauch verwendet, oder
   e) das Unternehmen—Einkommen der juristischen Person wenn auch zum Teil in Lotterien, Glückspiel oder Wetten einlegt (einsetzt),
   ist mit Freiheitsstrafe bis zu drei Jahren zu bestrafen.
(2) Genauso wie im Abs. 1 ist zu bestrafen, wer auf die im Abs. 1 Buchstaben a) bis e) angeführte Weise handelt, und Bankrott der juristischen Person wurde nur durch die Leistung oder durch andere Maßnahme seitens des Staatsorgans, der territorialen Selbstverwaltung oder einer öffentlich-rechtlichen Institution, die dazu nicht verpflichtet wurden, vereitelt.
(3) Mit Freiheitsstrafe von einem bis zu fünf Jahren ist der Täter zu bestrafen, wenn er die im Abs. 1 oder 2 angeführte Tat begeht und dadurch einen erheblichen Schaden zufügt.
(4) Mit Freiheitsstrafe von drei bis zu acht Jahren ist der Täter zu bestrafen, wenn er die im Abs. 1 oder 2 angeführte Tat begeht
   a) und dadurch Schaden vom großen Umfang zufügt, oder
   b) und einen anderen Bankrott herbeiführt.

Im alten StGB hat sich der Begriff „der verursachte Schaden" vom Mindestlohn entwickelt.

Im neuen StGB werden die Summen im § 125 festgelegt:

§ 125 (nur informativ)

- kleiner Schaden = 8.000,- SK (nur als Vergleich: Mindestlohn =6.900,- SK, bald – bis Jahresende – sollte die Summe 7.600,- verabschiedet werden)
- größerer Schaden = mindestens das Zehnfache davon (10 x 8.000)
- erheblicher Schaden = mindestens das Hundertfache (100 x 8.000)
- Schaden von großem Umfang = mindestens das Fünfhundertfache (500 x 8.000)

UNSER BUCHTIPP !

Oğuzhan Yazici

Jung, männlich, türkisch – gewalttätig?
Eine Studie über gewalttätige Männlichkeitsinszenierungen türkischstämmiger Jugendlicher im Kontext von Ausgrenzung und Kriminalisierung

Schriften zum Jugendrecht und zur Jugend-Kriminologie, Band 8, 2011,
210 S., ISBN 978-3-86226-040-9, € 22,80

Skandalisierende Medienberichterstattung und wissenschaftliche Arbeiten über junge männliche Gewalttäter mit Migrationshintergrund, tragen mit dazu bei, das Bild eines von Ehrbegriffen geleiteten türkischen Mannes zu prägen. Was es in dieser Gesellschaft tatsächlich bedeutet, jung, männlich und »türkisch-muslimisch« zu sein, wird nicht erörtert. Fragen nach der konkreten Bedeutung von Männlichkeit und Ethnizität für etwaiges Gewalthandeln werden nicht gestellt. Vielmehr gehört in diesem Diskurs der »Machotürke« zum gegenwärtigen Begriffsrepertoire der Analyse von Gewalt. Der Autor greift diese Problemstellung auf.

☞ **Besuchen Sie unsere Internetseite!**

www.centaurus-verlag.de

UNSERE BUCHTIPPS !

■ Konrad von Oefele
Forensische Psychiatrie
Lehrbuch für die klinische und gutachtliche Praxis
Reihe Psychologie, Band 41, 2011, 158 S.,
ISBN 978-3-86226-011-9, € 19,80

Das Buch ist aus langjähriger und fortlaufender Unterrichtstätigkeit für Studierende und Ärzte entstanden. Es bietet einen fundierten Überblick über das gesamte Gebiet der Forensischen Psychiatrie bei überschaubarem Umfang. Es eignet sich zur Einführung in das Fachgebiet ebenso wie zur schnellen Orientierung und als Leitfaden für die praktische Begutachtung.

■ Klaus-Peter Dahle
Psychologische Kriminalprognose
Wege zu einer integrativen Methodik für die Beurteilung der Rückfallwahrscheinlichkeit bei Strafgefangenen
Studien und Materialien zum Straf- und Massregelvollzug, Band 23, 2005, 254 S.,
ISBN 978-3-8255-0607-X, € 24,90

■ Martin Schmucker
Kann Therapie Rückfälle verhindern
Metaanalytische Befunde zur Wirksamkeit der Sexualstraftäterbehandlung
Studien und Materialien zum Straf- und Massregelvollzug, Bd. 22, 2004, 362 S.,
ISBN 978-3-8255-0508-1, € 27,50

■ Gerhard Rehn, Regina Nanninga, Andreas Thiel (Hg.)
Freiheit und Unfreiheit
Arbeit mit Straftätern innerhalb und außerhalb des Justizvollzuges
Studien und Materialien zum Straf- und Massregelvollzug, Bd. 21, 2004, 598 S.,
ISBN 978-3-8255-0459-X, € 33,90

■ Thomas Weipert
Lebenswelt Gefängnis
Einblick in den Jugendstrafvollzug mit Berichten junger Gefangener
Beiträge zu Kriminologie und Strafrecht, Bd. 3, 2003, 110 S.,
ISBN 978-3-8255-0404-2, € 17,40

■ Gerhard Rehn, Bernd Wischka, Michael Walter, Friedrich Lösel
Behandlung „gefährlicher Straftäter"
Grundlagen, Konzepte, Ergebnisse
Studien und Materialien zum Straf- und Massregelvollzug, Bd. 11, 2. Aufl. 2001, 432 S.,
ISBN 978-3-8255-0315-1, € 35,69

www.centaurus-verlag.de

MIX
Papier aus verantwortungsvollen Quellen
Paper from responsible sources
FSC® C105338

If you have any concerns about our products,
you can contact us on
ProductSafety@springernature.com

In case Publisher is established outside the EU,
the EU authorized representative is:
Springer Nature Customer Service Center GmbH
Europaplatz 3, 69115 Heidelberg, Germany

Printed by Libri Plureos GmbH
in Hamburg, Germany